改訂新版

出雲神話の謎を解く

澤田洋太郎【著】

新泉社

はしがき

わが国の古典であり貴重な文化遺産である『日本書紀』と『古事記』に書き記されている「歴史」や「物語」は史実そのものではなく、明らかに作為的な粉飾や中国の史書などから借用した説話などが加えられており、その説くところは日本民族と国家の形成の過程を「天皇家の祖先の輝かしい業績」という虚構によって、華やかに描きあげようとしたものであることは疑いないことである。しかし、そこに記されていることのすべてを「空想の産物である」として斬り捨てて顧みない態度は誤りであり、その中には現実に起こった出来事の残映がきらめいているに違いないし、われわれの祖先の体験が寓話的に盛り込まれている部分もあるに違いない。したがって、その記事の部分々々について は中国や朝鮮の歴史と照合したり、神社に残されている伝承や民衆が先祖から受け継いできた貴重な言い伝えなどを参考にしたりしながら、埋もれている日本古代史の実像を解明して「一つの筋の通ったシナリオ（仮説の体系）」として描きあげる努力をすることは、子孫であるわれわれに課せられた責務であると思う。

こうした意味での「日本古代史の復元」は、ここ一〇年来のわたしの夢であった。そして、その夢

力が強く、出雲を屈伏させて全国平定を実現した」という歴史上の事実が、以後の日本民族の内部で有機的構造」という側面で欠陥があるとされても仕方がないからである。つまり、「ヤマト王朝側がうだけのことではなく、日本古代史を論ずる場合にきわめて重要な視点であるはずの「民族的統一のんど無視するかのように書かれていたからである。このことは、単に「幾分か公正さに欠ける」とて「出雲を征服したヤマト王朝の側に立って」というよりも、読みようによっては出雲の存在をほと　このことは、わたしにとって気がかりなことであった。というのは、右の四冊の著書では、主とし

に因んでいるのであるから、素直にはわたしの説を受け容れにくかったであろうことは理解できた。武御雷神《たけみかづちのかみ》が出雲の王者である大国主命と談判をしたとされている「稲佐の小汀」や「多芸志の小汀」小汀氏の出身地は出雲であり、「オバマ」という姓が「国譲り」のために高天原から派遣された対して、さり気なく異議というか不満の意を示されたのだった。考えればそれは当然のことであった。出雲に関する記事は、すべて九州での出来事であって出雲とは関係の無いことである」という記述に　しかし、その原稿を編集部にお預けした時、それを一読された代表の小汀良久氏が、「日本神話の

たものであることを説くこととなり、新泉社から世間に向けて発表したのであった。著によって、日本古代史はアジアの中、とりわけ隣の韓国・朝鮮との深い関わりのうちにできあがって形成されたのである」という見地から『伽耶は日本のルーツ』と『ヤマト国家は渡来王朝』の二民族と国家の起源は日本列島の内部で誕生したのではなく、それは海の彼方から渡来した人たちによの形のあるものとして実らせることができたと思っている。その後、その夢はさらに膨らみ、「日本は『天皇家と卑弥呼の系図』と『ヤマト国家成立の秘密』という二つの書物によって、どうやら一応

出雲以外の土地の庶民の意識にまで深く刻みつけられ、出雲人にとっては一種の「心の傷」とでも言うべきものとなっているという重大な事実を軽視することにもつながりかねないからである。

とは言え、「出雲神話は出雲で起きた史実ではない」とするわたしの見解そのものは、今でも基本的には正しいと思う。しかし、「それでは、出雲の人が守ってきたスサノオやオオクニヌシに対する信仰はどうなるのか？」といった問いかけや、「古代出雲族は日本列島史の中でどういう役割を果してきたのか？」という素朴でしかも具体的な疑問に正面から答えることを怠ることは許されないであろう。もっと端的に言うならば、出雲人の祖先とそれ以外の土地の人たちの祖先とは、そもそも別の文化をもった集団である――俗な言い方をすれば人種が違う――のかということである。

前著では、そのへんが曖昧のままであった。確かに「出雲には伽耶の安羅（安耶）地方からの多数の移住者がきていた」とは言った。しかし、それがすべてではなく、それを迎え入れた人たちもいたし、実態はもっと複雑であるはずである。また、『記・紀』が記すスサノオやオオクニヌシと『出雲国風土記』で語られる同名の神とは別のものである、とも述べたが、それ以上のことは論じなかった。それでは出雲人だけでなく、一般の読者にとっても不満が残ったはずである。そこで、今回はこれまでの「日本古代史像」の上に右のような疑問について正しく答える努力をしてみようと考え、あらためて一書を世に送ることとしたわけである。その場合、わたし個人の見解をそのまま綴るのではなく、これまで発表された「出雲史論」の幾つかを紹介しながら読者諸賢と一緒に考えていくという方法を採ることにした。そのほうが理解がより正確かつ公正になると思うからである。

ところが、これまでに著わされた「出雲史」関係の書物は百花繚乱とも言うべき状況にあり、中にはまったくの空想によるとしか言えないものもある。とりわけ「出雲にはスサノオという大英雄がいた」という強い思い入れで貫かれているものが多いことは、なんとしても気になることである。その種の本の一つに、「偉大なるスサノオ大王は、南に山を越えて蒜山《ひるぜん》（美作。岡山県北部）の一帯で軍勢を整え、ついで南下して安芸を経て西に向かい九州を支配し……」といった調子で、実に生き生きとしかも読者の興味をそそる文章で「出雲勢による西日本征圧」の姿を描いているものがあった。しかし、その中に「蒜山の一帯は真庭郡とよばれており、それは国のマホロバと言うにふさわしい土地であった」と書かれていたのである。マホロバというのは「秀麗な土地」という意味である。ところが、残念なことに真庭郡という名は、明治になってから真島郡と大庭郡を合併してつくられた名であり、スサノオの時代からあった名前ではない。つまり、この構想は出発点から崩壊したわけである。そこで、わたしは著者のY氏にそのことを手紙でお伝えしたところ、第二版からは「マホロバ云々」の箇所だけ削除してそのまま続刊されていた。

このように、誰にしても自分の「発見」には執着があり、根本的な欠陥のある論議でさえ素直に撤回したり修正したりできないもののようである。Y氏の著書はそれ以外にも多くの難点があり、わたしとしては承服できないものであり、本書では検討の対象から除外させていただいた。

右の一例はともかくとして、本書でこれから展開するいろいろな見解に対して、何とぞあらゆる立場からの偏見や思い入れ抜きにして虚心にお読みいただき、著者とともに考えながら「出雲の古代史の実像」をめいめいが再構築していくことになるよう心から期待したいと思う。

改訂新版　出雲神話の謎を解く●目次

装幀　勝木　雄二

第一章　出雲の国の探訪

日本海文化圏

　黒潮が沖を流れる太平洋岸の明るい風景に比較すると、日本海岸の景色にはなんとなく陰気臭いというイメージをもっている人が多いのではないかと思われる。確かに、冬場の日本海岸は黒ずんだ重い雲に覆われ、時として強烈な北風が荒れ狂い、吹き寄せる雪は人里のある平野部ではそれほどでもないものの、背後の山の頂きと斜面には厚く降り積もり、すべてを沈黙の帳りで包み込んでしまう。しかし、春から夏にかけて、そして秋も半ばまでは空気も澄みわたり風も穏やかであり、広々と続く隆起海岸の砂浜と、所によって切り立つ沈降海岸の断崖とが交互に展開されて織りなす海辺の景色は、まさに平和そのものの絶景であり、住む人はもちろんのこと、そこを訪れる人の心をなごませるものがある。

　本州の日本海岸は、北から青森・秋田・山形の奥羽地方、新潟・富山・石川・福井の越路すなわち北陸地方、そして、丹後半島と但馬の海岸を経て鳥取・島根の山陰地方に連なっている。いわゆる山陰とは、「山の北側」という意味であり、瀬戸内に面した「山陽」と対比される言葉であるが、東から鳥取・島根・山口（北側のみ）の三県のことを言う。島根県の東半分が出雲で西半分は石見《いわみ》と言う。また、出雲の東は伯耆《ほおき》（鳥取県西部）で、そのまた東は因幡《いなば》（鳥取県東部）となっている。そして、忘れてはならないのは、出雲の北方五〇キロには四つの島から成る隠岐の国があることである。

日本海岸には西から東に向けて対馬海流が流れている。したがって、壱岐・対馬からは太古でも容易に舟で渡航することができたし、朝鮮半島の南東部——その昔の新羅の国からは自由に海を渡って人々がやって来ることができた。と言うよりも、山陰一帯は山越えして山陽と交通するより、海路でもって朝鮮南部と交渉をもつことのほうが楽であったし、同じ意味で「日本海文化圏」とでも言うべきものが縄文時代から形成されていたことを銘記しておくべきであろう。このことが「出雲古代史」を考える場合、なによりも重要な認識であり、とかくヤマト中心にものを考える習慣をもつ者には厳に注意すべきことである。

巨木・ヒスイ文化圏

縄文時代に存在した日本海文化圏には二つの大きな特徴がある。その一つは「巨木建造物」であり、もう一つは装飾品としての玉に、「ヒスイ（翡翠）」を愛用する文化をもっていたことである。まず、前者については、鳥浜遺蹟（福井県）の発掘に続いて、豪雪地帯として知られる富山県の不動堂遺蹟からは、七三年には長径一七メートル、短径八メートルで床面積約一二〇平方メートルの巨柱をもつ縄文中期の超大型竪穴式住居が発見され、その後、秋田県の杉沢台遺蹟や山形県の一の坂遺蹟からはそれよりもさらに巨大な住居遺跡が掘り起こされ、九四年以後、青森県の三内丸山遺跡の発掘によって大規模な縄文集落が見つかり考古学者を大いに驚かせたのである。さらに、九七年には富山県の桜町遺跡の住居の建築材には「抜き穴」をくり抜いて組み合わせる高度の建築技術が用いられていたことが判明し、これまでの縄文文化に関する偏見は根本的に見直されることになった。

これらの中期縄文時代（今から五〜三〇〇〇年前）の住居用の柱にしても鳥浜遺跡の丸木舟にしても、直径一メートルを超える巨木を切り倒し、それに細工を加えているが、当時は金属製の斧や鋸は無かった。では、何を用いて材木を切ったかというと、それは黒曜石である。日本では北海道の十勝・紋別や大分県などを除くと、黒曜石の産地としては長野県の和田峠と伊豆七島の神津島（東京都）がある。日本海文化圏の場合は、和田峠だけでなく神津島の黒曜石も使われていた。

後者すなわちエメラルド・グリーンに美しく輝くヒスイは、日本海沿岸の縄文人にとって何物にも替えがたい宝であった。ヒスイは、ビルマや中国の雲南省でも産するが、日本列島の唯一の産地は『古事記』の沼河比売の説話で知られる新潟県の姫川の下流域（今日の糸魚川市と青海町一帯）である。そして、大珠のヒスイの碧石が発見される縄文遺跡の分布地域を見ると、北陸地方一帯と北アルプスから長野県にかけての地域と関東地方、そして津軽海峡を挟んだ一帯になっている。そして、その分布範囲が「巨木文化圏」とかなり一致していることに気づくはずである。そのことから、縄文時代には日本海沿岸の海運はかなり盛んであったこととならんで日本海岸から姫川をさかのぼって今日の長野県中部に至るルートが通じていたことがわかる。

出雲と信濃つまり島根県と長野県とが古代において結びついていたと言うと意外に感じられるが、

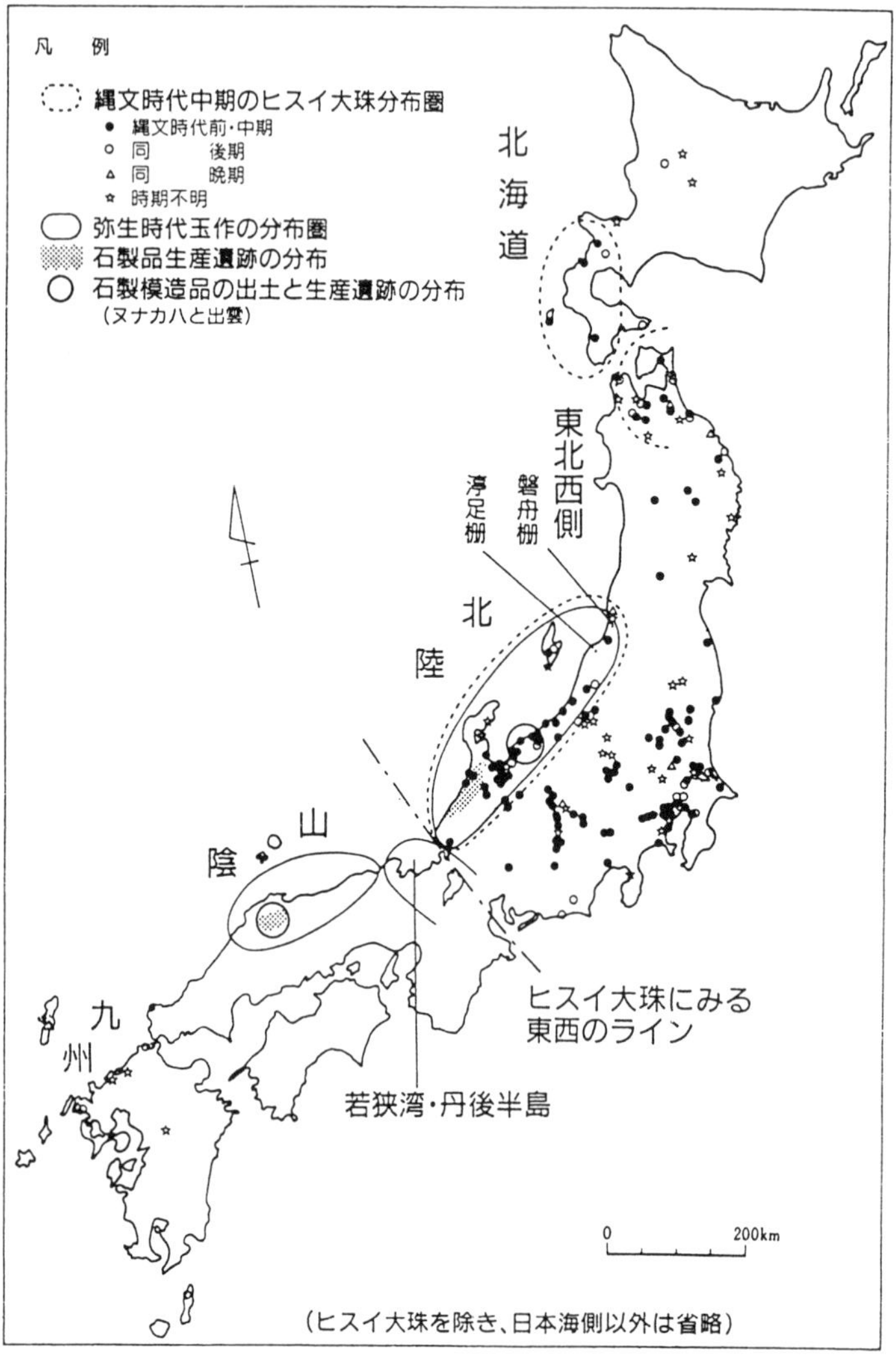

ヒスイ大珠の分布と日本海の玉作

(『歴史と旅』1998年2月号・寺村光晴氏原図)

かつては高さが四八メートルもあったという出雲大社は巨柱文化圏の西端に当たり、長野の諏訪地方は九八年の冬季オリンピックの開会式で公開された「御柱立て」を見てわかるように、その文化圏の南端である。つまり、両者は無縁ではないはずである。諏訪の巨柱の由来については第八章で解説するが、それはタケミナカタ（建御名方）伝説によって出雲と結びつくものである。そして、北アルプスの穂高岳の名は、古代の安曇海人族の祖先の穂高見から出ているし、白馬岳の麓には安曇野という地名が残されている。この海人族の足跡は、滋賀県の安曇川・愛知県の渥美半島・福島県の安積地方など全国的に分布している。

ただし、時代的に言うと、ヒスイの大珠を装飾用に使った文化が生まれたのは縄文中期以後のことであり、安曇海人族が各地に展開したのは弥生時代になってからであるから両者を直接に結びつけることはできない。また、四世紀ごろに出雲に侵入したヤマト民族の一派も剣・鏡とともに玉を愛し「三種の神器」としているが、それは朝鮮半島南部の氏族の慣習によるもので、その玉はヒスイではなかった。もう一つ、これも第八章で述べることになるが、古代の出雲では砂鉄による製鉄が行なわれていたが、諏訪地方でも早くから別の方法による製鉄が行なわれていたことも付記しておく。

九八年には日本海に近い新潟県朝日村三面の奥三面遺跡から旧石器時代から継続する遺物が発見されたが、縄文時代の竪穴住居で最も古いものは、九七年に発見された鹿児島県の上野原遺跡で縄文早期（九五〇〇年前）のものであり、そこでは直径が二〇～三〇センチの柱が建てられ、整然とした住居配置になっていた。ただしこの遺跡は、七五〇〇年前の喜界ケ島の大噴火によって灰の下に埋もれてしまい、残念ながら次の時代との継続性が失われてしまった。

朝鮮半島南部から海流に乗って日本海岸に来ることは容易であり、鳥取県の境港・京都府の久美浜・福井県の敦賀などの良港もあり、遠く新潟県や山形・秋田県方面まで海の道は通じていたわけである。また、建築学者の米田良三氏は『列島合体から倭国を論ず』（新泉社）という著書で、縄文後期までは糸魚川静岡構造線には「暘谷」という熱水が湧きだす狭い海峡があり、東日本は伊豆島・丹沢島など数個の島からなっていたという驚くべき説を唱えていることも付記しておきたい。

そして、重要なことは弥生文化の普及は生産力の向上と階級支配を発生させたことであり、各地に豪族による原始的な小国家を誕生させたことを見落とすことはできない。二世紀の時点では、九州北部には邪馬台国をふくむ小国家群があり、その後半には「倭国大乱」があり、九州から瀬戸内沿岸、そして近畿地方では小国家どうしが戦闘に従事したものと考えられる。

では、日本海文化圏ではどうであったであろうか？　そのことについては、明確に知ることはできない。しかし、『古事記』の「国生み神話」には佐度（佐渡）の島の名が記されているし、「高志の八俣の大蛇」という記述があることから、ヤマト国家の人たちには、日本海岸には彼らと別系統の国があることを認識していたことはわかる。そして、崇神天皇による「四道将軍派遣」の記事には、大毘古（大彦）命が高志の道に派遣され、その子の建沼河別命が東の方一二国に向かい、両者は相津（会津）で遭遇したとしている。また、『日本書紀』によると同じ崇神天皇は出雲の神宝を収奪したというふうに述べられている。したがって、これらが事実そのものではないにせよ、ヤマト国家が成立した後のある時点で、日本海沿岸にまでヤマト勢力が支配の手を伸ばしたに違いない。

と言うことは、逆に、三〜四世紀ごろには、出雲地方には「出雲王朝」とでも言うべき原始的国家があり、高志——ヤマト側の認識では、越前（福井県）・越中（富山県）・越後（新潟県）の一帯——には、ヤマトとは異なる小国家群があったとしなくてはならないことになろう。そして、それはけっして文化水準の低いものではなく、ヤマトにとって恐るべき存在であったに違いない。しかし、これらの地域は恐らく四世紀以後に次々とヤマト王朝の武力と経済力によって圧倒され、その支配下に組み込まれていったと思われる。

『古事記』の「出雲神話」にも、日本海沿岸の国の間で交流があったことの反映と考えられるものとして、八千矛神と沼河比売の歌の交換のことが記されている。八千矛神というのはオオクニヌシの異名である。

「この八千矛の神、高志の国の沼河比売を婚《よば》はむとして、幸行《い》でましし時、其の沼河比売の家に到りて歌ひしく、八千矛の　神の命は　八島国　妻枕《ま》きかねて　遠遠し　高志の国に　賢《さか》し女《め》を　有りと聞こして　………心痛《うれた》くも　鳴くなる鳥か　この鳥も　打ち止めこせね　いしたふや　天馳使《あまはせづかひ》………」

と歌ったのに対して、沼河比売は、

「青山に　日が隠らば　ぬばたまの　夜は出でなむ　朝日の　笑み栄え来て　………百長《ももなが》に　寝《い》は寝《な》さむを　あやに　な恋ひ聞こし　八千矛の　神の命………」

と答えたという。

沼河比売の本拠地は現在の新潟県西頸城《くびき》郡の一帯であり、糸魚川市で海に入る姫川の下流域に当たるとされている。この地方は古代からヒスイ（翡翠）の産地として知られており「ヌ」というのは「瓊」の字が当てられ翡翠の古語であるという。崇神天皇が北陸道に派遣した将軍の大毘古の子の名前は建沼河別だった。『紀』では同じ人物である武淳河別が「出雲の神宝収奪」のために派遣されている。

この歌に出てくる「天馳使」というのは、後世の飛脚に相当する早船による使者のことであり、古代日本海の重要な交通機関であった。この歌で、「心痛《うれた》くも」とは「嘆かわしいことに」という意味であり、「いしたふや」は「下のほうにいる」ということと思われる。

ともあれ、この歌問答からも知られるように、舟によって日本海各地は結ばれていたことは確かである。第三章で見るように、崇神天皇からの使者が「出雲の神宝」を求めて来たとき、出雲の王者だった出雲フルネ（振根）は筑紫に出掛けて不在だったというから、この方面では各地の間でかなりの交流があったことがわかる。

なお、『先代旧事本紀』には、崇神天皇の三代後の成務天皇の時代に全国に国造が任命されたとしており、日本海岸では、出羽・若狭・高志・三国・角鹿（敦賀）・加賀我（加賀）・加宜（不詳）・江沼（石川県）・能登・羽咋・伊弥頭（富山県射水郡）・久比岐（新潟県頸城郡）・高志深江（新潟県深江）・佐渡・丹波・但馬・二方（兵庫県美方郡）・稲葉（因幡）・波伯（伯耆）・出雲・石見・意岐（隠岐）という二二国にヤマト王朝によって国造が任命されたとしている。

これらの国造は、現地の豪族から任用されたものもあったかもしれないが、その多くはヤマト王朝系の人物であった。例えば、高志の国造になったのは阿閉《あべ》臣系の市入命とされているが、阿閉というのは安倍と同じで建沼河別命の子孫であり、出雲の国造の場合は後に説くように、天照大神の子の天の穂日命の子孫だとされている。

出雲の国の風土

では、本書の主題である出雲の国に目を向けることにしよう。出雲とは現在の島根県の東半分の地である。出雲の地形は、南側には海抜一〇〇〇メートル級の山地があって、北に向かって傾斜している。低地の東部には松江（意宇《おう》）平野があり、そこに向かって布部川が流れ込み、中央部には斐伊川が走り出雲を東西に分けて北の宍道湖に入り、西部では神戸《かんど》川が出雲平野を北西に抜けて日本海に入っている。そして、宍道湖を包むようにその北側には島根半島が東西に連なっている。また、石見との境の山地には三瓶山という火山がある。

古代の出雲と畿内との交通は、海路を利用して但馬（兵庫県北部）の円山川の河口から陸地を南北に横断して加古川を下り瀬戸内に出るコースと、丹後半島に上陸して丹波山地を越えて桂川に沿って山城（京都府南部）に至るものが主流であった。陸路の場合は、出雲南部から斐伊川を遡り、王貫峠を越えて備後（広島県東部）に入り、三次を経て瀬戸内海沿岸に出るか、出雲南東部の山地の鞍部を越えて伯耆《ほおき》南部を通って美作《みまさか》（岡山県北部）に入り、南下して今日の岡山市付近に出るか、そのまま山間の道を東に向かい、ほぼ今日の中国自動車道に沿って竜野方面に出ることになる。

同じ島根県でも、東部の出雲と西部の石見では住む人の性格が異なっているという。概して言えば、出雲人は東北人に似て保守的・閉鎖的でやや陰欝であり発音もいわゆる「ズウズウ弁」であるのに対して、石見人は隣の長州（山口県）に似て開放的・楽天的であると言われている。その原因は、近世に出雲は徳川家の親藩であったのに対して、石見は領地も錯綜しており領主の交替が激しかったからと解されているが、それだけが原因とは思えない。

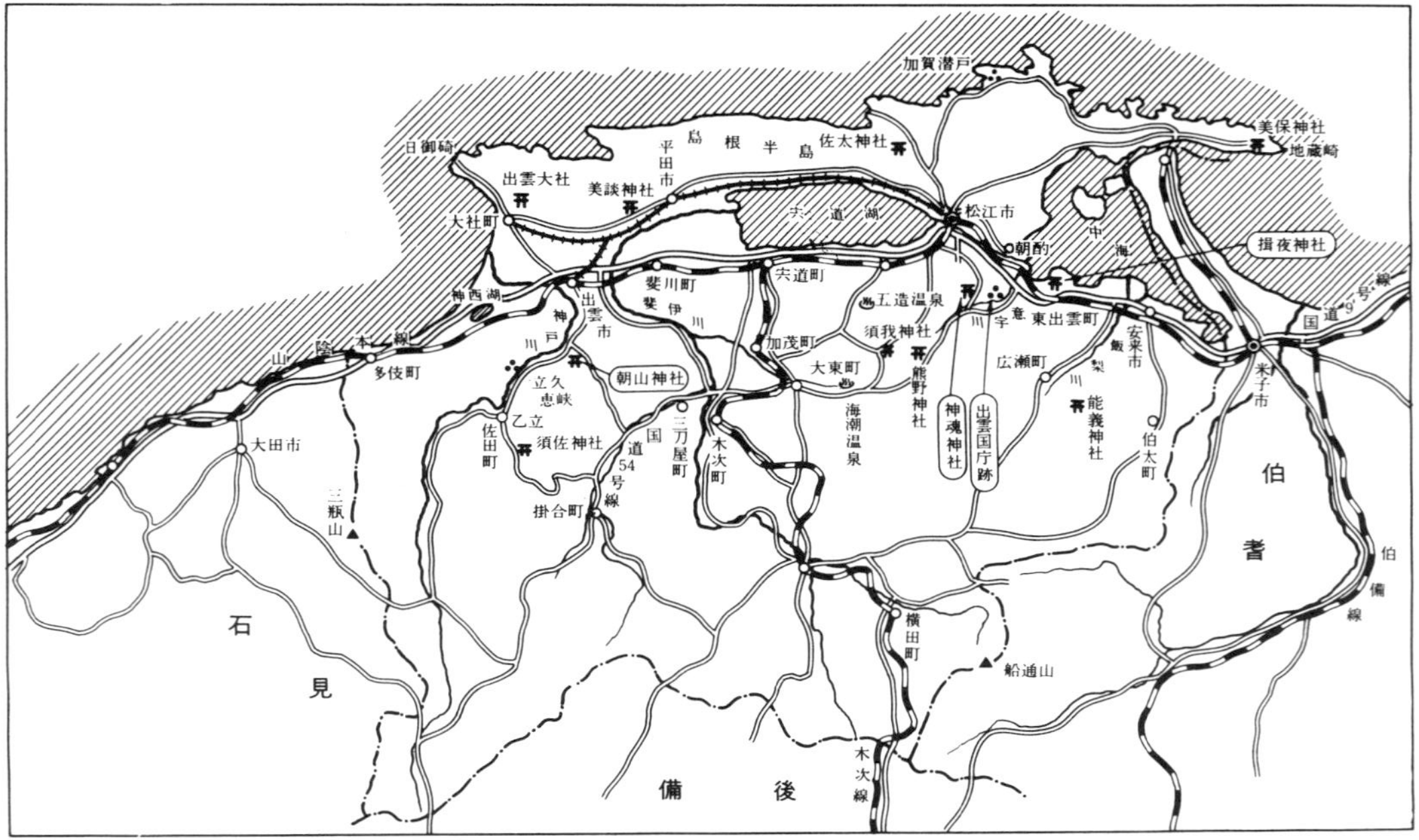

現代の出雲（門脇禎二著『出雲の古代史』日本放送出版協会）

古来、出雲の産業はかならずしも豊かとは言えず、両平野の米作と林業・漁業が中心であった。また、律令制時代の朝廷への貢納品としては綾錦や黄礬石などの鉱産物の他は海の幸すなわち水産物であった。近年は工業化が進み、宍道湖の東の中海の淡水化をめぐって公害問題も起こりつつあるが、瀬戸内沿岸に比較すれば環境は良好となっている。

これから出雲国の歴史の成り立ちについて学んでいくことになるが、それに先だち、古代の出雲の国の地理の概略を摑んでおく必要がある。そのために役だつのは、なんと言っても八世紀に作られた『出雲国風土記』である。『風土記』というのは、『日本書紀』が編纂された七二〇年ごろ、平城京の命令で全国の国司の役人が直接に現地の調査をして編集し朝廷に献上した官製の地誌のことである。当時、全国は畿内（大和など五国）・東海道（駿河など一五国）・東山道（信濃など八国）・北陸道（越後など七国）・山陰道（因幡など八国）・山陽道（安芸など八国）・南海道（土佐など六国）および西海道（肥後など一二国）の五畿七道の合計六九国に分けられていた。出雲は山陰道の中央にある。

諸国の『風土記』の体裁はかならずしも一様ではなく、多くは国司が収集したその土地に関する伝説・説話を主体としているが、その原形が完全な形で遺っているのは『出雲国風土記』だけである。しかも、この『風土記』は他国のものと異なり、最初に「総記」を載せ、ついで九つの郡の位置と大きさなどを総括して記し、ついで各郡ごとに内部の郷と駅ごとに、その由来や域内の神社の名前と河川・山岳・海浜や産業の概要などを系統的、網羅的に列挙している。そして、それ以外に「巻末記」が添えられ交通や軍団について略述されている。また、各巻ごとに編集責任者の名がほぼ四名ずつ記されている。

そこで、『出雲国風土記』によって八世紀当時の行政区分を見ると、それは現代のものとはかなり異なっている。出雲全体は九郡に分けられ、北部の島根半島沿いに東の突端から西に向かって嶋根・秋鹿《あいか》・楯縫・出雲の四郡があり、半島の南にある宍道湖の南側は、そこに流れ込む斐伊川によって東西に分けられる。河口の西側では、北は神門《かんど》郡、南は飯石《いいし》郡となっており、東側では、今日の松江市の周辺から安来《やすぎ》市と現能義《のぎ》郡にかけての広い範囲が意宇《おう》郡であり、その西が大原郡、南の山寄りの一帯は仁多郡であった。

なお、現在は旧意宇郡の東半は能義郡とされ、旧嶋根郡や旧意宇郡の西半は八束《やつか》郡とされている他、旧秋鹿・楯縫・出雲・神門の諸郡は簸川郡にまとめられている。

今日では、島根県全体には八市四一町一〇村があるが、出雲地区の市は県庁がある松江と安来・出雲・平田の四市で、他の四市は県の西半の石見地域に属している。また、県の人口は一九五四年には九一・三万人であったが一九九二年には七五・五万人に激減し、人口密度は一平方キロ当たり僅かに一一六人に過ぎず、その値は北海道と岩手に次いで全国第三位の低さとなっている。と言うのは、この地からの人口の流失が多く、典型的な過疎地域となっていることを物語っている。また、男女比率も極端に男子の数が少ない。

出雲東部と北部を巡る

出雲の東からの玄関口に当たる安来市は、北に中海《なかのうみ》があって泥鰌《どじょう》掬《すく》いで有名であるが、近年は日立金属の特殊鋼の工場があり、「ヤスキハガネ」の名は世界にひびいている。出雲地方の砂鉄は純度が高い良質なもので、タタラによる製鉄技術が開発され、その伝統が継承され近代製鉄業が花開いたものと言うべきであろう。また、安来は近世には蔵米の搬出港であったが、そのあたりは古く「狭野《さぬ》の稚《わか》国」とよばれていた。『出雲国風土記』の冒頭には、八束水臣津《みずおみつ》野命《のみこと》が出雲の国を狭い布地にたとえ、海の彼方の新羅の国に余った土地があるというので、綱を付けてたぐり寄せてできたのが島根半島であるという、いわゆる「国引き神話」を掲げている。

出雲の東部地方にある松江平野は古い地名に即して意宇平野ともいう。意宇と書いて「オウ」と読む。「オウ」という地名の起源については、『風土記』には、「国引き」を終えたときに神が「オウ」と叫んだからであるという説話を掲げている。また、『日本書紀』の「仁徳前紀」には、額田《ぬかた》大中津皇子が出雲臣の祖の淤《お》宇《う》宿禰に屯田（朝廷の直轄領）の管理を命じたという記事があり、この淤宇「オウ」という読みは意宇のことである。この記事に注目して、門脇禎二氏は出雲東部には「意宇王国」があったとしている。ヤマト王朝が出雲を支配下に置いた時期はどんなに早くても三世紀後半のことであるから、門脇氏がいう「意宇王国」が出雲東部にあったのはそれより前のことということになる。

この意宇平野には古墳が多い。その中の仲仙寺古墳（安来市の赤江町）などは「四隅突出型方墳」とよばれる特異なものである。それは長方形の四隅から張り出しがあるもので、出雲東部独特の形式である。その九号墳は墳丘の高さが二メートルほどで、東西一五メートル、南北一六メートルほどある。もし、これが「意宇王国」の王者の墳墓であるとすれば、ヤマト風の前方後円墳でないことは出雲の在地勢力は他の地域と異なる独自文化の系統に属しており、急にはヤマト式の墳墓形式を模倣し

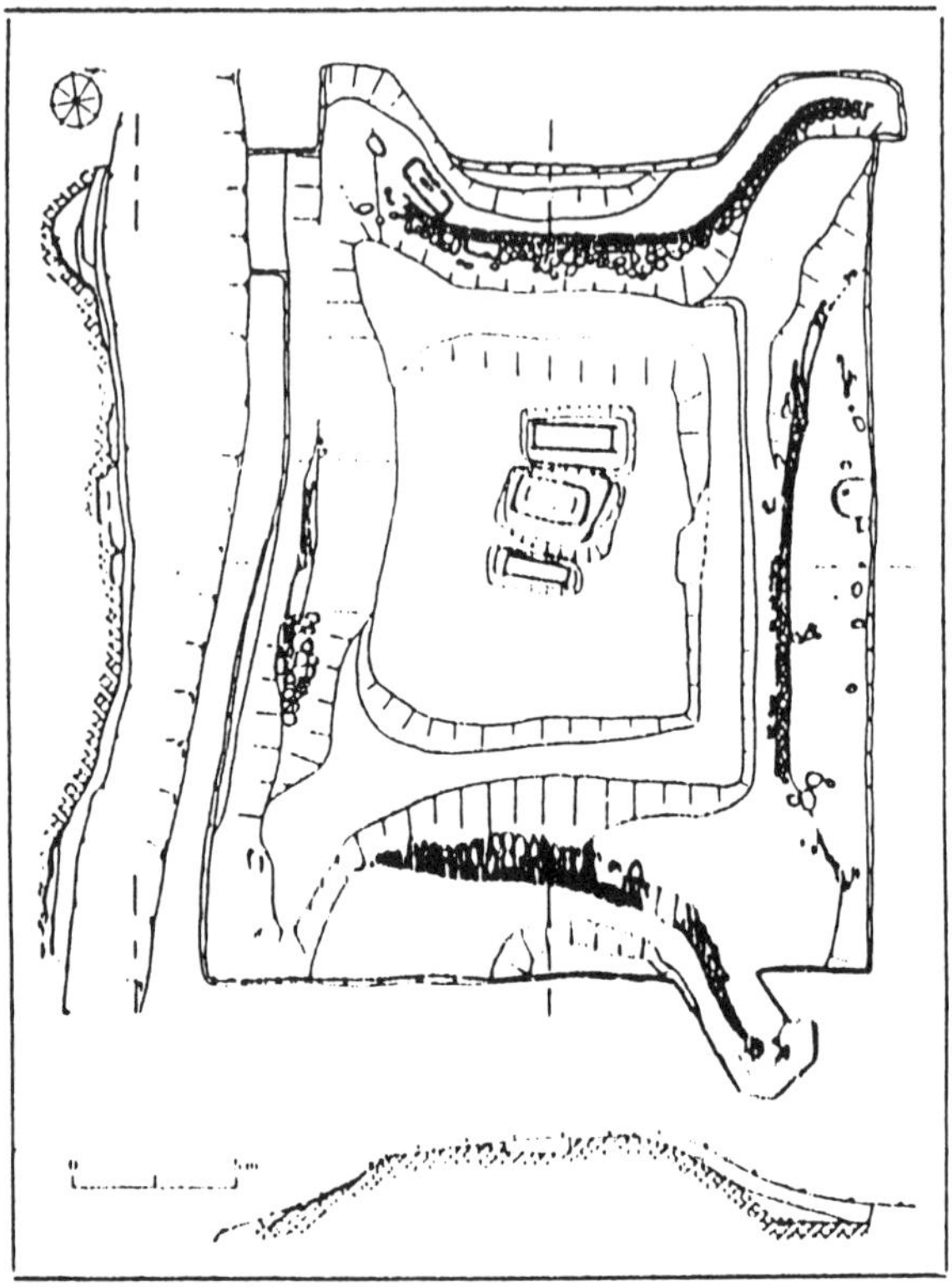

四隅突出型の特異な方墳（図は仲仙寺９号墳）
（『歴史読本』昭和60年7月号、前島巳基論文より）

なかったことになる。また、これらの古墳は共同体の集団墳墓であったが、次第に首長の単独墳墓になっていく。そして、四世紀後半から五世紀にかけて、全長五〇メートルの前期古墳が造られ始め、六世紀ごろからこの地方の古墳も次第に大型化してくる。一方、西部の飯石郡にある松本古墳などの築造方式が吉備にある湯迫車塚古墳に似ており、六世紀後半からは大型前方後円墳が出現してくる。つまり、時代とともに出雲地方の「ヤマト化」が進んでくることがわかる。

ところで、『出雲国風土記』には「大神」が四人登場する。それは「天の下造らしし大神」と記されている大穴持の神の他に、野城大神・佐太大神・熊野大神である。そのうち、野城大神については安来市の能義の地に古代の駅（伝馬の厩）があったことが『風土記』に記されており、「この地に野城大神が坐す」と述べており、同地には野城社もあったとしている。また、巻末には野城の橋の名も出てくるが、野城大神の性格や行動についての記事は無い。右で触れた古墳の主は、野城大神を奉ずる人たちのものと考えられる。

佐太大神は島根半島部の民衆に信仰されていた。『風土記』には、半島の突端部の美保関などのある嶋根郡があり、その隣の半島中央部に位置する秋鹿郡の記事には、佐太川や佐太の水海の名が記されている。そして、その神名火《かんなび》（備）山の麓には佐太社があり、そこに佐太大神が祀られていることが記されている。ここで、注目すべきことには、嶋根郡の「加賀の条」に、「佐太大神の生まれしところなり。御祖、神魂命《かむむすびのみこと》の御子、支佐加比売《きさかひめ》命……金弓をもちて射給ふ時に光かがやき……」と書かれていることである。と言うのは、今日でも島根県の佐太神社には「佐太大神とはサルタ彦のことである」という伝承があり、しかも、中世の時代に豊後の大友氏が編集した『上記《うえつふみ》』という書

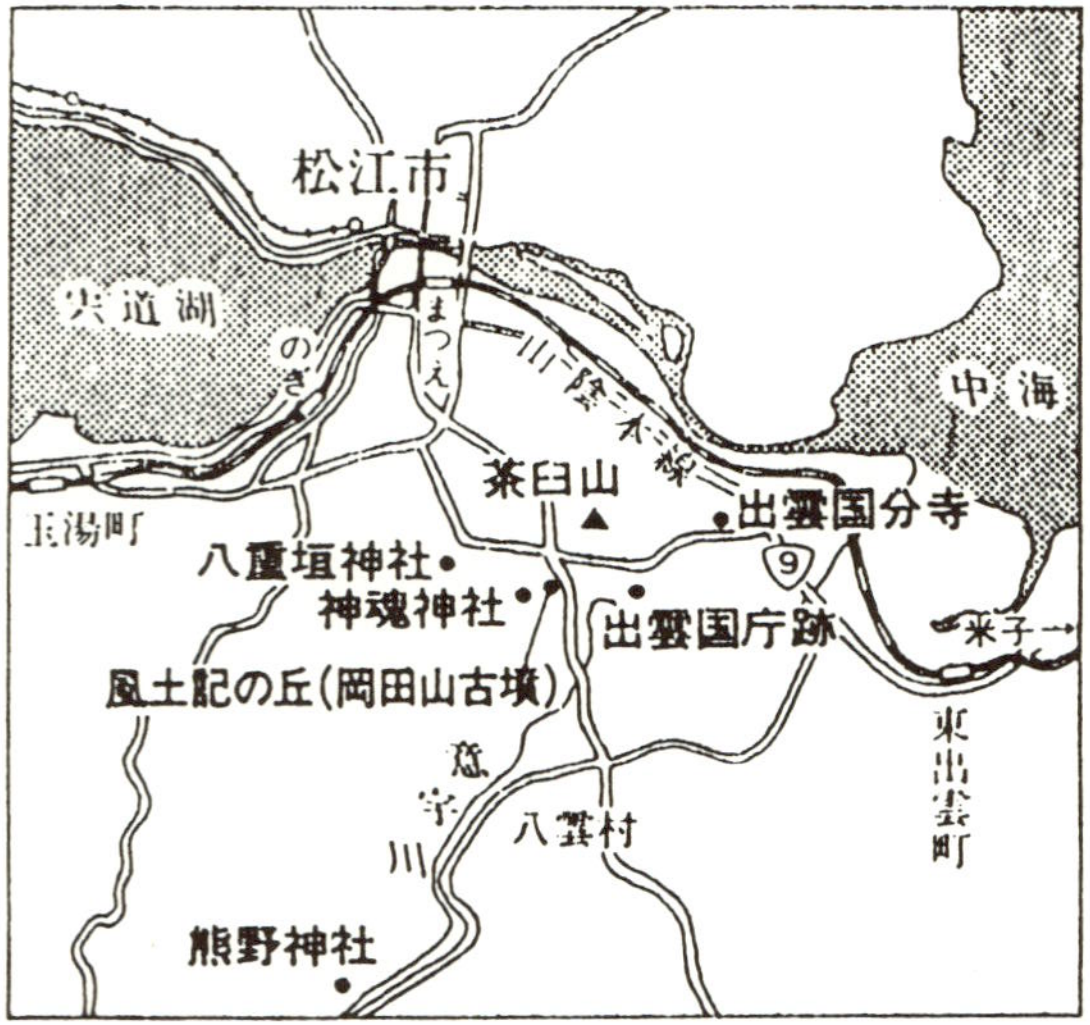

出雲東部

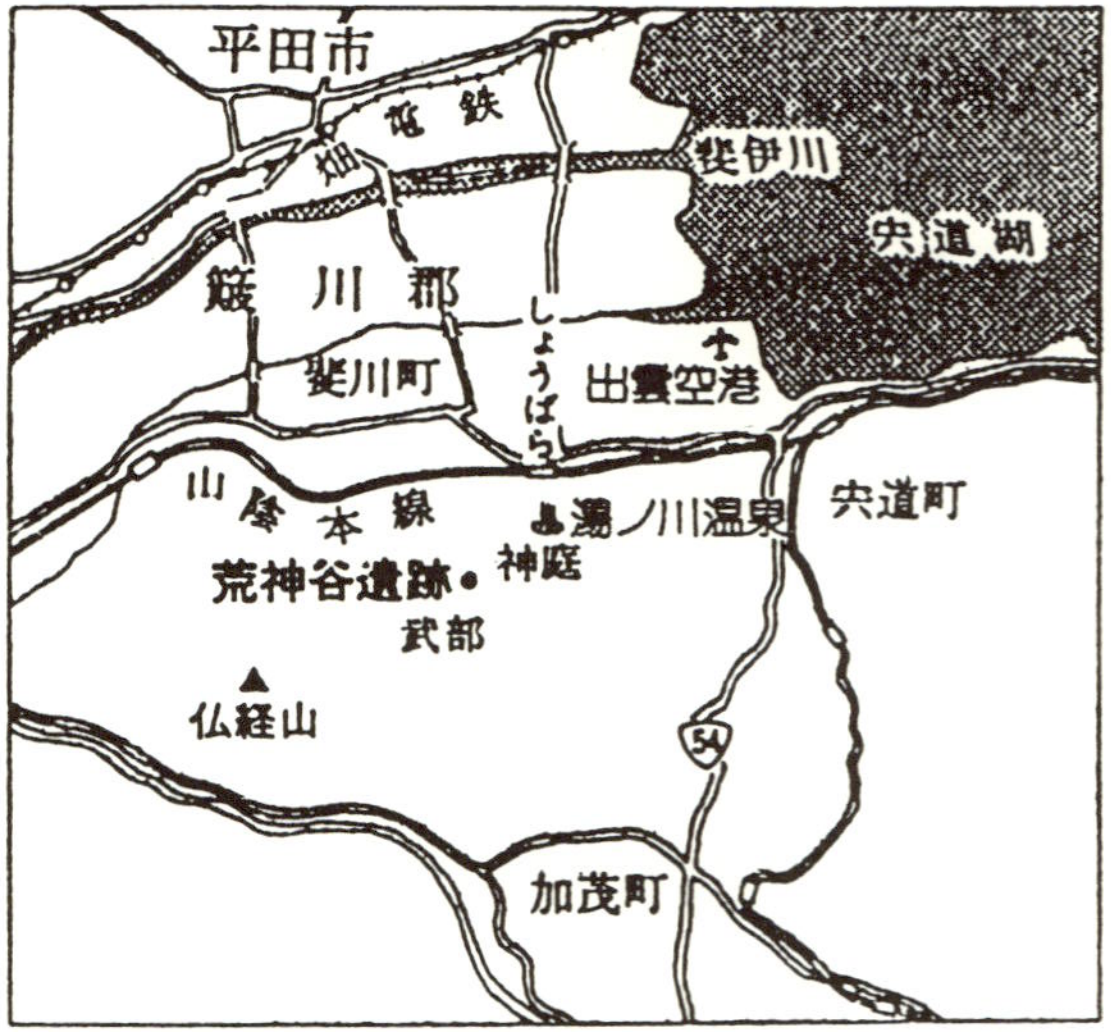

荒神谷遺跡

（いずれも『歴史読本』昭和60年7月号より）

物にも、サルタ彦の父のカミムスビはキサガエ姫に生ませた子の認知に当たって黄金の矢をもっていたかどうかを問い父子の鑑定をしたという話が載っているのである。サルタ彦というのは、『記・紀』の「天孫降臨」の際に「天の八俣《やちまた》」に現われて天孫ニニギの道案内をした怪人のことである。それが出雲に出現するのも不思議なことであるが、佐太大神がサルタ彦のことであるというのは興味ある指摘であり、『出雲国風土記』が単なる出雲一国の出来事だけでなく、他の地方との関連性も含んでいることの証拠と言えよう。また、世間で偽書扱いされている『上書』は捏造によって書かれたものではなく、土地の口伝や当時存在していた文献——『出雲国風土記』を基礎に編集されたということが少なくともこの部分については言えることになる。なお、島根半島の西半の今日の平田市の周辺が楯縫郡で、半島の付け根に当たる出雲市のあたりが出雲郡となっている。

『出雲国風土記』に現われるもう一人の大神の熊野大神については、意宇郡の神社名を列記した記事の筆頭に熊野大社の名が掲げられている。そして、この郡の「出雲の神戸」の項には、「伊弉奈枳《いざなぎ》の麻奈古に坐す熊野加武呂命と五百鉏の鉏なお取り取らして天の下造らしし大穴持命と二所の大神らに依さし奉る。故に神戸《かむべ》といふ」という記事が見られる。この熊野大神と「天の下造らしし大神」と記され、一般には『記・紀』でいう大国主の命のことであると考えられている大穴持命については、項をあらためて第二章と第五章で検討することにしたい。

次に、宍道湖と中海とがつながる辺りには今日の県庁所在地である松江市がある。そこには端正な姿の松江城の天守閣が保存されており、幕藩体制下の武家屋敷や藩主松平家の墓地やギリシア生まれのイギリス人、ラフカディオ・ハーン（小泉八雲）の屋敷跡などが観光の的とされているが、八世紀には意宇郡の山代の郷などとなっていた。松江市の東南東の東出雲町のすぐ南の丘陵地帯には「風土記の丘」がある。そこには、出雲国庁跡や国分寺跡があり、古代には出雲の行政の中心地だった土地である。ここにも、山代古墳・山代二子塚・大庭鶏塚や安部古墳・岡田山古墳などがある。

このうち、岡田山古墳の第一号墳は全長二四メートルの前方後円墳で、前方部の南側に一五×二〇五メートルのテラス状の台地があり、ここから人や馬や馬具などの石製品が並べられている。ここの横穴式の石室は六世紀後半の造営であるという。この発掘は大正時代から行なわれてきたが、一九八四年に奈良元興寺の文化財研究所のX線撮影によって、この刀剣に「各田卩臣□□□（泰）□大利□□」と刻まれた銘文が現われて、その最初の四文字が「額田部臣《ぬかたべのおみ》」の略記である、と解読されたため広く学界だけでなく一般の人々まで興奮させたのである。ただし、『出雲国風土記』の巻末に筆録者の名前の中に額田部臣の名があるし、大原郡の少領（地方行政官）に額田部臣伊古美と押嶋の名があるから、「額田」という文字が刻まれた刀が出ても少しも不思議ではなく当然のことであろう。当時の新聞では一〇段抜きで大々的に報道されたのは、この金石文の発見によって文献記録が裏付けられるということが、学問的に貴重な事実だったからであろう。このことによって、『出雲国風土記』の信頼性が高まったことになるわけである。

この刀剣は、長さ五〇センチの太刀で、銘文の文字は六ミリ四方、幅三・四センチ、長さ二六センチにわたっている。発見のキッカケは、太刀の柄や鍔の部分を研ぐことが目的だったが、柄頭の箇所に双鳳亀甲繫文の豪華な銀の象眼文様が施されていたので、かなり良質な刀剣であろうということになり、試しにX線をかけてみたということである。このことは同じころ埼玉県の稲荷山古墳から出た刀の銘文が見つかった場合と同じである。

「風土記の丘」の一角には、神魂《かもす》神社という小さな社がある。それは背後に丘を背負った平地の裾にあり、狭い参道の両側は貧弱な桜並木が続き、境内は静寂そのものである。この神社の社殿は正平元（一三四六）年の創建で、素朴だが重厚な大社造りで、国宝に指定されている。祭神はイザナギ・イザナミ二神とされているが、社伝によると「この地はアメノホヒ（天穂日）が神釜に乗って高天原から渡来して来た場所である」と言う。

アメノホヒというのは、『記・紀』の出雲神話で高天原からの使者として出雲に派遣された神のことである。その子孫は出雲に残り、ふるくは出雲国造は意宇国造としてこの地にいたが、後に西部の杵築に遷されてからは、国造の交替の時に火切りの臼と杵で火を起こす儀式をしているという。ところが、神魂神社の宮司の秋上氏は、物部氏の直系の子孫であり、「蛇神信仰だった出雲神族が大国主のもとで砂鉄を採っていたところにスサノオが侵入して来たことを、神話ではヤマタノオロチの話として描いたのである」という見解をもっているという。そのへんには何か謎がありそうである。

神魂神社のすぐ南の八雲村には熊野神社がある。その社殿は一九四七年に建てられた新しいものである。祭神は、「神祖熊野大神櫛御気野命」とされている。しかし、『出雲国風土記』には「熊野加武呂命は伊弉奈枳の愛児なり」と書かれており、後に考えることになるが、奈良時代に出雲臣が平城京の朝廷に捧げた『神賀詞《かむのよごと》』には、「伊射那伎乃日真名子、加夫呂伎熊野大神、櫛御気野命」と記されている。しかも、紀伊（和歌山県）にも熊野神社があり、一般には、熊野の神とはスサノオのことだと考えられている。しかし、「スサノオとは何か」については後にゆっくり検討するが、「熊野の神とはスサノオのことである」とするのは誤りであり、クマノ・カムロギという神は物部氏系の祖先の神のことらしいということをここでは述べておく。

熊野神社のすぐ近くの同じ八雲村に、八重垣神社があり、その社殿にはアマテラスやスサノオなどの神々を描いた優美で有名な着色絵画が保管されている。また、この神社の傍には須賀神社がある。八重垣神社という名前は、スサノオが八岐大蛇《やまたのおろち》を退治してクシナダ姫を救った時に、「八雲立つ　出雲八重垣　妻籠みに　八重垣造る　その八重垣を」と歌ったことに因んでいる。そして、スサノオは「吾れ、この地に来て我が御心すがすがし」と言って住んだ所であるという。また、須賀神社の名前の由来は『出雲国風土記』によると、神須佐能袁命が「この国は、小さき国なれども、国処なり。かれ、我が御名は石木には著けじ」と言ったと記されていることによるものであるとされている。

なお、出雲国の東半分には、意宇郡の他に大原郡（大東・加茂・木次町の一帯）と仁多郡（仁多町や横田町の一帯。山寄りの地方）がある。そのうち、玉造は古代には名前が表わすように装飾用の玉が造られていたが、今日では有名な温泉町となっている。この町の南には玉作遺蹟が発見されており、古代人が瑪瑙や碧玉の原石を発掘して工房で勾玉《まがたま》などに加工していたことが如実に示されている。仁多郡については、当時は人口も少ない小郡だったので省略する。

出雲西部を行く

出雲の西部の山寄りの飯石郡の一帯は、『風土記』によると、「三屋《みとや》の郷、天の下造らしし大神の御門、即ち此処にあり」と記している。その昔、出雲の国の王者であった大穴持（オオナモチすなわち

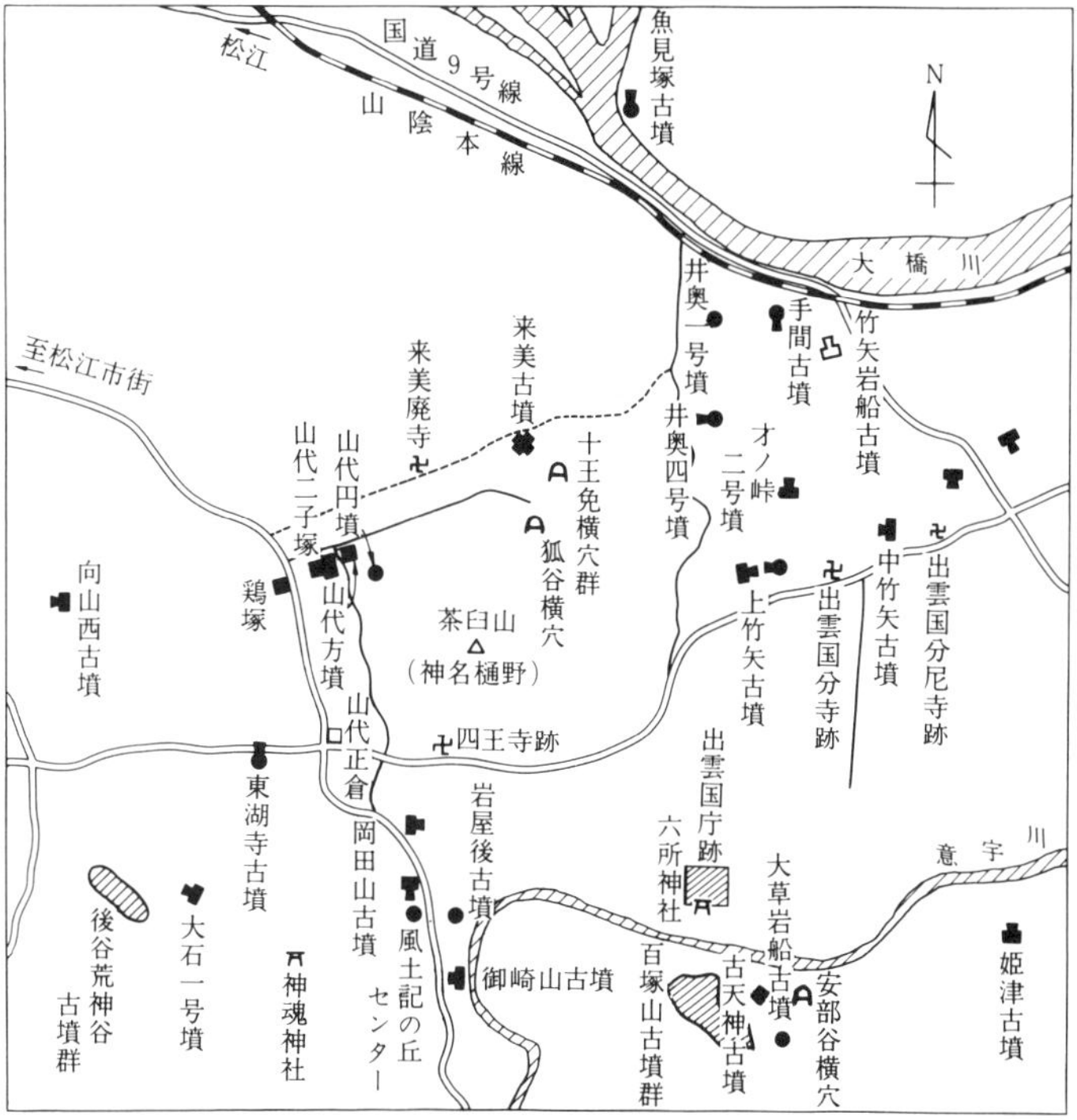

意宇平野の古墳分布（勝部昭氏作図・門脇禎二氏前掲書より）

大国主命）の根拠地があったのが斐伊川の中流の木次《きすき》町と対岸の三刀屋《みとや》町のあたりであるとされている。ここは飯石郡であるが、その西隣には神門郡があり、「神領への入り口」という意味がこめられていたと思われる。しかも、その土地には古く神門氏がいた。第三章では、崇神天皇による「出雲神宝収奪事件」について検討するが、その時「神宝」を献上したとされる出雲振根の子孫と思われる神門臣古禰《ふさね》という名前が『出雲国風土記』に記されている。

出雲南部の山から飯石郡の中央を北に流れる三刀屋川沿いの佐田町には、須佐大宮があり、その宮司の須佐氏は成務天皇から須佐国造に任じられた家柄という。つまり、出雲では、大国主は「天下造らしし大神」すなわち国土の建設者の神であったとされ、その神に須佐氏が奉仕しているわけである。この地こそ、出雲の国神として崇拝されているスサノオの住んでいた所であると言うのである。

前にもふれたように、宍道湖に注ぎ込む斐伊川の中流域に当たる飯石郡の中央部の一帯は、『風土記』によると、「天の下造らしし大神（オオナモチ）の御門、即ち此処にあり」と記されている所で、出雲の王者オオナモチ（大穴持すなわち大国主）の根拠地とされている古代の出雲の人たちの活動の主要な舞台であった。また、このへんは古生層に属する地層で、花崗岩などの火成岩系の磁鉄鉱が豊富であり、川の上流から流れてきた砂が、このあたりの河原でいっぱい採れる。しかも、砂鉄の質としては二酸化チタンの含有量が少ない良質なものである。

そうした事実をふまえ、例の「八俣《やまた》の大蛇《おろち》」の神話の意味について、それは三瓶山の噴火によって流れ出た真っ赤な溶岩が山の木々を燃やし一面に焼けただれた火の帯のことを大蛇にたとえたものである、という説を唱える人もある。確かに、噴火の際に流れ出る溶岩の姿は、八つに分かれた背中に杉や檜が生えた大蛇が赤ホオズキのような目を輝かせてのたくっている様に似ているし、高熱と樹木の炭素によって砂鉄が還元されて鉄分が固まってできた棒状の鉄のことを、退治された大蛇の尾から剣が出た、というふうに表わしたという説明にはかなりの説得力はありそうに思えてくる。

この説は、確かに面白い発想であると思うが、三瓶山がいつ大噴火したのか、その時期と規模を調べてみないことには何も言えないし、三瓶山はこの地からずっと西のほうにあり、川筋も斐伊川ではなく、静間川であるから、その噴火によって飯石郡の砂鉄が鉄剣のようになることはありえないのではなかろうか。もし、「八俣の大蛇」の退治の説話の本来の姿が火山の噴火であろうと、侵入してきた外敵を征伐したのであったにせよ、それはスサノオを崇拝する人たちにとって大事件であったに違いない。それなのに、『出雲国風土記』には、そのことを暗示するような記述は一切無い。それはなんとも不可解なこととしか言いようがない。『記・紀』に書かれているからという理由で重複を避けるために省略したという説明では到底納得はできない。つまり、この神話は出雲とは無関係であったと考えざるをえないのではなかろうか。

さて、神戸川沿いに遡り、立久恵峡を経て少し行った佐田町には須佐大宮という小さな社がある。その祭神はスサノオとクシナダ姫となっている。そして、その宮司は須佐国造の家柄であるという。ところが、須佐という姓は明治以後のもので、先祖は第一三代の成務天皇から国造に任じられたのであり、永亨六(一四三四)年に出雲太郎・次郎という名は出雲国司に憚りがあるというので、雲太郎・雲次郎と改称したという。このように、出雲にはスサノオに因む神社や遺蹟はかなり多い。そのことは、ヤマト勢力による出雲支配が定着し、『記・紀』に記されたスサノオ像が、あたかも太古の時代に出雲にいた英雄の実像であるかのように民衆の心に深く植えつけられてきたことの証拠であって、土地の古い王者であった本来のスサノオと取って代わられたことを意味していると考えられる。

古代出雲と青銅文化

一九八四年八月に、穴道湖の西端にあたる神庭荒神谷遺蹟から銅剣三五八本、銅矛一六本、銅鐸六個などが発掘されて大きな波紋を投げかけた。この三五八本という数は、日本全国から出土した銅剣の総数の過半数の六〇%にも及ぶものである。荒神谷遺蹟にこれだけ多数の剱・鉾矛がまとめて埋蔵されていたことから、出雲は一挙に銅剣の主要産地に格上げされたわけである。

次に、九六年の秋から暮れにかけて発見された加茂岩倉遺蹟に目を向けよう。それは荒神谷遺蹟の南東約三キロほどの大原郡加茂町にあり、付近の神原神社古墳からは景初三年銘の銅鏡が出土している。発見のキッカケは農道工事のために小高い丘の斜面を削った際に、その中腹から土砂に交じって銅鐸が三九個発掘されたのである。そのうち、一四組(二八個)は大きな銅鐸の中に小さな銅鐸が入っている「入れ子」になっていた。また、その表面には、シカ(鹿)やトンボそしてカメ(亀)あるいは人面が描かれていた。

考古学者たちにとって最も関心の的とされたのは、これらの銅鐸がどこで作られたかということであり、他の土地の銅鐸と同じあるいは類似した鋳型が用いられたか否かということであった。検討の結果、加茂岩倉出土の銅鐸のうち、以前、和歌山・奈良・兵庫・鳥取県で発掘された銅鐸と兄弟ないし類縁関係にあるとされるものがいく組か指摘されている。しかし、その事実を「畿内かその周辺で作られたものが出雲に移された」と解する学者もいれば、反対に、「出雲こそ銅鐸の発祥の地で、その製品ないし技術が畿内に移ったものである」と主張する研究家もいて真偽のほどはまだ決着はついていない。

そうした事情をふまえ、作陽短大の馬淵久夫教授をはじめ多くの研究家は銅剣や銅鐸の原料である銅や含有されている鉛などの金属について、同位体の混入比率による分析法を使って各地の出土物を比較して探究を続けている。それによると、最古・古段階の銅鐸には朝鮮半島産の銅が使われ、中・新段階のものは中国産の銅を使用しているなどの結果が出たという。こうした研究が実れば、この問題を解くカギが得られるかもしれない。

しかし、加茂岩倉より前に発掘された銅鐸は全国で四六〇個ほどであるから、出雲の地が一大銅鐸生産地であったことは間違いない。とりわけ、銅鐸の出土地の近くに「加茂」という地名がある例が多いことは興味深い事実である。第五章で触れることになるが、加茂氏は大三輪氏と関係があり、出雲神話に出てくるコトシロヌシ（事代主）あるいはオオモノヌシ（大物主）の子孫と称しているから、出雲の古代史の謎と深く関わっている。

ところで、各地の銅鐸は山腹などにさりげなく埋められていることから、「銅鐸は祭祀用のもので、それを使っていた氏族が他者に征服された時、土中に隠した」というような仮説が唱えられてきた。そして、弥生時代の近畿地方には物部氏の王国があったと考えられることから、「銅鐸は物部氏が祖霊を祀るために用いた祭具であった」と考え、弥生後期に九州勢力が近畿地方を征服した時に、銅鐸は処分されたとする考え方につながってくる。しかし、銅鐸の用途とそれが廃棄されるようになった経緯については定説は無い。

なお、出雲地方の遺跡の考古学的年代を概観すると、荒神谷と加茂岩倉遺跡がＡＤ一～二世紀、四隅突出型墳墓が一～三世紀で、二世紀から三世紀にかけては高地性集落と環濠集落が発達したということになっている。ただし、このような時代判定は、「出雲の青銅文化は畿内方面から伝えられたものである」という前提によるものであるから、もし、反対に「出雲こそ青銅文化の発祥の地である」ということになれば、これとはまったく異なる古代史像が描かれることになる。現に、加茂岩倉遺跡の実年代について右の数値より一世紀ほど早める見解もあり、確実なことはわからないと言うべきであろう。

もう一つ、宍道湖の周辺には『出雲国風土記』で「神名火山」とされる山が四つある。斐伊川の河口近くの斐川町の南方にある仏経山、島根半島の付け根の平田市にある大船山、宍道湖の中央真北にある朝日山、そして、松江市の南方にある茶臼山である。これらの山は神の宿る山として古代人の信仰の対象とされていたに違いない。もし、銅鐸が神に対する捧げ物という意味をもつものだとすると、加茂岩倉からはどの神名火山もみることができない理由はなぜなのであろうか。

「出雲こそ日本古代史の原点」と考える人にとって、この地から大量の銅器が発掘されたことは、限りないロマンを描き上げる壮大な夢が感じられ力強いことであろう。いずれにしても、西暦紀元前後に出雲地方では他の地方をしのぐばかりの青銅技術者がかなり存在したことは事実である。そのことが、『記・紀』や『風土記』に書かれていることや、当地の伝承などによってどう解明することができるかは、これからの探究の主題となるに違いない。

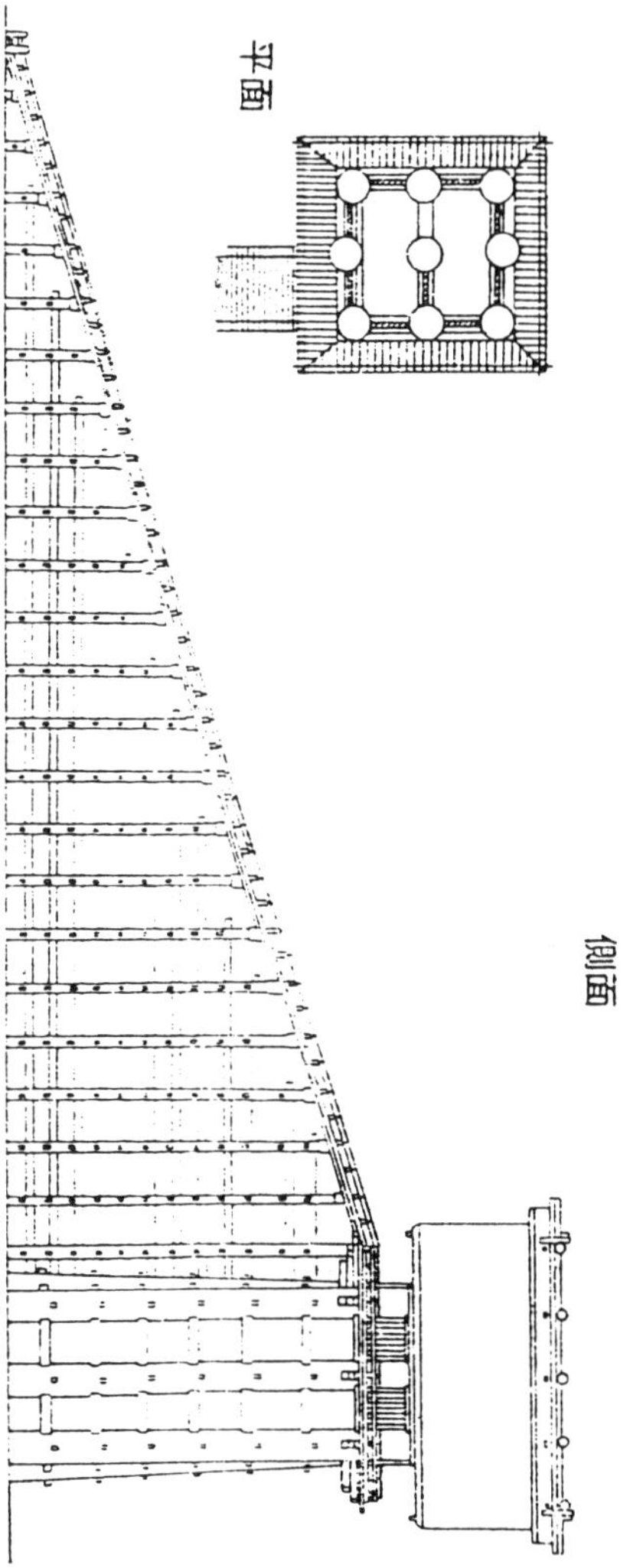

出雲大社神殿復元図（『歴史読本』昭和60年7月号、千家尊祐論文より）

最後に、出雲を訪問する人が必ずといっていいくらい訪れる出雲大社について語らねばならない。この神社の由来は次章で述べるように、「国譲り」にからんでいる。天皇家の祖先に出雲勢力が降伏した時の約束で隠遁した大国主命の霊を祀る社であるとされている。出雲大社の現在の建物は寛文年間（一六六一〜七三年）の造営のもので、その高さは八丈（二四メートル）だが、平安時代の記録によると、かつては一六丈もの高さであったとされている。そして、太古のものは『日本書紀』の記述を信じるならば、三二丈という。この木造の社殿は、過去一一世紀の間に六度も転倒したという。

それなのに、何度も再建されていることは、その費用が全国的な寄進によっているだけに、いかに庶民の信仰が篤かったかの証拠である。出雲大社が「縁結び」の神とされ、善男善女の信仰の対象とされるようになったのは何故なのであろうか？　また、十月が他の土地では「神無月」とよばれ、全国の神が出雲に集まるので出雲では「神在月」とよばれている、というようなことは、何を根拠として、いつごろ誰が言い出したのであろうか？　このことも興味をそそられる謎である。

なお、『記・紀』で「国譲り」の談判が行なわれたという「稲佐の浜」と称する場所は出雲大社の西七〇〇メートルほどの所が当てられている。ただし、『出雲国風土記』には「伊奈佐社」はあるが、「イナサの浜」というのは存在していないから、これは『記・紀』に因んだ後世の命名ということになるであろう。そして、もう一つ注目すべきことは、この浜の名は『日本書紀』には「イナサの浜」ではなく「イタサ（五十田狭）の浜」になっていることである。その違いの意味も一つの課題である。

さらに、これは近世のことであるが、出雲大社の近くには歌舞伎の元祖である出雲阿国の墓があることも付記しておこう。そこから北東に数キロ行くとウミネコの繁殖地として名高い風光明眉な日の御碕である。ここで見られる落日は素晴らしい。この地の日御碕神社の境内には韓国神社がある。このことは、出雲は大昔から海を隔てていつも朝鮮半島と向かい合っていたことを物語っている。

第二章　『記・紀』と『風土記』が描く出雲

スサノオの登場

『古事記』と『日本書紀』の出雲に関する記事は、他の国の場合と際立って異なっている。と言うのは、いわゆる「神代」については、高天原時代のことと天孫降臨以後の「日向三代」を描いた「筑紫神話」以外はすべて「出雲神話」になっており、「葦原の中つ国」というのは「下界」のことであるが、あたかも出雲がその代表のように書かれている。ところが、「神武東征」以後の「歴史時代」になると、せっかく無理を重ねて「国譲り」をさせて支配権を獲得したはずの出雲に関しては、どういうわけか目も向けようとせず、ただ一度だけ崇神天皇が「出雲の神宝」を取り上げたという記事があるほかは、七世紀末に至るまで一切何も触れていないのである。この疑問については第三章で考えることとし、その前に『記・紀』に記されている「出雲神話」の概要を見てみることにする。

高天原の神々の誕生のことや、アマテラス（天照大神）とその弟とされるスサノオ（須佐之男命・素戔嗚尊）との高天原での行動については第四章で扱うこととし、ここではスサノオが姉のアマテラスの田に対して畦放・溝埋などをして荒らしたり、馬の逆剝などの数々の乱暴を働いたりしたため、神々の衆議によって千座《ちくら》の置戸《おきど》（賠償）を負わされて下界に追放されて後のことから始めることにしよう。

天界を離れたスサノオは、『紀』の場合は、いったん新羅に渡ったとか「根の底つ国（冥府。あの世）」に行ったと記されているが、『記』の場合は食物の神のオオゲツ（大気都）姫を殺した話が挿入されているが、そのことについては、後に触れる機会がある。最初にスサノオが下界に降り立った場所は出雲のヒ（肥・簸）の川上のほとりの鳥髪という土地ということになっている。そこで、アシナヅチ（足名椎・脚摩乳）・テナヅチ（手名椎・手摩乳）という老夫婦が、「娘をヤマタ（八俣・八岐）のオロチ（大蛇）の生け贄《にえ》に捧げなくてはならない」と言って泣いているのを見て、スサノオは大蛇を酒に酔わして退治してやり、その娘と結ばれるという話になっている。この大蛇は『古事記』によると、「目は赤カガチ（ホオヅキ）のように輝き、身一つに頭と尾が八つあり、身には杉や桧が生え、八つの谷にわたる大きさで、腹には常に血が垂れていた」と記されている。この娘の名はクシナダ（櫛名田・奇稲田）姫といった。この親子の不幸を哀れんだスサノオは、十拳《とつか》の剣を揮ってその大蛇を退治したが、その時に大蛇の尾から出て来たのが都牟羽《つむは》の剣（天の叢雲剣）であり、それが後にヤマトタケル（倭建命・日本武尊）が東征に出かけた際にミヤズ（宮簀）姫から預かり、途中、野火にかけられ焼き殺されそうになった時に周囲の草を薙ぎ払って逆に火をつけて脱出したという話の素材として「草薙剣」と名を変えている。この剣は帰途に熱田神宮に納められ、以後、天皇の皇位継承の際の祭具である「三種の神具」――他に、八坂瓊《やさかに》の勾玉《まがたま》と八咫《やた》の鏡――の一つとされたとしている。

この話については、いろいろな解釈が行なわれている。前章では、それは出雲と石見の県境にある三瓶山の噴火の様を描いたものであるという説を紹介したが、「怪物に襲われて苦しんでいる美女を英雄が救ってやって結婚する」という同じモチーフの説話や伝説は珍しくなく、東北アジアのギリヤーク族・モンゴル・アイヌ・朝鮮・中国から東南アジア諸国をはじめ世界中に数多くあるもので、それはギリシャ神話に因んで「ペルセウス・アンドロメダ型の物語」とよばれているのである。

したがって、『記・紀』がこういう話を採用しているからといって、現実にスサノオという英雄がいて、出雲という土地で何らかの「怪物」を実際に退治したことがあったと考える必要は無く、高天原の神々すなわち後のヤマト王朝を建設する勢力が、それに対抗する勢力のいる出雲地方を征服するに先だち、その露払いの役割を、アマテラスに追われた弟のスサノオに負わせ、高天原と出雲の間の因縁をつけたに過ぎないとも解釈できる。ところが、この物語を実際に出雲で起こった事件を説話化したものであると考えたい立場の人の中には、『古事記』にこの大蛇のことを「高志のヤマタの大蛇」と記してあることから、「越の国」すなわち北陸方面からの侵入者であるとしたり、「オロチ」というのは東北アジアのツングース系の種族である「オロチョン族」のことであるとするような解釈も行なわれている。

しかし、もし実際に出雲で「怪物退治」を思わせる大事件があったのであるとすれば、そのことは出雲地方に何らかの形で伝承されていたはずであり、そういう勇敢な人物がいたとすれば、その英雄の名前が民衆に記憶されていないわけは無い。それなのに、『出雲国風土記』にはそういう記述は一かけらも無く、そこに記されているスサノオという人物には怪物退治をしたような痕跡さえ残されていない。こういうことは、「八俣大蛇退治」の物語に相当する出来事があったとしても、それは出雲以外の出来事であり、『記・紀』の編集者は「スサノオという名の王者が出雲にいた」という話を知っていたため、たまたま高天原の物語で登場するスサノオを出雲に降り立たせ、怪物退治のヒーローに仕立て上げたまでのことであると考えたい。

では、実際に古代の日本のどこかに、「大蛇を連想させるような勢力に襲われ苦難に陥っていた女性を、逞しい男性の英雄が救って結婚した」という出来事があったのであろうか？　そのことに関しては、前著『天皇家と卑弥呼の系図』で「それは誉田真若が宇佐女王を救って結婚した話である」という想定をしておいた。そこで、その推理の背景について述べておこう。

その舞台は、「豊の国」である。豊後（大分県南部）の大野川の水源地は祖母山であるが、その山麓には富の尾・飛の尾・登尾といつた地名があり、トビとかトウべあるいはナガラとよばれた蛇神を祀る神社が多い。また、その地方では蛇のことを古く「ヤアタ・ロ」とよんでいた。そして、この地方には大神《おおか》氏という豪族がいた。一方、同じ「豊の国」にある宇佐八幡に伝わる伝承によれば、「欽明三二（五七二）年に、宇佐の小倉山の麓にある菱形池のほとりに、一身八頭の鍛冶翁という人物が現われ、そこに人が五人行けば三人死に、十人行けば五人死んだ。そこで、大神比義が出かけると人は無く、金色の鷹が木の枝にとまっていた」という。そして、比義が五穀を断って三年祈ると、そこに三歳の童子が現われ「我れは誉田《ほむた》（応神）天皇広幡の八幡麻呂なり」と述べたという話になっている。これは、宇佐八幡の起源を語る大神氏が創作した「宇佐八幡の縁起」を語る説話であるが、この大神氏は蛇神信仰の盛んな土地の出身で、いわば「蛇神族」なのである。

ところが、宇佐ではこの大神氏以外に宇佐氏と辛島氏が宇佐八幡の三大神官家として争い合っていた。とりわけ、宇佐氏と大神氏との対抗関係は激烈で、八世紀から一二世紀に至るまで血を流して戦っている。源平時代には蛇神族の大神氏から出た緒方三郎惟栄は源氏の武将として八幡宮を焼き払うほどの暴威を揮っている。

さて、それより先、三世紀の半ばまでは宇佐の地に邪馬台国があり、その女王卑弥呼は豊後の海人族であった海部氏の九代目の日女命であった、というのがわたしの考えた説である。女王卑弥呼が死んで後、海部氏の主力は丹後に移住し、一部は尾張に進出し、ともに大和に成立した崇神王朝を側面から支えていた。ところが、四世紀から五世紀に移るころになると、宇佐の地にはかつては邪馬台国の女王であった卑弥呼の子孫の金田屋野姫が宇佐女王として残っていたが、その地位を侵そうとしたのが蛇神族の大神氏だった、というふうに考え、そこに現われた誉田真若は大神氏を討ち、女王を救い彼女と結婚したというのである。ここまでは推理であるが、この二人の間に生まれた三人の娘は、後に応神天皇の后妃となっていることは『記・紀』と「海部氏系図」が記す史実である。

つまり、「八俣の大蛇退治」という説話は、現実には九州で起こった事件を下敷きにして「ペルセウス・アンドロメダ説話」の手法を用い、歴史上の実在人物である誉田真若のことを『記・紀』の編集者はスサノオという名で神話の中に書き込み、その舞台として出雲の地を選んで書き込んだというわけである。それは、あくまで「大和王朝の祖先である天神の一人の英雄が僻地である出雲の民に恵みを垂れたのである」という政治的意味をもった意図によるものである、と言うのがわたしが下した「八俣の大蛇退治」の解釈である。別の言い方をすれば、九州から進出して河内地方の王者となった応神天皇の后妃の両親のことを事実に即して記述することを避けたいという配慮があったことになろう。なお、誉田真若というのは『記・紀』が記す系譜の上では景行天皇の孫ということになっている。また、海部氏は天火明命《ほあかり》（ニニギノミコトの子として生まれた三火神の一人）の子孫とされ、その系図は丹後（京都府北部）の籠《この》神社に国宝として伝えられている。これらのことについては、『天皇家と卑弥呼の系図』をご覧いただきたい。

大国主命の物語

『古事記』と『日本書紀』とでは「出雲神話」の構成が異なっている。『紀』では、スサノオは大蛇退治をした後、出雲の清地に至り「吾が心すがすがし、則ち、ここに宮を建つ」と言い、アシナヅチ・テナヅチを稲田宮主とし、その地でオオアナムチ（大己貴神）という子をもうけ、「根の国」すなわち冥府に行ったとしている。そして、本文ではすぐに「天孫降臨」の話に移り、その前提としての「出雲の国譲り」の話になる。ただし、「一書に曰く」として、「オオクニヌシ（大国主神・オオアナムチ）がスクナヒコナ（少彦名）と協力して国土の経営をした後、スクナヒコナは常世《とこよ》の国に行き、オオアナムチは出雲にやって来た」と簡単に紹介している。

そこで、以下、『古事記』にしたがってオオクニヌシの「出雲経営」の物語のあら筋を記しておこう。大国主には八〇人の兄弟があった。そして、彼らはイナバ（稲葉・因幡）のヤガミ（八上）姫を妻としようと思い、オオクニヌシと争うことになる。そして、オオクニヌシは袋を背負わされて八十《やそ》神たちと同行しイナバの気多《けた》の岬にやって来た時、浜に裸の兎がいた。八十神たちは兎に「海の塩水を浴びて風に吹かれろ」と教えたため痛みに耐えかねて泣いていたのを、オオクニヌシは「なぜ裸にさせられたのか」と問い、その兎がオキ（淤岐・隠岐）の島からワニを騙してやって来たが、上陸する際に怒ったワニに皮を剝がれていたという事情を聞き、蒲《がま》の花粉を敷いた上に寝かせ、痛んだ皮膚を癒してやったという。これが有名な「イナバの白兎」の話である。

ところが、「ある動物が他の動物を騙したために罰を受ける」という話は、カムチャツカからニューギニア、そして東南アジア各地やインドに至る広い範囲の一〇か国以上にわたって分布しているのである。そして、騙す側は兎だけでなくジャッカルや猿やネズミや鹿であり、騙される側はほとんどは鰐であるがカムチャッカでは鯨になっている。また、日本の場合には鰐は棲息していないから、「それは鰐鮫のことであろう」と説く人もいる。また、舟のことをミクロネシヤでは「ワ」といい、フィジーでは「ワニカ」とよんでいるから「鰐とは舟を操る海人族のことをさしている」とする合理主義的な見解もある。

また、『記・紀』にしばしば登場するワニ氏（和珥・和邇・丸邇）という海人族のことを比喩的に鰐と表現したものであるに違いないと唱える人もあり、この説はなかなか説得的であると思う。このワニ氏は大和の添上郡を本拠とした春日氏の祖先であった部族で、『記・紀』によると、第五代の孝昭天皇から出たとされている。しかし、「山幸」とよばれているヒコホホデミ（彦火火出見）が海神の宮を訪れて帰る時、「一尋鰐《ひろ》」が送り届けたということが『紀』の「一書」に記されているから、「この海神というのはワニ族の祖先であろう」と考える人もいる。

言うまでもなく、「山幸・海幸」の物語は寓話的なものであり、史実そのものではないが、「神武天皇」の母の玉依姫はこの海神の娘とされているから、八世紀の『記・紀』の編集者は、「海人系の部族がその昔、天皇家の祖先の姻戚であって、それを支えてきた」という伝承を尊重してそのような物語を記したものと思われる。その海人というのがワニ氏であったことはほぼ間違いないであろう。このように考えると、「イナバの白兎」の物語が神話に書き込まれる意味もなんとなく見えてくるのではなかろうか。

その場合、「白兎」とは何を象徴しているかということになる。その兎は隠岐の島から来たというのであるから、隠岐のはるか西北西にある新羅から出たに違いないと思う人も多いであろう。現に、鳥取県の気高郡には「白兎海岸」と名づけられている所がある。しかし、その昔「この地でワニ族が新羅からの渡来者を懲らしめた」などという事実があったと考える必要は無いと思う。せいぜい、八世紀の時点で『古事記』の編集者が海人族と新羅との過去の対抗関係を意識してこういう物語を構想し、それを「出雲神話」を借りて述べてみたとしても不思議ではない、とまでは言うことができよう。

さて、ヤガミ姫は八十神に対して「あなた方の言うことは聞かない。わたしはオオクニヌシ（オオナムチ）と結婚します」と言ったので、彼らはオオクニヌシを殺そうとする。そこで、彼らは焼けた大石を転落させてオオクニヌシを焼き殺したり、大樹を裂いた割れ目に挟んで射殺させたりした後、スサノオによって、蛇の室やムカデの室に入れられて殺されるなど、三度もオオクニヌシは殺されたことになっている。しかし、「根の国」に落ちたオオクニヌシは、その都度「根の国の王」であるスサノオの娘のスセリ（須勢理）姫の愛と機転によって救われて復活してしまう。そこで、スサノオはオオクニヌシに自分の娘を嫡妻とするように命じ、「高天原に宮殿を築いてそこに住まえ」と言ったという。そのため八十神を断っていったんオオクニヌシの妻になったヤガミ姫は、二人の間に生まれた子をスセリ姫に対する遠慮から木の股に挟んで殺してしまう。

このように、故郷を離れて結婚相手を求めて他国をさすらい歩き苦難を重ねたあげく、目出たく恋の目的を果たしたという男の話は「英雄求婚譚」とよばれ、ギリシャの英雄テセウスとイヤソンの物語など外国にも例が多い。つまり、「白兎の話」を含めて『古事記』が語るオオクニヌシの物語もまた「お決まりの話」であって特定の歴史的事実を反映したものではなく、『出雲国風土記』が讃える「天下造らししオオナモチの大神」とは何の関係も無いもので、いわば『古事記』の編集者による「読者サービス」とでも言いたくなるものであり、そこには「出雲古代史の復元」に役立つ内容は隠されてはいない。

なお、『古事記』には、オオクニヌシは大穴牟遅だけではなく葦原色許男《しこお》・八千矛の神・宇都志国玉などいろいろな名で登場している。そして、根の堅州国つまりあの世の王であるスサノオの娘のスセリ（須勢理）姫を嫡妻として、スクナビコナ（少名彦毘古那）神と協力して出雲の国作りの事業を進めていく……といった展開になっている。このスクナビコナの神は大国主が出雲の御大（美保）の岬にいると「波の穂によって天の羅摩《かがみ》船に乗って渡来した」とある。そして、この神は「久延毘古《くえびこ》」とも「山田の曾富騰《そおど》」ともいう案山子《かかし》が「神産巣日の神の子である」と指摘しているが、大国主を助けて国土経営を終えると常世の国に帰って行ったとしている。つまり、スクナビコナは渡来神なのである。この神の名は他の国の『風土記』にも現われるので第五章であらためて考えることにしたい。

ところで、『古事記』には、スサノオとオオクニヌシ関係の「出雲の神々の系譜」が詳しく載っている。ところが、スサノオとオオクニヌシの関係が二種類に分かれており、オオナムチとしては、スサノオとクシナダ姫の間にできたヤシマジヌミ（八嶋士奴美）の七代の子孫になっているのに、もう一方のオオクニヌシは、スサノオの娘のスセリ姫の婿とされている。『古事記』だけに記されている「出雲の神」の系図を掲げてみよう。

ここで、大山津見神というのは、天孫ニニギ（邇邇芸・瓊瓊杵）が日向《ひゅうが》の高千穂の峰に天降りした時にそれを真っ先に出迎えた神で、ニニギはその娘のうち顔の醜いイワナガ（岩長・磐長）姫を却け、美しいコノハナサクヤ（木之花佐久夜・木花開耶）姫を選び、彼女が生んだのがヒコホホデミ（彦火火出見）・ホアカリ（火明命）・ホスセリ（火須勢理・火闌命）の「三火神」であったということになっている。前節で、「山幸」のことに触れたが、「出雲神話」の系譜では、スサノオの子の八嶋士奴美は「三火神」の父の大山津見神の別の娘である木花知流比売と結婚していることになる。しかし、この系譜は実在の人物の系図とは別のものであり、古代人の観念上の話であるから、余り深く考えることもないとも言えよう。そして、この大山津見神は海の神でもあり、瀬戸内海の大三島で大山祇神として祀られているし、オオクニヌシの妃である多紀理比売というのは、「宗像三女神」の長女で沖ノ島の奥津宮に祀られている神である。そういう神々が何故に「出雲神話」に関する「神の系譜」に顔を出すのであろうか？　それが『古事記』編集者の頭の中だけの「架空の系譜」であったとしても、それにはそれなりの理由があるはずである。

その点についての考察は、ここでは省略するが、少なくとも「出雲神話」が山陰の出雲の出来事を元として構成されたというような立場からは到底説明できるものではなく、これらの物語は九州から

【出雲の神の系譜】

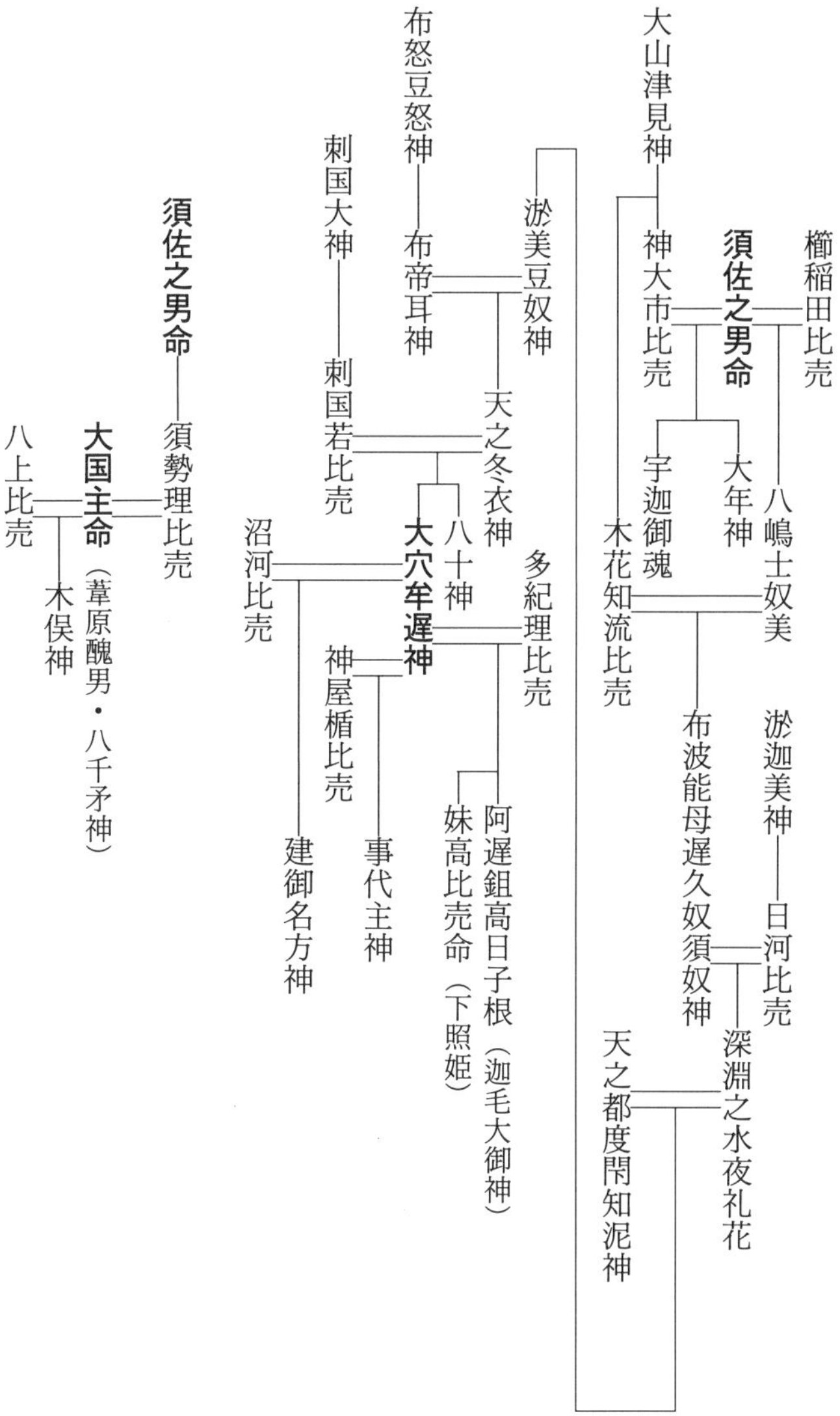
櫛稲田比売
須佐之男命
八嶋士奴美
大年神
大山津見神
神大市比売
宇迦御魂
木花知流比売
淤迦美神
日河比売
布波能母遅久奴須奴神
深淵之水夜礼花
天之都度閇知泥神
淤美豆奴神
布怒豆怒神
布帝耳神
天之冬衣神
多紀理比売
刺国大神
刺国若比売
八十神
大穴牟遅神
阿遅鉏高日子根（迦毛大御神）
妹高比売命（下照姫）
神屋楯比売
事代主神
沼河比売
建御名方神
須佐之男命
須勢理比売
大国主命（葦原醜男・八千矛神）
八上比売
木俣神

瀬戸内にかけての諸豪族間の関係を通じて組み立てられたものであるとしなければ理解することはできないであろう。

ここで「三女神」というのは、第四章で説明することになるが、アマテラスとスサノオとが天の安の川原で「誓約《うけい》」をした時に生まれたとされている女神で、応神天皇・神功皇后とともに宇佐八幡の祭神となっている。なお、広島湾の厳島（宮島）の神はイチキシマ（市杵島）姫でオオクニヌシの妃の多紀理《たぎり》姫の妹ということになっている。

『出雲国風土記』に現われるスサノオ像

一般の日本人が知っているスサノオと言えば、天照大神の弟であり、高天原で乱暴をしたため下界に追放され、その後、出雲に現われてヤマタノオロチを退治した英雄ということであろう。また、『古事記』が伝える「出雲神話」とは、スサノオの娘婿となったオオクニヌシが白兎を救ったという話や、兄の仕掛けた災難に苦しむとかいう話であろう。

では、八世紀に出雲の国で編集された『出雲国風土記』には、スサノオやオオクニヌシのことがどのように述べられているであろうか？　ここでは、まず『出雲国風土記』に現われるスサノオに関する記事をすべて挙げてみることにする。

①　「意宇郡安来の郷」……神須佐乃烏命、天壁立廻りましき。その時、此処に来まして詔りたまひしく、「吾が御心、安平《やす》けくなりぬ」と詔りたまひき。故《かれ》、安来といふ。

②　「意宇郡大草の郷」……須佐乎命の御子、青幡佐久佐日古命坐す。故、大草といふ。

③「嶋根郡山口の郷」……須佐能烏命の御子、都留支日子命、詔りたまひしく、吾が敷き坐す山口の処なり」と詔りたまひて、故、山口と負《おほ》せたまひき。

④「嶋根郡方結《かたえ》の郷」……須佐能烏命の御子、国忍別命、詔りたまひしく、「吾が敷き坐す地は、国形宜し」とのりたまひき、故、方結といふ。

⑤「秋鹿郡恵曇《えとも》の郷」……須作能乎命の御子、磐坂日子命、国巡り行でましし時、此処に至りまして、詔りたまひしく、「此処は国稚く美好しかり。国形、絵鞆の如きかも。吾が宮は是処に造らむ」とのりたまひき。故、恵曇という。

⑥「秋鹿郡多太の郷」……須作能乎命の御子、衝桙等乎与留比古《つきほことよるひこ》命、国巡り行でましし時、此処に至りまして、詔りたまひしく、「吾が御心は照明《あか》く正真《ただ》しく成りぬ。吾れは此処に鎮まり坐さむ」と詔りたまひて、静まり坐しき。故、多太といふ。

⑦「神門郡八野の郷」……須佐能袁命の御子、八野若日女命、坐しき。その時、天の下造らしし大神、大穴持命、娶ひ給はむとして、屋を造らしめ給ひき。故、八野といふ。

⑧「神門郡滑狭《なめさ》の郷」……須佐能袁命の御子、和加須世理比売命、坐しき。その時、天の下造らしし大神の命、娶ひて通ひましし時に、彼の社の前に磐石あり、其の上甚く滑らかなりき。即ち詔りたまひしく、「滑磐石《なめしは》なるかも」と詔りたまひき。故、南佐《なめさ》といふ。

⑨「飯石郡須佐の郷」……神須佐能袁命、詔りたまひしく、「此の国は小さき国なれど、国処なり。故、我が御名は石木《いわき》には著《つ》けじ」と詔りたまひて、即ち、己が命の御魂を鎮め置き給ひき。然して即ち、大須佐田、小須佐田を定め給ひき。故、須佐といふ。（この地には「須佐社」がある）

⑩「大原郡佐世の郷」……古老の伝へていへらく、須佐能袁命、佐世の木の葉を頭刺《かざ》して、踊躍《おど》らしし時、刺させる佐世の木の葉、地に堕ちき。故、佐世といふ。

⑪「大原郡高麻山」……古老の伝へていへらく、神須佐能袁命の御子、青幡佐草日子命、是の山の上に麻蒔き殖《お》ほしたまひき。故、高麻山といふ。即ち、此の山の峯に坐せるは、其の御魂なり。

⑫「大原郡御室山」……神須佐乃乎命、御室を造らしめ給ひて、宿らせたまひき。故、御室といふ。

これらの記事によると、スサノオは青幡佐久佐日子・都留支日子・国忍別命・磐坂日子・衝杵等乎与留比古という五人の男子と八野若日女・和加須世理比売の二人の女子を子としてもっていたことになる。このように『出雲国風土記』に現われるスサノオ（以後、スサノオAとよぶ）の姿は、『古事記』に出てくるスサノオ（以後、スサノオBとよぶ）の像とはまったく食い違っており、どちらにもスセリ姫という子がいること以外には人間像が重なるところは無いのである。『風土記』に記されているスサノオAは、出雲の各地にまで息子や娘が出向いており、須佐という小天地のみならず出雲の最高神として尊崇の対象とされていた王者であったように思われる。それに対して、『記・紀』に登場するスサノオBは後に詳しく分析するように、出雲では八俣の大蛇を退治して民を救った大英雄になっている。このように両者のイメージはかならずしも一致しないのではないか。

では、なぜそういうことになったのであろうか？　そこで、この二つのスサノオについて次の二点について考えてみよう。（一）この神は実在の人物をモデルとして描かれたものか？　すなわち、現実の歴史的事実を素材として説話を構成したものか、それとも架空の物語なのか？　（二）その名前は、どちらがオリジナルのものであるか？　それとも偶然の一致なのであろうか？　このことについて考える場合、大切なことは、『風土記』や『古事記』などが編集されたのは八世紀の前半のことであるのに対して、スサノオA・Bが仮にいたとしても、それは五〇〇年も昔のことであって、口づての伝承はあったとしても、その具体的な姿はそれぞれの書物の編集者の意図によって本来のものに大いに修飾が加えられているに違いないということである。

（一）については、スサノオAの場合は内容的にはほとんどが「地名起源説話」になっており、三世紀ごろの出雲の一地方である須佐に実際にいた王者とその子たちの伝承を綴ったものであると考えてもよさそうである。それを積極的に支持する証拠は無いが、否定する理由も無いからである。ところがBの場合は、天皇家の祖先を神聖な神として権威づけようとする目的から手の込んだ「神話化」が行なわれているに違いない。したがって、スサノオについての記事が特定の史実の反映はあったとしても多分にデフォルメされたものと考えざるをえず、しかも、そのモデルとされた実在の人物がいたとしても、それは必ずしも一人とは限らず、複数である可能性はきわめて高いと思われるので、あらためて考察することにしたい。

（二）の名前の一致の件については、次の五つのどれかに違いない。①スサノオAがオリジナルであって、『記・紀』の「出雲神話」を創作する際に、実際に出雲で英雄視されていた須佐の王者の名前を借りたのである。②スサノオBがオリジナルなものとしてすでに創作されていたので、『風土記』の編集者は須佐の王者の名前を記す際に『記・紀』に書かれていた英雄の名を借用して中央政府に迎合した。③どちらも別個に実在した人名であり、偶然それが一致したに過ぎない。④『記・紀』が記すとおり、スサノオBが外部から出雲にきてスサノオAとなった。⑤スサノオAが出雲から九州方面に進出してスサノオBとなった。
　以上の五つのケースのうちのどれが真実であるかについての結論は読者の判断にお任せするが、「出雲の古代史」について考える場合、『記・紀』に語られているスサノオBのイメージ――勇猛果敢で情け深い英雄というイメージが先入観となるのを避けることが何よりも重要なことであることを強調しておきたい。とりわけ、⑤の筋書き――スサノオAが出雲以外の土地で活躍するという仮説を展開する場合に安易に『記・紀』の記事と結合させて恣意的な推論を進めることは厳に慎むべきである。

『出雲国風土記』における大穴持の神

『古事記』では、オオナムチ（大穴牟遅）の神は「大国主の別名である」としているが、『出雲国風土記』では「天の下造らしし、大神、大穴持命」という形で同じ名の神が随所に登場してくる。そこで、この神に関する記事をすべて調べてみよう。

「天の下造らしし、大神」としてだけ記されている例………。
①　意宇郡拝志の郷………越の八口から帰還した時、「ハヤシ」の地名の起源。
②　意宇郡宍道の郷………鹿と犬の像から「シシジ」の地名の起源。
③　意宇郡賀茂の神戸………アジスキタカヒコ（阿遅須枳高日子）の父として。
④　嶋根郡手染の郷………「テシミ」の地名の起源。
⑤　嶋根郡美保の郷………高志の奴奈宜波比売との間に御穂須須美命が生まれた。

⑥ 楯縫郡…………神魂《かむむすび》命の詔により、大神の宮を造った。
⑦ 楯縫郡玖潭の郷………「クタミ」の地名の起源。
⑧ 出雲郡杵築の郷………八束水臣津野命の「国引き」の後、大神の宮を造った。
⑨ 出雲郡美談の郷………ワカフツヌシ（和加布都怒志命）の父として。
⑩ 出雲郡宇賀の郷………神魂命の娘のアヤト（綾門）ヒメに妻訪いした。
⑪ 神門郡高岸の郷………アジスキタカヒコネの父として。
⑫ 神門郡滑狭の郷………スサノオの娘の和加須世理比売に妻訪いした（地名説話）。
⑬ 神門郡多岐の郷………阿陀加夜努志多岐吉比売の父として（地名説話）。
⑭ 飯石郡三屋の郷………ここに大神の御門があった。「ミトヤ」の地名の起源。
⑮ 飯石郡琴引山………この山の窟に大神の御琴がある。
⑯ 大原郡屋代の郷………「ヤシロ」の地名の起源。
⑰ 大原郡來次の郷………「キスキ」の地名の起源。「八十神は青垣山の裏に置かじ」

「天の下造らしし、大神、大穴持命」と記されている例………。
① 意宇郡母理の郷………越の国から還り、皇孫に国の統治を譲ると言った。
② 意宇郡山代の郷………ヤマシロヒコ（山代日子）の父として。
③ 神門郡朝山の郷………神魂命の娘の眞玉著玉之邑日女に妻訪いした。
④ 神門郡八野の郷………スサノオの娘の八野若日女に妻訪いした。

⑤　飯石郡多禰の郷………須久奈比古命とで稲種をここに落した（地名説話）。
⑥　仁多郡………………「ニタ」の地名の起源について。
⑦　仁多郡三處の郷………「ミトコロ」の地名の起源について。
⑧　仁多郡三澤の郷………アジスキタカヒコネの父として。この神は、髭が生えても口がきけなかったという話に関しての「ミサワ」という地名の起源説話。
⑨　大原郡城名樋山………「キナビ」の地名説話。八十神を伐とうとして城を造った。

右に見るように、『出雲国風土記』に現われるオオナモチの名前は、その多くは地名の起源説話に関して述べられているもので、「天の下造らしし大神」という呼称から「出雲の国土建設の英雄」として尊崇されていたことはわかるが、その事業の具体的な実像はいまひとつ明瞭ではない。また、『古事記』に描かれている「大国主の物語」と結びつくものはあまり見られない。しかし、次のような両者の接点が見られる。

（一）『古事記』では、アジスキタカヒコネというのは大国主と多紀理毘売（宗像三女神の長女）の間の子とされているが、『風土記』でもオオナモチの子である。
（二）『古事記』では、大国主はスサノオの娘の須勢理毘売の婿になっているが、『風土記』でも、大神は和加須世理比売に妻訪いしている。
（三）『古事記』では、大国主の別名とされる八千矛の神が高志の沼河比売と歌を交換して愛を語っているが、『風土記』では高志の奴奈宜波比売との間に子があった。

（四）両者ともに、スクナビコナと共同して国土を経営している。
（五）『古事記』では、大国主は「八十神」から迫害されているが、『風土記』では彼らと戦っている。
（六）意宇郡の母理の郷の項にあるように、オオナモチは越の国を平定し、しかも、皇孫に国土の統治権を譲ったとする記述がある。

以上の「接点」から考えて、『古事記』に描かれている大国主は、『出雲国風土記』に「天の下造らしし大神、大穴持命」という名で記されている実在した人物についての伝承に基づいて述べられたものであると即断することは早合点の恐れがあると思う。出雲の国の建国者は存在したに違いないし、その人物のことを出雲人は「天の下造らしし大神」として尊崇していたであろう。また、出雲の一角にスサノオという名の王者がいたことも事実としてよいであろう。そして、ある時代に「皇孫族」の圧力に出雲勢が屈伏して「国譲り」が行なわれたことも確かである。しかし、『出雲国風土記』は『古事記』とほぼ同時代にヤマト勢力の支配下に置かれた出雲において、ヤマト側に服従した国司の官人が編集したものであるから、古くから出雲に伝えられてきた「天の下造らしし大神」の伝承に加えてヤマト側が創作した「出雲神話の英雄譚」を借用して書いたものも混入している恐れが多分にあると思われるからである。

ここでは、右の事情を頭においたまま、先に進むことにしたい。なお、オオクニヌシとスクナビコナによる「出雲の国土経営」については、第五章であらためて考察することにする。また、オオクニヌシの別名とされているアシワラノシコオ（葦原色許男）の名前は『摂津国風土記』にも現われるが、そのことについては、第六章で検討する。なお、これらの問題についての結論は最終章で述べることにしたい。

ここでは、参考のために出雲以外の国でオオナムチ（大己貴神）を祭神として祀っている主な神社の名前を掲げておくことにする。

① 越中国の一宮　高瀬神社　富山県砺波郡高瀬
② 能登国の一宮　気多神社　石川県羽咋市寺家
③ 丹波国の一宮　出雲大神宮　京都府亀岡市千年
④ 丹後国の一宮　一宮神社　京都府福知山市堀
⑤ 日向国の一宮　都農神社　宮崎県都農町

このように、オオクニヌシあるいはオオナムチを神として祀っているのは出雲だけではなく、日本海沿岸のいくつかの地方（日向は別として）に存在するという事実は注目すべきことであるが、このことからただちに「オオクニヌシは出雲を発し、近隣に向かって勢力を伸ばして行った」というふうに考えることは危険であると思う。もし、そのことを言いたいのなら、何時の時代に、どのような事情を背景として、どのようにそれが実現したのかを、多角的な傍証とともに具体的に論ずることが必要であろう。

なお、『土佐国風土記』（逸文）にも、土佐高賀茂神社の祭神として大穴道尊と、その子の味鉏高彦根尊の名が見られるし、『伊予国風土記』（逸文）の「温泉」の項にも、大穴持と宿奈毘古那命の名前が出てくる。

出雲の「国譲り」

　スサノオを下界に追放した後、高天原では、アマテラスは、子のオシホミミ（忍穂耳）を下界に降臨させることになる。そのことを『古事記』は「天照らす大御神の命もちて、『豊葦原の千秋の長五百秋の水穂の国は、我が太子《ひつぎのみこ》正勝吾勝速日天忍穂耳命の知らさむ国』と言依《ことよ》さしたまひきて天降りたまひき」と記している。ところが、その準備中にオシホミミにはニニギノミコトという子が生まれたので、高天原ではアマテラスの孫である「天孫ニニギ」を下界に降臨させて、葦原の中つ国の王とさせることになった。そこで、『日本書紀』によると「天孫降臨」に際して、アマテラスは八咫鏡・八坂瓊の勾玉・天の叢雲の剣の「三種の神器」を皇孫のニニギに賜わり、「豊葦原の千五百秋の瑞穂の国は、是れ吾が子孫の王たる地なり、宜しく爾皇孫就きて治らせ。さきくませ。宝祚《あまつひつぎ》の隆えまさんこと、まさに天壌《あめつら》と窮り無かるべし」という「神勅」を下したと記している。そして、この「神勅」は戦前の小学校の「国史」の教科書に載せられ、大日本帝国の「国体」の尊厳の根拠であり、「皇民教育」の基本となるものとして教え込まれた。

　ところが、この「天孫降臨」の動機がなんとも不可解である。『古事記』には、「葦原の中つ国には千早ぶる荒ぶる国つ神どもが多いので、それを言向けさせるべきである」としているし、『日本書紀』には、「彼の地には多《さわ》に蛍火の光《かがや》く神及び蠅声《さばえ》なす邪《あ》しき神あり、また草木もみなよくもの言うことあり」と記し、天孫の行く先の国は邪悪極まるように述べている。つまり、アマテラスは可愛い孫をわざわざ住みよい高天原から邪悪の神がはびこる下界に降りさせようというのである。その理由はなんとも理解できないではないか。「地上に正義を実現させることは聖なる神の使命である」とでも言うつもりなのであろうか？　そういう偽善的な恩寵思想が大昔の日本にあったとは信じられない。「降臨」すなわち「侵略」の真の理由は、高天原の実情は混乱を極めており、まさしく言うことの逆に、高天原こそ周辺からの脅威に怯え内部の統一もままならなかったので、この「神勅」の真意は「皇統を保存するために止むを得ず孫を脱出させるための宣言」であったとは考えられないであろうか？　つまり、葦原の中つ国は住みよい国であり、そこを自分たちの領地にしようと思ったからこそ「天孫」を派遣しようとしたと考えるほうが理にかなっていると思う。

ともあれ、高天原では、ニニギを下界の葦原の中つ国に降りさせるに先だち、直接、中つ国の中心地には向かわずに、方角違いとしか言えない僻地の出雲をとりあえず征服しようとした。そこで、まず使者としてアメノ・ホヒ（菩比・穂日）が派遣されることになったというわけである。しかし、ホヒは『記』によるとオオクニヌシに媚びて三年経っても復命できなかった。そこで、天のワカ（若・稚）彦に天のマカコ（麻迦古）弓のハハ（波波・羽羽）矢をもたせて出雲を説得させるため送ったものの、これまたオオクニヌシの娘のシタテル（下照）姫に心を奪われて八年間も命令を果たさなかったので、高天原では衆議の結果、キジシナナキメ（雉子名鳴女・無名雉）をワカ彦糾問のための使いとして任務遂行の督促に行かせたが、ワカ彦によって射殺されてしまう。

『記』によると、雉の胸を射抜いた矢は高天原の安の河原にいた高木の神のもとまで到達し、その矢先に血が付いていたので、高木の神は「これはワカ彦に与えた矢である。もし、悪ぶる神がこの矢を射たのならワカ彦に当たるな、また、ワカ彦に邪心があったのならワカ彦に当たれ」と言ってその矢をつき返したところ、床について寝ていたワカ彦の胸に当たり、ワカ彦は死んでしまった。そして、ワカ彦の妻となっていたシタテル（下照）姫が夫の死を悲しんで泣く声は天まで届いたという。『記』には、その後、ワカ彦の葬式の時に、雉と親しかったアジスキタカヒコネ（阿遅志貴高日子根。オオクニヌシとダギリ姫との間の子）が弔問に来たところ、その顔がワカ彦とよく似ていたため、シタテル姫が「夫は死んではいない」と言ったというようなエピソードなどを記している。しかし、アジスキタカヒコネというのは、オオクニヌシとタギリ姫の間に生まれた子であるから高天原側の神ではない。

『紀』の場合も、出雲に対して「国譲り」の交渉をさせるために、ホヒやワカ彦そして雉が派遣されたが三度とも失敗したという話をほぼ『記』と同じようなストーリーで伝えている。こうしたモタモタの後、いよいよ出雲に対して本命の降伏要求のための使節が派遣されることになる。その使節は、『古事記』では、アメノトリフネ（天鳥船）神とタケミカヅチ（建御雷）の二神となっており、『日本書紀』ではフツヌシ（経津主命）とタケミカヅチ（武甕槌）の二神となっている。

この二人は、出雲に派遣されると、『記』ではイナサ（伊那佐・稲佐）の小汀に至り、十拳の剣を抜いて浜辺の波の穂に逆さに刺し立て、その剣の前に胡坐《あぐら》を組んで「天照大御神と高木の神の命によって使いとして来た。汝が所領する葦原の中つ国をわが御子の領地として献上せよ」と「国譲り」の談判を始める。その答えを求められた出雲の国の王のオオクニヌシは、「自分としては、なんとも言えないが、息子のヤエコトシロヌシ（八重事代主）に尋ねてほしい。しかし、彼は鳥の遊漁をしにミホ（御大・美保）の崎に行っている」と答える。そこで、アメノトリフネを遣して海で遊んでいたコトシロヌシを呼んで意見を聞くと、「恐れ多いことです。この国は天つ神の御子に献上しましょう」と言って「国譲り」を承諾した。そして、『古事記』にはコトシロヌシはそのまま「船を踏み傾け、天の逆手を青柴垣《あおふしがき》にうち成して帰りたまひき」と書いている。これは、彼は舟から投身自殺をしたということであると思われる。

『紀』の場合は、使者の一人の名前がフツヌシの名である他に、談判の場所が「イナサ」ではなく「イタサ（五十田狭）」となっている点が違う。また、コトシロヌシの乗っていた船の名として「熊野諸手船」という名が記されている以外は大筋では『記』と同じになっている。なお、フツヌシというのは、『紀』によればイザナミ（伊弉冉）の神が多くの神々を生んで最後にカグツチ（軻偶突智）という火の神を生んだために陰部を焼かれて死んでしまう。それに怒った夫のイザナギ（伊弉冉諾）は十握剣を抜いてカグツチの体を三段に斬ったところ、剣の刃から滴る血が固まって五百箇磐石ができたという。その磐石がフツヌシの祖先であるとしている。そして、タケミカヅチも同じく剣から滴る血から出た神々の一つということになっている。

火の神のカグツチからタケミカヅチが生まれたというのは、鉱石を焼いて金属を精錬する様子を象徴したもので、それは古代人の観念では雷神を意味している。そして、常陸（茨城県）の鹿島神宮はタケミカヅチを祭神としており、現に美しい大刀が保管されている。また、下総（千葉県北部）の香取神宮の祭神はフツヌシになっている。そして、大和（奈良県）にある春日大社は藤原氏の氏神であるが、その「縁起書」には、「昔、邪神がはびこった時、タケミカヅチは陸奥（東北地方）の塩釜に降り、邪神を平定して鹿島に帰った」と書かれており、奈良時代以後、タケミカヅチは藤原氏の祖先神のようになっている。このように、タケミカヅチは雷神であるとともに刀の霊であり、軍事力を表わす神でもあるわけである。そして、『古事記』には紀伊（和歌山県）の熊野に上陸した「神武天皇」の東征軍は大きな熊に出会い、にわかに全軍は病に倒れ眠りに落ちてしまったが、夢にタカクラジ（高倉下）が現われ、「アマテラスとタカギの神の命令で、タケミカヅチの神の代わりにサシフツ（佐士布都）の横刀をお届けしに来ました」と言うので倉を見ると刀があり、その霊力で回復できたという話が載っている。「フツ」というのは「物を断つ」という意味で、刀のもつ霊力をさし「韴霊」とも書かれ、フツヌシの名前にもなっている。物部氏の氏神である石上神宮の一〇個ほどの祭神の中には「布都御魂大神」の名がある。

つまり、『記・紀』が「神代」の物語としての出雲征服のために派遣される軍使の名前として霊刀を象徴する神を選んだというわけである。

こうして出雲国を天孫のニニギに譲ったオオクニヌシは、「百足《もも た》らず八十隈《や そ くま》宮」に隠遁することを申し出たので、中つ国は平定された。オオクニヌシが籠もった宮が、後世、出雲大社とよばれるようになった杵築の宮（『記』では多芸志の宮）のことである……という筋になっている。こうして、出雲の国の支配権は後世に至るまで地元の主の手を離れ、後に大和王朝を開くことになる「天孫」側に移されるという契約が成立したのだという。ただし、『日本書紀』には記されていないが、『古事記』ではオオクニヌシにはもう一人の子のタケミナカタ（建御名方）という神がいて、「国譲り」に不服であり、タケミカヅチに「力比べをしよう」と挑戦したが無残にも敗北し、追われて科野《しなぬ》（信濃。長野県）の洲羽《す わ》（諏訪）にまで逃れ、「将来ともこの地から出ない」ことを誓って許されたということになっている。現在でも、諏訪神社にはタケミナカタの神が祀られている。ところが、この神と諏訪神社については、いろいろと興味ある事実があるので、第八章であらためて考察することにする。

第三章　出雲の歴史の復元に向けて

「出雲神話」の「国譲り」の解釈をめぐって

前章に見たような「国譲り」の神話が、そのまま事実と考える人はいないはずである。しかし、次章で見るように、奈良時代以後でも出雲人の間では「大和に屈伏して国を奪われた」という伝承が信じられているのである。したがって、この神話は『記・紀』の編集者が勝手に観念の世界で創作した夢物語ではなく、歴史的事実を基礎にしながらも「神々の間の約束事」として描いたものだと考えるべきであろう。

この件に関しては、多くの人がさまざまな解釈を施している。そこで、まず松前健氏の分類による四つの代表的な見解について略述してみよう。

（一）　出雲神話作為説

天皇家の祖先が葦原の中つ国を支配するため「天孫降臨」という神話体系を構想し、その前提として旧国土の支配者としてオオナムチという人物がいたと想定し、「国譲り」によって平和的に国土の接収が実現したというストーリーを創作したものであり、史実とは言えない天皇家至上の理念を物語化したものである。

(二) 信仰的世界観に基づくという説

古代の日本人は二元論的な世界観をもっていた。明暗・善悪・美醜・生死・建設と破壊・神と邪霊・聖と不浄といった宗教価値の対立に関して、出雲の国をマイナス価値の側面を担う世界として想定し、天孫による出雲支配を正当化する物語を創作した。

(三) 巫信仰宣布説

古代出雲にはシャーマニズムによる医療や呪術が行なわれていたと考え、多くの巫者たちはこの信仰を中国・九州から近畿・東海・北陸さらに中部から東国にまで宣布活動をしていった。この信仰の内容であるオオナムチその他の神の話がヤマト勢力に受け容れられて「出雲神話」が形成され、それが『古事記』などに採用されるようになった。

(四) 史実の中核存在説

「出雲神話」の神々は本来は先住農耕民族が信仰していたものであり、彼らが天つ神を信仰するヤマト勢力に支配されていった過程に起こった歴史的事実のことを「出雲神話」という形で具象化したものである。この立場に立つ論者の中には、第五章で見るように出雲系の神々は近畿地方にしばしば祀られていることに関して、これは必ずしも出雲から畿内に信仰が移動したものではなく、逆に、畿内にいた勢力(例えばニギハヤヒを祖先と仰ぐ物部氏や紀伊にいたカブロギすなわちスサノオを頂くものなど)が九州勢力の東征によって征服され、その神々が出雲に追放されて「出雲の神」となったと説く者もいる。
そこで、右の四説のうちの（二）と（三）とは一応は念頭に置いた上で、仮に（四）の立場から「出雲の歴史」を復元するとすれば、どういうことになるか考えていくことにしよう。

では、「出雲の国譲り」とは、どういう歴史的事実をふまえたものなのであろうか？ そのことを考えるためには、出雲に服従を求めた「高天原」というのは、そもそもどこにあったかを明らかにしなくてはならない。そのことについては、前著『伽耶は日本のルーツ』などで説いたように、もともとは「高天原」は朝鮮半島の南部にあったと考えるのが第一感であり、そのように論じている人も多い。したがって、「天孫降臨」というのは、天皇家の先祖が海を渡って北九州に上陸したことを象徴的に描いたものと考えられる。現に、博多湾岸には可也山があり、日向峠もある。それとともに、「高天原」も朝鮮から北九州に移転したものと考えられる。「天孫族」が定着した場所――「第二の高天原」は、安本美典氏が言うように筑前（福岡県北西部）の甘木にあったとしてよいと思う。その地には夜須川や香山という地名もあり『記・紀』が描く高天原にふさわしい。

しかし、北九州の甘木にあった高天原にいた「天孫族」が大和に進出するに先だち、日本海岸にある出雲を征服したというようなことは考えにくいのではなかろうか？ もし、そういう歴史的事実を主張したいならば、いつごろどういう形で出雲征服が行なわれ、その後に、どのような時期にどんな形で「神武東征」が行なわれたかという経過についても論証してみせなくては、それを「史実」であるとすることはできないはずである。しかし、そういうことは無理であろうし、そういう説明は行なわれていない。

わたしに言わせれば、「国譲り」の物語については、次節で述べるように『日本書紀』の「崇神天皇紀」に述べられている「出雲神宝収奪事件」という史実をベースにして創作した物語ということになる。しかし、それはよいとしても、問題なのは「出雲神話」では、「国譲り」が実現したので「天孫降臨」が行なわれたとしているという点である。そのことについては、どう考えるべきであろうか？　つまり、「国譲り」は「天孫降臨」の前提とされていることの理由である。

この場合、「天孫降臨」とは「朝鮮から九州への渡海」のことであるとすると、「天孫族」の使者であるホヒやタケミカヅチは朝鮮から出雲に派遣され、「国譲り」を実現した後に北九州に進出したということにならざるをえないはずである。そもそも、「筑紫の日向の高千穂に天降り」をする前に山陰の出雲を支配しておく必要は無いと考えるのが自然なはずである。そのへんの事情については、前著『天皇家と卑弥呼の系図』に詳述してあるが、次のようなことであると考えるのである。このことは、「出雲の古代史」とは直接には関係ないが、この問題は「日本古代史」の真相の根本にも触れることなので、一応の筋だけは述べておこう。

すなわち、博多湾から上陸し内陸に入り甘木一帯に定着した「天孫族」は、そこを「高天原」として第一次邪馬台国を建て、周辺には幾つかの伽耶系の小国家の連合体が作られ、その盟主となっていた。ところが、二世紀後半になると、隣の肥後（熊本県）にあった狗奴国（熊襲）が力を伸ばしてきて「高天原」勢力は次第に圧迫されるようになり、二世紀末の「倭国大乱」の時期になると、甘木にいたニニギの一行は狗奴国の攻勢を避けて東方の日田盆地に逃れ、サルタヒコに相当する勢力（恐らくは物部系）に案内されて豊前宮処郡《みやこ》（現行橋市）に落ち着き、同じ豊前の中津にいた安曇海人《あづみ》（新奴国）の協力を得、さらにその同系の海人である豊後の南部の勢力者であったワタツミ海神族と婚姻関係を結ぶ。そして、第二次邪馬台国は宇佐に遷り、女王卑弥呼を推戴することになった……といった筋書きである。

なお、降臨の途中に立ち寄ったとする日田は、『記・紀』でいう「天の八俣《やちまた》（八衢）」に相当する。と言うのは、日田にニニギの一行がサルタヒコの出迎えを受けた場所にふさわしく、道が八方に通じているだけでなく、サルタヒコに因むものもいくつか認められるからである。つまり、この「降臨物語」は空想の産物ではなく右のような推理による事実をふまえたものであるということになる。その後、ニニギに相当する一族の王は、豊前の京処（京都）郡に居を定めたと考える。その理由は、前著で紹介したように、『豊前国風土記』に「宮処の郡、古え、天孫ここより発ちて日向の旧都に天降りましき。蓋し、天照大神の神京なり」と記しているからである。つまり、『記・紀』の「天孫降臨」という記述は、「朝鮮にあった高天原から九州への渡来」ということと、同時に「甘木にあった高天原から豊の国への逃避行」という二つの事件をダブル・イメージとして巧みに描いていることを意味している、というのである。そう考えれば、前に述べた疑問——なぜ、「荒ぶる神のいる国」に可愛い天孫を降臨させたのか——の答えも得られることになってくる。

そして、筑前甘木から東方へ移動して来た第二次邪馬台国が宇佐にあったと考える理由は、卑弥呼が行なったという人を惑わす「鬼道」というのは巫女が神がかりして行なう予言を伴う託宣のことであるとすれば、そういう儀礼が八世紀まで残っていた全国唯一の場所が宇佐八幡であったからであり、

「海部氏系図」にある「日女命」が『魏志』に記される卑弥呼と同じく男弟もいるし、時代も一致しているからである。

　ところで、この宇佐八幡での礼拝方式は「二礼・四拍手・一礼」という特異なものになっている。これと同じ方式で礼拝する神社は全国にもう一か所、出雲大社しかない。これは何を意味するのであろうか？　その謎については、いろいろと憶測することができようが、次のような事実と関係があるのではないかと思われる。前に、「八俣の大蛇退治」の話について述べたとき、「その話は九州での出来事を物語化したものである」と言ったが、オオクニヌシが隠遁した「杵築の宮」を連想させる「杵築市」という地名が、宇佐から遠くない国東半島の南の付け根に相当する位置にあるのである。わたしに言わせれば、昔、この地で実際に「国譲り」が行なわれ、旧支配者が杵築に隠遁したという史実があったのではないかと思う。

　その他にも、「豊の国」――北九州東部には出雲やヤマトタケルに因む地名が多いのである。豊後には「三重」があるし、「稲葉」という地名も「景行紀」に出てくるのである。このように、『記・紀』が多くのスペースを割いて情緒タップリに描き上げた「出雲神話」や「ヤマトタケルの物語」は、かならずしも実際に出雲で起こったことではなく、ヤマト国家を形成した人びとの祖先が九州にいた時代の事実を説話化したのである可能性はかなり高いと思う。つまり、『記・紀』に現われるスサノオやオオクニヌシは「出雲人の先祖」であるとはかぎらず、この神々の物語を「出雲神話」とよび、それが事実を反映したものであるかのように頭から決めてかかることは信仰的な思い込みに基づく錯覚かもしれないと言いたいのである。

話はやや脇道に入ったが、問題は出雲には「ヤマト勢力に国土の支配権を譲った」という記憶があったかということである。次節で述べるように、奈良時代には出雲の国司が上京して「神賀詞《かむのよごと》」を奏上しているから、「国譲り」を事実として認めていることは間違いない。しかし、そのことは出雲人にはどういう伝承として記憶されていたかを見なくてはならないであろう。

　このことについては、『出雲国風土記』の次の記事に注目する必要がある。それは、「意宇《おう》郡・母里《もり》の郷」に書かれている。その全文を記すと……

「郡家の東南のかた三十九里一百九十歩なり。天の下造らしし大神、大穴持命、越の八口を平け賜ひて還りましし時、長江山に来まして詔りたまひしく、我が造りまして命《し》らす国は、皇御孫の命、平らけくみ世知らせと依させまつらむ。但、八雲立つ出雲の国は、我が静まります国と、青垣山廻らし賜ひて、玉珍《たま》置き賜ひて守らむ、と詔りたまひき。故、文理といふ。神亀三年、字を母理と改む」

　この母理の里は現在の能義郡の最東部の伯太町（安来市の南一〇キロ）にある地名である。この記事をそのまま読めば、「出雲の建国者のオオナモチは、越の国を平定して帰還した時、出雲の国土の支配権を天孫族に譲るが、自分は出雲の土地を守っていく、と宣言した」ということになる。「越の八口」については、「クチ」というのは「クチナワ」すなわち「蛇」のことであり、「八俣大蛇」を退治したというスサノオの神話と結びつくという解釈もありうるし、越後（新潟県）岩船郡関川村（現村上市）に八ツ口という地名があることから、その地までオオナモチが遠征したとする人もいる。

　八世紀に編集された『出雲国風土記』には、遠い昔の出来事である「国譲り」と直接に関わる記事はこれ以外には無い。しかし、同じ意宇郡の屋代の郷の項には、「天乃夫比命（ホヒのこと）が天降りしてきた」という記事があり、楯縫の郷の項には、「布都怒志命（フツヌシ・経津主）の天の石楯を縫ひ置き給ひきた」という記事があり、「天孫族」による出雲支配の残像が記されている。

このような「記憶」がある以上、出雲族がヤマト勢力に屈伏した事実は、怨念として深く出雲族の心に刻まれていることは確かであると言わざるをえない。

崇神による神宝収奪事件

『日本書紀』には、崇神天皇の六十年に「出雲神宝収奪」とでも名づけるべき事件が記されている。それによると、天皇は群臣に詔して「タケヒテル（武日照命）——一名タケヒナドリ（武夷鳥）が天から持って来た神宝が出雲大神の宮の所蔵となっている。これが欲しい」と言い出したとある。そして、矢田部造の遠祖であるタケモロスミ（武諸隅）が出雲に派遣される。その時、出雲の支配者だったのが出雲臣の祖先である出雲フルネ（振根）で、神宝を管理していたが、その時はたまたま筑紫の国に行っていて不在だったので、弟のイヒイリネ（飯入根）が天皇の命令にしたがい弟のウマシカラヒサ（甘美韓日狭）と子のウカツクヌ（鸕濡淳）を付けて神宝をヤマト側に献上してしまう。筑紫から帰ってそのことを知ったフルネは「なぜ数日待てなかったのか、なんで簡単に宝を献上してしまったのか」と言って弟を責め、弟を殺す決意をする。そして、年月が経ってから弟を騙し討ちにしてしまう。

その方法は、フルネは「止屋淵に水草が茂っているので様子を見に行こう」と言って弟のイヒイリネを誘い出し、あらかじめ本物の刀に似せた木の刀を用意しておき、それを腰に帯びて出かけ、二人で水浴びをした後、先に陸に上がり弟がもっていた本物の刀のほうを取って戦いを挑み、木の刀を手にすることになった弟を斬り殺してしまったというのである。世間では、この話を次のような歌にしたという。

「八雲立つ　出雲タケルが佩ける太刀　ツヅラ（黒葛）多巻《さわ》き　さ身無しに　哀れ」

この事実を、一族のウマシカラヒサとウカツクヌが朝廷に訴え出たので、早速、キビツ（吉備津）彦とタケヌナカワワケ（武渟河別）の二人が派遣され、フルネは誅殺されてしまった、ということになっている。なお、フルネが弟のイヒイリネを殺す時、川で水浴に誘い、刀をすり替えておいて、謀殺したとしているが、この話は、『古事記』では、ヤマトタケルが熊襲を討った後に出雲タケルを征伐した時の話として同じ形で採用されているのである。しかも、右に掲げた歌と完全に同じ歌をヤマトタケルの歌として載せている。このことは、「ヤマトタケル物語」の作者が「出雲神宝収奪事件」に関する伝承を借用したまでのことであると一応は考えられるが、フルネによるイヒイリネ謀殺もあるいは創作による架空の物語である可能性も認めなくてはならないと思う。

また、『紀』には、「この事件後、出雲臣はしばらく大神（出雲大社のこと）を祭らなかった」と書いてある。そして、丹波の氷上のヒカトベ（氷香戸辺）という人が皇太子（後の垂仁天皇）に「己が子、小児はべり。おのずから言う。玉萎《も》鎮石、出雲人祭れ。真種の甘美鏡、押し羽振れ。甘美御神の底宝御宝主、山河の水泳《みくぐり》御魂静めかけよ。甘美御神の底宝主なり」と言ったところ、この子供らしからぬ言葉を聞いた皇太子は天皇に奏上して、「大神を祭るように」という勅語が発せられることになったとしている。

以上が、「出雲神宝収奪事件」に関する『日本書紀』の記事のすべてである。そこで、前章で見た「国譲り」と、この「神宝収奪事件」の話とを比較してみると、二つの話は構成は異なっているが、大筋はよく似ていることに気がつくであろう。どちらも、ヤマト側の要求に対して出雲側では兄弟の意見が分かれ、それに従順に従う者と反対する者とになっている。そして、ヤマト側は武力を背景として出雲側を屈伏させる。また、どちらの場合でも、「刀」が象徴的な役割を果たしている。

しかし、実際に崇神天皇の時代に『書紀』が述べているとおりの事件があったとはただちに判定することは無理であろう。とは言え、それが仮に不確実な伝承であったとしても、出雲神話として語られている「国譲り物語」は歴史的事件としての「神宝収奪事件」を下書きとして創作したものであると考えたくなるであろう。そして、ある意味では「その通りである」とも言えるかもしれない。ただし、そう言うためには、「神宝」の正体が何であるかはともかく、その時代背景や登場人物について、もう少し吟味が加えられる必要がある。

最初に、討伐された側の出雲フルネについては、第一章で触れたように、『出雲国風土記』に「神門臣古禰」という文字があるし、次節で紹介する「出雲臣家の系譜」にもその名前があるから実在の人物であり、出雲の国の実力者であったのであろうと思われる。次に、実際にヤマト勢力の陸路からの出雲への侵攻があったとすれば、その経路は第一章に書いたように、出雲の南東の美作（岡山県北部）の新見か、備後（広島県東部）の三次《みよし》のどちらかを経たと考えられる。そのどちらであったとしても吉備の国を根拠地にしなければ出雲に入ることはできない。と言うより、出雲を征服した軍勢の先頭には吉備の国の者がいたことは間違い無いとすべきであろう。

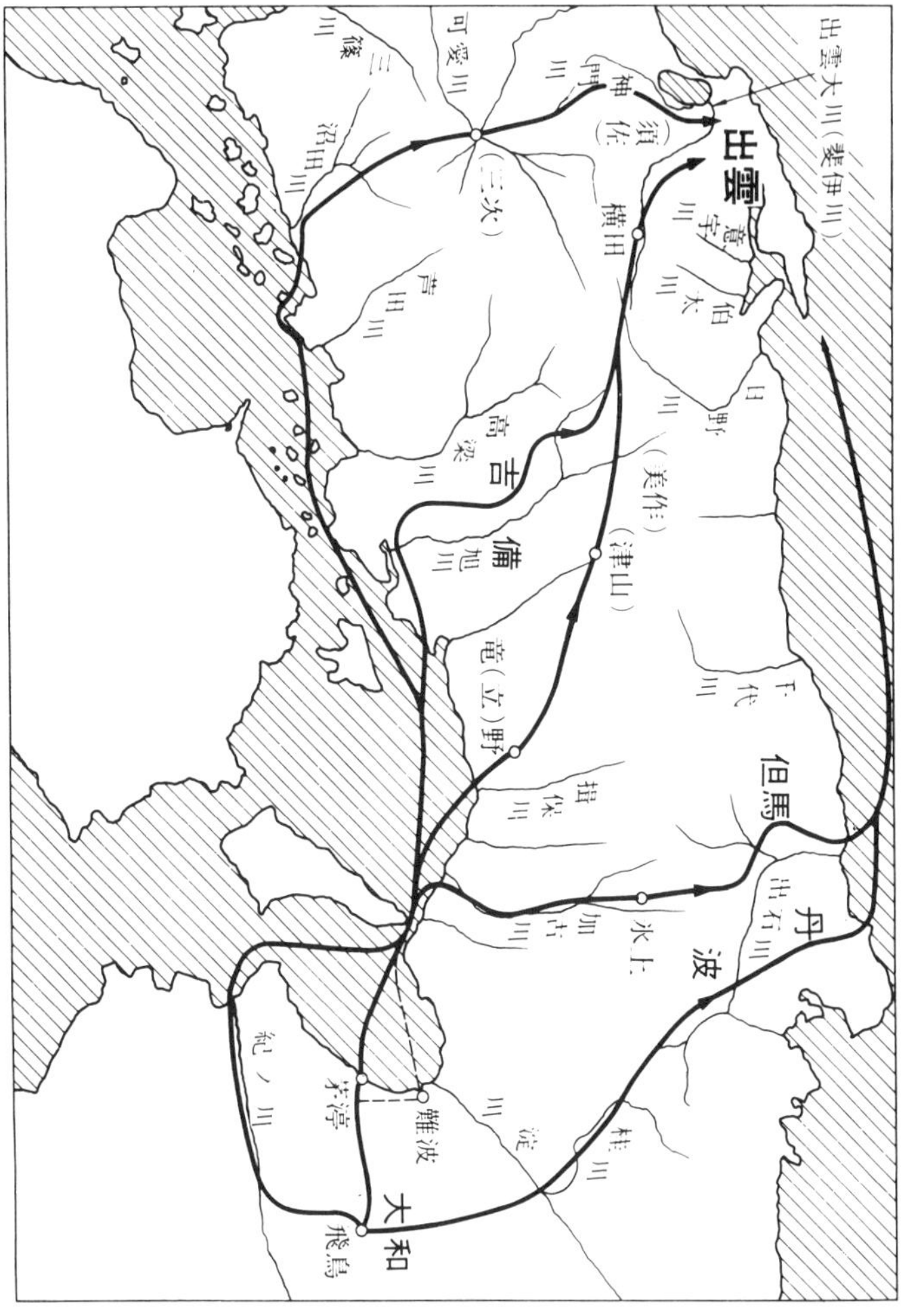

出雲と大和を結んだ諸ルート
(門脇禎二氏前掲書より)

吉備地方には造山古墳・作山古墳など巨大な前方後円墳が幾つもあり、四～五世紀までは大和に対抗できるくらいの豪族が勢力を張っており、いわば「吉備王国」とでも言うべき独立国があったと考えられている。そして、『記・紀』に現われる「吉備津彦」というのは個人名というよりは「吉備王」に相当する人物をさしている複合人格の名であるとも考えられる。そこで、吉備の国に目を向けると、崇神が派遣した武将はキビツ彦とタケヌナカワワケという名が現われる。キビツ彦という個人名は、第七代の孝霊天皇の孫として記されており、『紀』の「崇神紀十年」の「四道将軍」の記事には「西海道」に派遣されたことになっている人物である。また、タケヌナカワワケもまた「東海道」の平定を命じられている。ということは、この二人の武将は八世紀の歴史編集者には、「その昔、大和王朝の全国平定に武功があった代表的将軍」として印象が深かったのであろう。その意味からすれば、この二人の名は、ちょうど「出雲の国譲り」の話にタケミカヅチとフツヌシの名が出てくるのと同じく、単なるシンボリックな名前であって実際には、かならずしもこの両者が出雲侵攻の指揮者であったとは限らない。

最初に出雲に派遣された人物として矢田部造の遠祖のタケモロスミの名があるが、これまた実在の人物である。それは、前に「第二次邪馬台国があったのは宇佐であり、その女王で卑弥呼のことと思われる日女命という名の女性が海部氏の系図にある」と言ったが、その系図にもタケモロスミの名があるからである。海部氏の系図のことは前著『天皇家と卑弥呼の系図』に紹介してあるが、海部氏の始祖は天火明命で、最初は豊後にいて、後に丹後と尾張に分かれて移動している。その第七代にタケモロスミの名があるのである。その実年代は、二世紀後半から三世紀前半に実在した卑弥呼に相当する「日女命」が第九代になっているのであるから、タケモロスミはそれより古く二世紀の人物ということになってしまう。それでは崇神天皇の時代の事件に登場することはできないことになるが……。

ところで、『出雲国風土記』の撰録者の名前を見ると、その中に神宅《みやけ》臣全太理という人物がいる。ミヤケ（三宅）という氏は、『姓氏録』には新羅系であり、天の日矛の子孫であるとされている。ヒボコというのは、『日本書紀』では「垂仁三年紀」に「前の天皇の時代に新羅の王子の天の日槍が渡来した」と書かれている人物のことである。『風土記』の筆録者にヒボコの子孫がいるということは、出雲を征服した軍勢の中にヒボコ系の勢力があったということを意味する。

そして、「神宝収奪事件」に現われるキビツ（吉備津）彦というのは特定の人名ではなく、それは象徴的名称であって吉備一帯に勢力を張っていたヒボコ系の一族のことであるという見解は次の事実からも信頼性が補強されてくる。それは『太平記』に、児島高徳は「今木三郎、和田備後守範長が子、新羅王の子、天の日槍の後なり」と明記してあるからである。しかも、高徳とともに後醍醐天皇のために働いた吉備の武士たち――今木・大富・和田・陶田・荘・射越などの一族はすべてヒボコの子孫か吉備氏系である。このような事実から考えると、一四世紀の吉備の住人たちが「ヒボコの子孫」と豪語していたことは、それより一〇〇〇年も前にヒボコ系の勢力が吉備を支配していたことを意味していると言わざるをえないと思う。

このことを裏書きするように、孝霊天皇の兄弟に吉備諸進《もろすす》という皇子がいたと『日本書紀』は記している。ところが、ヒボコの子の名が「モロスク（母呂須久・諸助）」となっているのである。こうなると、どうやら、諸進とモロスクの二人は同一人物であると考えられてくるではないか。つまり、

『書紀』が天皇家の出であるように述べているキビツ彦の一族とは、実は新羅から渡来して但馬の出《い》石《ずし》に本拠地を置いたとされているヒボコの子孫であるとする想定は、かなり高い現実性を帯びてくるわけである。

なお、『日本書紀』には崇神天皇の次の垂仁天皇の即位八八年の時代の記事として「ヒボコの神宝収奪事件」の記事が載っている。これは、天皇が「新羅の王子が齎らした神宝を見たい」と言い、それを取り寄せた上に奪ってしまったというのである。ただし、出石の小刀だけは元の場所に戻ってしまったという。もっとも、崇神・垂仁の二人の天皇についての『書紀』の記事を比較すると、どちらもアマテラスの神に皇女を付けて宮殿外の地に遷したり、部下を各地に派遣したり、皇族から反逆者が出たのを討伐したり、池を掘ったりというように内容がソックリ同じと言いたくなるほど似ているから、二つの「神宝収奪事件」なるものも、一つの事件を別々のものとして、両天皇に配置して釣り合いをとったまでのことで、どちらかが虚構であるとも考えられる。ともあれ、ヒボコについては、これ以外にも古代出雲のことを考える上で重要な人物であるので、あらためて第六章でもう少し検討することにしたい。

以上のように見てくると、『書紀』に記されている「出雲神宝収奪事件」なるものは必ずしも事実そのものとは言いがたいと思われてくる。その真相は想像するしかないが、次のようなシナリオを描くことができると思う。すなわち、四世紀初頭には（第六章にその推理過程を述べることになるが）、近畿北部から吉備の一帯にわたってヒボコの勢力圏があり、近畿南半には大和王朝があって互いに対抗しながら協調関係を保っていた。そこで、ヒボコ勢力は吉備地方の支配権をヤマト側に承認させるために、進んで出雲攻略の先兵となりこれを降伏させ、その土地をヤマト王朝に献上したのであろう。そして、歴史の上には出雲制圧の名誉を皇族の一員であり象徴的人物でもあるキビツ彦の功績として記録させることによって満足することにした……と考えたい。

いずれにしても、「ヤマト勢力による出雲の征服」という史実があったこと自体は否定できないと思う。その時代と経過は右の想定の可否にかかってくるが、ここでは一応不明ということにしておこう。しかし、第一章でも触れたように、五～六世紀から出雲では吉備風の前方後円墳が発達してくることから考えると、四世紀の後半ごろにヤマト勢力が出雲を制圧したことは間違いないものと思われる。

出雲国造の『神賀詞』奏上

『日本書紀』に続く日本の正史である『続日本紀』は文武天皇の即位した六九七年から筆を起こし、ほぼ奈良時代が終わった桓武天皇の延暦十（七九一）年までの九五年間の歴史が綴られている。そして、文武・元明の二代を経て元正天皇の霊亀二（七一六）年の二月十日には、「出雲国国造外七位上出雲臣果安、斎ミ竟ッテ神賀ノ事ヲ奏ス」と記されている。それは、出雲大社の宮司であり出雲の国の地方長官司に相当する出雲臣氏家の当主であった果安が平城京に出向いて、朝廷に対して『神賀詞《かむのよごと》』を奏上したということである。この『神賀詞』は以後も何回か奏上されたらしく、その文章は延喜年間（九〇一～九二三）に朝廷の恒例・臨時の儀礼の様式を記した『延喜式』に載っている。その内容は、次のような祝詞《のりと》になっている。

「高天の神王高御魂《たかみむすび》の命の、皇御孫《すめみま》の命に天の下大八嶋国を事避《さ》り依《よ》さしまつりし時に出雲臣等が遠神天の穂日の命を、国体《くにかた》見につかはしし時に、天の八重雲を押し別けて天翔り国翔りて、天の下を見回りて返事《かえりごと》申し給はく。豊葦原の水穂の国は、昼は五月蝿《さばえ》なす水沸き、夜は火瓮《はべ》の如く光く神在り、石根木立ち青水沫《みなわ》も事問ひて荒ぶる国なり。しかれども、鎮め平けて、皇御孫の命に安国と平けく所知坐《しろしめ》さしめむと申して、己れの命の児、天の夷鳥《ひなどり》命に布都主《ふつぬし》の命を副へて天降し遣して、荒ぶる神たちを撥《はら》き平け、国作らしし大神をも媚び鎮めて、大八嶋国現《うつ》し事・顕事《あらなこと》、事避《よ》さしめき……」

となっており、「出雲国造は、熊野・杵築をはじめとする出雲国中の一八六の神社を忌い静め、その神々が天皇を守る」ことを誓うものとなっている。つまり、この「賀詞」の中で出雲国が大和の朝廷に服属した由来として、「高天原を主宰した高御魂神の指示により、アメノホヒは天下を見回り、その子のアメノヒナドリ（天夷鳥）が天降って大八島国を平定した。出雲のオオナモチ（大穴持）命は、それを受け入れて、自分は杵築宮に籠ることにした」と述べているのである。

因みに、「昼は五月蝿なす……」という表現で葦原の水穂の国の荒れた様子を語る文句は、『日本書紀』の中で高天原の神々が下界の様子を批評する言葉と同じになっているのである。『日本書紀』が完成したのは果安の『神賀詞』の奏上の四年後のことであるが、すでにこの時点で、平城京側の出雲の評価を果安らが知っていたことを意味している。

そこで、まず『神賀詞』を奏上した出雲臣家の家系を『出雲国造世系譜』によって見てみよう。

天穂日命―天武夷鳥命―櫛瓊命―津佐命―櫛甂前命―櫛月命

櫛甂鳥海命―櫛田命―知理命―毛呂須命

阿多命―振根命

飯入根命―鸕濡渟《うかつくぬ》（出雲臣氏の始祖）

甘美韓日狭―野見宿禰（土師・菅原氏の祖）

襲髄命―来日田維穂命……（九代略）……果安―広嶋…………

このように、出雲臣家の家系では、天武夷鳥命を初代として数えて第二五代目の果安が『神賀詞』を奏上し、その子の広島が、朝廷の命によって、『出雲国風土記』を撰上している。そして、一四世紀になるとその子孫の第五五代目の清孝の弟の孝宗が分家して千家氏を興し、もう一人の弟の貞孝が北島氏の開祖となり、連綿として千家氏と北島氏は今日まで続いている。

ところで、「国造」というのは、「くにのみやつこ」と訓読みされている。「国造」の任命の実態などについては、このあとすぐ検討することになるが、四～五世紀ごろに大和で成立した初期の王朝が、ヤマトタケルや景行天皇の名前で象徴されているような「全国平定事業」を完成し、それまで各地を支配していた豪族を中央政府の任命する地方長官とでもいうべき役人としたという建前を確立し、彼らに与えた称号がそれであるということになっている。

そのような中央集権体制が実際に完成したのは八世紀初頭の「大宝律令体制」が確立した後のことであろうが、それ以前からヤマトにあった大王（天皇）家とそれを支持していた豪族連合勢力は、あるいは武力行使によって、あるいは姻戚関係や経済的協定などを通じて徐々に全国に影響力を及ぼし、六世紀ごろには少なくとも理念の上では「全国統一政府」が樹立されていたものと考えられる。その構想の上で、各地の実質的な支配者である豪族たちは中央からすれば大王の命令に従う地方長官としての「国造」であり、その任務は地方の政治的安定と中央に対する経済的な奉仕であったと思われる。

『先代旧事本紀』という書物には、その最終の第一〇巻を「国造本紀」とし、全国一四四国の国造の名前を掲げている。例えば、「大倭国造　橿原朝の御世に、椎根津彦を以て初めて大倭国の国造と為す」というふうに記されている。そして、その多くは、「志賀高穂宮の御世に……」というふうに記されている。「志賀高穂宮」というのは、『紀』で「景行天皇が晩年を過ごした」とされている宮殿のことで、次の成務天皇の政庁があったとされている場所のことである。そして、「成務天皇紀」には「五年、諸国に令して以て国郡に造長を立て……」と記されている。しかし、この天皇は実在したか否かは疑問であるが、『旧事本紀』では『書紀』に合わせてそのように記したものと思われる。そして、「出雲国造　瑞籬《みずかき》朝の御世に、天穂日命の十一世孫・宇迦都久怒命を国造に定め賜う」としている。瑞籬朝というのは崇神天皇の朝廷ということである。

一般の国では、「大宝律令」が制定されてからは、地方の国司の長官は「国の守」が中央から任命された以上、旧来の「国造」という職務は無くなり、その地位にあった者は一段格下げされて、郡の

「大領」などに任命されている。しかし、この「出雲国造」という称号は行政官職の名ではなく家格を示すだけのいわば虚名ではあったが、出雲大社の神官家である出雲臣家の子孫である千家氏に対して与えられており、明治時代に公式に廃止されるまで続いていたのである。

ところで、第一章で見た『出雲国風土記』を編集した人たちの名前が各郡ごとに四〜五人ずつ載っているが、その「巻末記」の末尾には、堪造（編集責任）者の名前として、秋鹿郡の人、神宅臣全太理と並んで、「国造にして意宇の郡の大領を帯びたる外正六位上勲十二等　出雲臣広嶋」という名前が記されているのである。それは、先に掲げた『出雲国造世系譜』に名のある広嶋のことである。そして、それが出雲臣の家の第二五代目であることからすれば、第一二代目は四世紀ごろになるわけであるが、そこにはウカツクヌという名前が載っており、『旧事本紀』にある宇迦都久怒と世代は一代ズレているが名は一致していることになる。

したがって、この系図は信頼できる、というよりもむしろ『旧事本紀』の所伝が正しかったということになりそうに思える。その上、この系図と『旧事本紀』に名前が出てくるウカツクヌ（宇迦都久怒）というのは、前節で見た『日本書紀』に書かれている「神宝収奪事件」に登場し、崇神に神宝を献上したイヒイリネ（飯入根）の子のことである。つまり、『日本書紀』の記事は実在の人物の名前を用いて作られたものであり、何から何まで虚偽の創作であるとは言えないことになる。ただし、イヒイリネ・ウカツクヌ父子の祖先が「国譲り」の神話では高天原から最初に派遣され、オオクニヌシに媚びて天の命令を果たすことを怠ったというアメノ・ホヒとなっている。これは、なんとも奇妙なことである。「出雲神話」では、高天原から与えられた任務を放棄した、いわば裏切り者であったアメノ・ホヒの後裔が、いつの間にか出雲の支配者として「出雲臣」となっており、しかも「神宝収奪事件」に際してはヤマト王朝側に屈伏する役割を負っているのである。この出雲臣族は、血筋からすれば征服者側の出であり、「被征服者としての出雲族」のものではないにもかかわらず、ネイティブ（土着）の出雲人側に対しては、良く言えばその中に融けこみ、悪くとれば出雲側の反抗を宥《なだ》めるために意識的に潜入したようなものであり、いわば二股をかけた存在ということになる。このことは「出雲の古代史」を考える上で何よりも重要な視点である。

この謎に答えるのはまだ早いと思う。そこで、一つだけヒントになることを指摘しておこう。それは、『出雲国風土記』の末尾に書かれている出雲臣広嶋の肩書きに、「意宇郡の大領」という文字があることである。つまり、出雲臣家の本来の領地は、出雲の西部の大社の付近ではなく、出雲東部の地域であったことである。ただし、『風土記』の各郡の執筆者の名前には「出雲臣」という文字が何か所もあるから、広嶋は全編にわたって編集に関わっていたことになる。もう一つ、巻末の堪造者として広嶋以外に「神宅臣全太理」の名前があることも、すでに見たように「神宝収奪事件」の性格を探る上で重要な意味をもつものであった。

なお、『出雲王朝は実在した』の著者の安達巌氏は同書の中で、『出雲問答』（千家尊紀著、一八七九年刊）をしばしば引用し、「天穂日命は天照の第二子であったため、大国主命の祭主となった時、熊野御櫛気野神から燧臼と燧杵を授かり、神火を継ぐ儀式を熊野神社で行なうことになった」ことを挙げ、アメノホヒの子孫である千家氏は古代出雲の王者の霊を天神族を代表して慰める役目を負っているのであるという伝統的な「公式の立場」を支持しておられる。この説明で出雲をめぐる一切の謎が解消できればよいが、これから見ていくように、「出雲の国譲り」の本当の姿はまだまだ視界不透明な靄の中に霞んでいる感じがしてならないのである。

さて、律令制が確立した後の八世紀の時点で、一地方の長官が朝廷に服従することを誓う儀式をするために、わざわざ平城京までやって来るということは、きわめて異常なことであり、そこには多くの謎が秘められている。第一に、出雲国以外にこのような服属儀礼を行なっている国は一つも無い。なぜ、出雲だけが例外なのであろうか？ 第二に、その儀礼が始まったのが奈良時代になってからということである。第三に、『神賀詞』の内容が、『紀・記』が神代のこととして創作した「出雲の国譲り」の神話を歴史的事実であるかのように認めていることである。しかも、神話では高天原の指令に背いたことになっているアメノ・ホヒが出雲の国造として支配者になっているのである。これはなんとも不可解なことと言うべきであろう。

そこで、あらためて国造制度に目を向けてみよう。この体制がほぼ確立したのは蘇我氏が権力を握った七世紀初頭のことと考えられる。そして、各地の国造の家格はその重要度によって差別されていたのである。当時は、大王（天皇）に仕える各氏族は、その出自などによって家格を表わす「姓《かばね》」という称号が与えられていた。平群《へぐり》・巨勢《こせ》などの「皇別（天皇の子孫）」の家は「臣《おみ》」、大伴・物部・中臣などの「天神族（高天原時代からの氏族）」には「連《むらじ》」という姓が与えられ、以下、「君」・「直《あたえ》」・「造《みやつこ》」・「史《ふひと》」・「村主《すぐり》」・「首《おびと》」・「神主」・「薬師」・「吉士」というふうに姓に基づく上下の順位が定められていた。そして、国造については、大和王朝の勢威が浸透していた畿内や東海の国々には、「直」の姓をもつ官僚的氏族が国造に任命されていたが、やや遠い地方には、上・下毛野君とか宇佐公のように在地の「君」や「公」の姓をもつ豪族が任命されており、中央からの独立性の強い北陸や吉備の国造は能登臣とか上・下道臣のように「臣」姓の豪族に委ねられていた。出雲の場合は「臣」という高い家格が与えられていたわけである。

ところが、七世紀の後半に天武天皇によって「八色《やくさ》の姓」が定められて旧来の家格の見直しがなされ、「臣」という姓は地方官僚に与えられる低い家格のものとされ、最高の姓は皇族系の「真人《まひと》」となり、上級官僚には「朝臣《あそん》」や「宿禰《すくね》」という新しい姓が作られたのである。そして、大宝令の施行とともに多くの国は郡に格下げられ、郡を束ねる国については中央官僚が国司として派遣され、旧国造はその下で郡司の地位に落とされてしまった。出雲の場合にも、七〇二年に中央から派遣された正五位の忌部《いんべ》宿禰子首《おびと》が国司に任ぜられ、出雲臣の権威は否定され、旧国造の肩書きのまま出雲東部の意宇郡の郡司に叙せられている。つまり、出雲臣家の本来の領地は出雲東部であったのである。

こういう時期に、果安の上京が行なわれたのである。そのことから考えると、この上京というのは、いわば出雲が中央の支配体制に組み入れられたことを確認する儀式としての意味をもつものであり、そのことを確認したのが先の『神賀詞』の奏上であったということになる。しかし、それだけでは「謎」は解けたことにならない。他の国の場合には特別な儀式は行なわれていない。出雲だけがそういう屈辱的とも思われる儀式を行なったことの意味は何であろうか？　想像をたくましくすれば、出雲族はヤマト側に怨念をいだき素直に服従しようとしないので、常に要注意勢力とされていたので、出雲側としては誤解を解く目的で進んで「服属儀礼」を演出してみせたとも考えられる。また、ヤマト側としては、このような儀礼をさせることは朝廷の権威を高め、他の国への見せしめとして役立つと考えたことであろう。

しかし、いずれにしても、ヤマト側には出雲に対する強い警戒心ないし恐怖感があり、それと裏表の形で出雲側にもヤマトに対する不信感ないし憎しみに似た感情があったことは否定できないと思う。ということは、藤原氏を中心にする平城京の権力層の間では、良きにつけ悪しきにつけ、出雲の力を高く評価していたことは間違いない。では、出雲の中央への服属は、何時ごろ、どのようにして実現したのであろうか？　また、「国譲り」の神話が物語るような奇怪な出来事は本当にあったのであろうか？　その答えは、もう少し出雲の実態を探った後に見えてくることであろう。わたしの見解は本書の最終部分で述べたい。

出雲族の怨念の歴史

作家の司馬遼太郎氏がサンケイ新聞社勤めだったころ、出雲大社の宮司である千家氏の人に「ご先祖の大国主命について執筆してください」と頼んだところ、「国譲りの際の約束で、中央のことには関与しないことになっていますから」という理由で断られたという。他の地方の人には信じがたいことだが、天神族の手先ともいうべき出雲臣家でさえもそうなのであるから、現代でも「天神族に支配されている屈辱の歴史」を本気で語る出雲人は少なくないに違いない。

ところで、出雲大社の東の宇伽山の麓にある出雲井神社の宮司家は富氏といい、オオクニヌシ（大国主命）の直系の子孫であるという。つまり、富氏こそ『風土記』が「天の下造らししオオナモチ（大穴持）神」とよばれた神の直接の子孫であるという。この富氏の家には、代々厳しい儀式によって子孫に口伝の歴史物語が伝えられているという。それは門外不出のものであるが、それを秘かに洩れ聞いたという吉田大洋氏が語るところによると、『紀・記』が伝える「国譲り」の物語は大筋で「真実の歴史」であるという。しかも、肝心なことは、オオクニヌシの子のコトシロヌシは、「国譲り」をするよう父に答えた後、自らは「船を踏み傾け、天の逆手を青柴垣に打ちなして隠りき」と『古事記』にあるように、文字どおり憤怒の念を抱きつつ、「天神族」による侵略に対して抗議の自殺をとげたのであるという。富氏では代々この悲惨な事件を伝える歴史を単なる物語ではなく祖先が蒙った厳しい現実の出来事そのものとして語りついでいるというのである。

この富氏の当主は富富雄氏といい、元サンケイ新聞の編集局次長であった人であるが、その語るところの「真実の出雲の歴史」は、ほぼ次のようなものである。

今から数千年も昔、「出雲神族」は大祖先である「クナドの大神」に率いられて、何世代かをかけて氷の山から逃れて海沿いに歩いて出雲の地にやって来た。そして、クナドの大神に農耕や織物、そして鉄器の作り方を教わり、生活を向上させていった。やがてクナドの大神は一族の王に推され、「カミ（首領）」とよばれるようになった。毎年、十月には各地のカミは出雲に集まり、その年の収穫の分配などについて話し合った。このため、出雲では十月のことを「神在月」というが、他の土地では「神無月」とよぶようになった。王が死ぬとその後継者は王に会うことができない。死体は穢らわしいからである。その死体は家人が籠に入れて山頂の高い桧に吊し、三年すると白骨を洗って山の近くの岩の傍に埋めた。したがって、古い時代の出雲には古墳は無い。

こうした平和な出雲に、朝鮮から馬に乗った侵略者がやって来た。それはスサノオの一隊であった。

彼らの侵略の目的は砂鉄を取ることであった。簸（斐伊）川にいたコシ（古志・高志・越）人が暴れたので、テナヅチ・アシナヅチがスサノオに援けを求め、コシ人が制圧されたのでスサノオは増長して暴威を揮った。そこに、九州から天孫族が船に乗って攻めて来た。オオクニヌシは、コトシロヌシに「出雲人が殺されるのを見るに忍びないから国王の位を天孫族に譲って隠遁する」と言った。コトシロヌシは「私は反対ですが、父の言うことに従います」と言って天孫族への呪いの言葉を残し敵将の目の前で海に飛び込み自殺した。オオクニヌシはウサギ峠の洞穴に閉じ込められ殺された。ミナカタのトミノミコトはゲリラ戦を展開しながら越の国に撤退し、後に信濃を平定し「第二出雲王朝」を築いた。

その後、出雲では天孫族側の執政者であったホヒ族とは和解してうまくいったが、そこに「神武」の軍が九州から攻めて来た。勢力を回復していた出雲軍は、ナガスネ彦を王として穴門（今の下関）で侵略軍を迎えうち、戦線を瀬戸内・近畿に拡大して戦った。「神武」は七人いて、六人は戦死したが七人目の「神武」は強く、朝鮮から来た「カラの人」とよばれるヤタガラスが味方して、和解すると見せながら次々と出雲側を殺戮したため、王は出雲に退き死んだ。

こうして、大和に「神武」の王国が建てられ、敗れた出雲族は大和から北陸・関東・東北の各地に分散された。その後、朝鮮からヒボコが渡来し出雲に入ろうとしたが、これを撃退した。そこでヒボコは但馬に逃れ、同じく朝鮮から来たヤマトのアヤ（倭漢）族と結び畿内に勢力を保ち、鉄を求めて吉備に侵入した。やがてヒボコ族はヤマトと手を結び、物部と同盟して吉備から出雲に侵入し、クナト（熊野）大社にあった勾玉などの宝物を掠奪して行った。その後、ヒボコ族からはオキナガタラシ姫が出て天孫族の王妃となった。そして、数百年が経ち、出雲族の首領が「継体天皇」となった時期もあった。

以上が、出雲井神社の宮司家である富氏が伝える「出雲の歴史」の概略である。ここで「クナトの大神」というのは、岐神・来名戸之祖神・衝立船戸神・八衢神・久那斗神などと書かれ、天孫族からは恐れられ「塞の神・幸の神」とか「道祖神・道陸神」として祀られている。また、平城・平安京では「サイの大通り」がつくられ、都の四隅には神社が建てられ鎮魂の供養がなされ、「道饗祭」の祝詞にそのことが伝えられている。

そして、富氏が語るところによると、「出雲神族」は万物に精霊が宿ると信じており、神を招いて炉で火をともして拝む儀礼をもっており、死者を不浄とし、死体は風葬ないし水葬にしていたという。したがって、これが本当なら出雲に古墳ができたのは、「出雲神族」が天神族に支配されるようになってから後のことということになる。さらに、富氏に言わせると、オオクニヌシの子孫である「出雲神族」は戦いを好まず、天神族による二〇〇〇年にわたる圧迫に耐えてきたのであり、その怨念は今日まで続いているという。

ところで、富氏によると、古代出雲の先住民は「竜神信仰」をもっていたという。彼らは自分たちの先祖を蛇と結びつける「蛇トーテム」を信じており、「亀甲」と「巴」と「三引竜紋」を一族の紋様として用いていたという。また、彼らは山そのものを神体とする「神奈備山」の考え方をもっていたという。このような「竜神信仰」や「神奈備山」の信仰をもつ種族は出雲以外にもあった。前にも触れたように、宇佐八幡の神官家の大神《おおが》氏は「蛇神族」であったし、大和の三輪山の神も蛇である。

そして、「神武東征」を受けたナガスネ彦は「蛇族」である。ナガスネ彦の名は『古事記』には「登美の那賀須泥毘古」と書かれており、富氏の姓と同じ「トミ」を名乗る同族である。「トミ」とか「ナガ」というのは、豊後その他の土地では「蛇」のことであることはすでに述べたとおりである。そして、ナガスネ彦の妹のトミヤ（登美夜）姫はニギハヤヒ（邇芸速日・饒速日）の妻となっており、「神武」の軍によって殺されたが、ニギハヤヒの子のウマシマジ（宇麻志麻遅・可美真手）は「神武」に降伏している。

また、「崇神紀」に出てくるイクタマヨリ（活玉依）姫の所に通って来た美男子の正体が蛇だったらしいことを暗示する話が残っている。さらに、「竜神信仰」に関して思い出すのは、「神武天皇」の母のタマヨリ（玉依）姫がワニの姿をしたトヨタマ（豊玉）姫から生まれたとされていることである。そして、多くの海人族は「竜神信仰」をもっている。

そこで、例の「ヤマタの大蛇」の話を「竜神信仰」をもつ部族が討たれた話であるというふうに考えると理解し易くなるはずである。宇佐八幡関係で、誉田真若が蛇神族の大神氏を討ったことを「大蛇退治」として表わしたとする見解のことはすでに述べたが、『記・紀』の「出雲神話」の「ヤマタの大蛇退治」の話も、それが実際に出雲であったことであるとする場合、右の富氏の伝承に即して考えれば、「竜神信仰」をもっていたオオナモチの一族が侵入して来た「天神族」に征服された事実のことを物語化したものであるという解釈も可能となってくる。しかし、その場合は、悪役の大蛇は「出雲神族」であり、それを退治した「天神族」は善玉ということになり、富氏の伝承とは話の筋立てが違ってくる。この場合、スサノオを英雄にすると、退治される側の「竜神信仰族」の立場は無くなってしまう。したがって、そういう話になってしまっては、とても『風土記』に書くわけにはいかないことになる。というより、オオナモチ（オオクニヌシ）とスサノオが敵どうしというのでは、ヤマトに忠誠を誓いながらも出雲人を味方にしなくてはならない「出雲臣」の立場上、オロチ退治の物語は認めるわけにはいかない話であり、『風土記』の対象にはならなかったということになろう。

なお、富氏の伝承では「出雲神族は大陸の遠い彼方からやって来た」としているが、その一族のシンボル・マークである「亀甲紋」と「巴紋」と「三引竜紋」は古代のシュメール人が愛用しており、エジプトやインドそして中国の一部でも海洋系の「竜神信仰族」では愛用されていることから、「出雲神族」のルーツは西アジア方面にあることが考えられる。出雲と西アジアとの関係については、第九章以下でも論ずることになる。

では、出雲の原住民の立場を数千年にわたって守ってきたという富氏に伝えられる右に紹介した「出雲族の怨念の歴史」なるものは信頼できるのであろうか？　『記・紀』が語る正統派の「歴史」しか知らない者からすれば、「八俣の大蛇退治の物語」、「国譲り物語」、「神武東征物語」、「崇神天皇の神宝収奪事件」、そして、「天のヒボコ物語」をすべて史実であり、富氏が唱える出雲の歴史なるものは、スサノオや神武などを侵略者に仕立て上げ、「出雲神族」だけが正義の民であり、しかも悲惨な被害者であるかのように誇張して綴った、独善的で御都合主義的に歪曲した「偽史」であるというふうに見えるであろう。ところが、富氏側に言わせれば、『記・紀』こそ真実を歪め、出雲神族を不当に卑しめることによって天神族こそ神聖なる正義の実現者であるかのように美化する悪辣で恥知らずの「欺史」であるということになるに違いない。

このように、一つしかないはずの歴史が真っ向から対立する二つの立場からすると、まったく違ったものとして伝えられることは、けっして珍しくはないことである。早い話が中世の西アジアで展開された「キリスト教徒とイスラム教徒の長期間にわたる激戦」のことを、ヨーロッパ諸国では「十字軍の聖戦」とよんでおり、派遣軍が侵した数々の殺戮と掠奪の戦果のことを誇らしげに「神の恩寵」を礼賛する記録として隠すことなく掲げているが、イスラム教徒の多い国では、それを苦々しげに「キリスト教徒の限り無く残虐な組織的蛮行」として断罪している。このことを知るならば、「勝てば官軍」という色眼鏡の危険さは誰にでも明らかであるものの、自分の属する側に身贔屓になりがちになることをいかにセーブするかは各人の理性のもちようにかかってくるのではなかろうか？

ただ、気になるのは、富氏の口伝による「歴史」が数千年以来、少しも内容を変更せずに、代々そのままに伝えられたものとしてよいか、ということである。つまり、『記・紀』が普及するにつれて、本来の伝承には無かった要素が次第に付け加えられたり、自分たちの信念に基づく伝承を『記・紀』の記述に合わせて合理化ないし改竄したことは無かったかという疑問が残るのである。富氏に限ってそういうことは無かったと断定することは無理な話であり、これをもって「真実の出雲史」であろうと主張するのにはいささか躊躇せざるをえないと思う。

しかし、このような「クナドの神」を信奉するオオクニヌシの子孫であるという富氏が「竜神信仰」をもっているということは重要な事実である。このことを抜きにして出雲を語ることは許されないと思う。そして、「出雲の古代史」について論ずる場合、何よりも重要なことは、一口に「出雲族」と言っても、最初から単一の社会構成であったとは考えられず、少なくとも三つ以上の種族が混じっていたと考えなくてはならないことである。

古くから出雲に住んでいた人たちの第一のものは、右に述べた富氏で代表される「竜神すなわち蛇神信仰族」である。しかし、出雲に行って「出雲井神社」のことを尋ねても、知っている人は少ないし、また、知っている人ほどそのことに触れたがらない。その理由は「竜神信仰」に対しては堅く蓋が覆われ、長らく人の口にのぼらせることがタブーとされてきたからであろう。いや、そのこと自体がいつしか忘れられ、ただ不定形の怨念のようなものだけが出雲人全体の心にドス黒い渦として残されていると言うべきであろう。

第二には、ヤマト勢力と妥協したのが「ホヒ系の出雲臣族」であり、その子孫が現在の出雲大社の神官を出している千家氏と北島氏であることである。この両家以外にも多数のヤマト系の人びとがいたに違いないが、その子孫は二世・三世となるにしたがい、次第に出雲人になってしまったはずである。出雲臣氏がもともとは「天神系」であったとしても、いわば植民地に定着してしまったため、「天神族」の主流派からは「傍系」として当然のことのように、冷たい目で見られることになったであろう。したがって、この人たちは出雲の外の人に対してはむしろことさらに強く「出雲人意識」を示し、けっして腹を割って自己の立場をあからさまにはしないはずである。

そして、第三には海の彼方の朝鮮半島から幾世代にもわたって渡来してきた人たちがいる。それも、直接に船に乗って来たものと、ヤマト勢力の陸路からの侵入軍の先導隊としてやってきて出雲の監視役を務めたと思われる「ヒボコ系勢力」とに分かれる。富氏らは、今日でも大の朝鮮嫌いで通っている。それほど出雲には良きにつけ悪しきにつけて朝鮮の影響は大きいのである。そのことを無視するとかえって民族的偏見を煽ることにつながってくる。この問題については、日本古代史全体の問題として第七章で考えることにする。

第四には、「国譲り」に反対して出雲を脱出したとされているタケミナカタ（建御名方）の神の子孫のことを忘れるわけにいかない。このことは第八章で扱う諏訪神社の謎につらなってくる。さらに、これ以外のものも「出雲人」の中にいたはずである。その一つとして「物部氏系」がある。第一章で触れた神魂《かもす》神社の神官の秋上氏などがそれである。このことも後に第六章で考えることにしたい。

現代でもそうであるが、二〇〇〇年前の出雲の人たちの構成はかなり複雑であったと思われる。そして、その中で最も早くから出雲にいて本来の先住民であったのは、どうやら「竜神信仰」をもった種族であったのではなかろうか？　そして彼らは朝鮮からの渡来系の人たちや、侵入して来た「天神族」によって討伐を受け、その多くは関東地方や東北地方に追い落とされて生き残ったものと思われる。そうなると、出雲地方の言葉が、今日でも「ズウズウ弁」であることも、それがこの地方の先住民のもともとの発音方式であり、それが東北方面に移ったのであるとすれば、なんとなく理解できるような気がする。

第四章　スサノオとは何か？

「三貴神」の誕生

　出雲の国について語ろうとするとき、スサノオという神をどのように見るかによって説論の内容は大きく分かれてくる。その一つは「スサノオという名の実在の人物がいた」と考える立場であり、もう一つは「それは観念的に創作された人間像に過ぎない」とする見解である。前者の場合でも、その内容にはさまざまなものがある。前章の最後のほうで、「竜神信仰」をもつ出雲原住民側からすると「スサノオとは朝鮮から渡来した侵略者であった」とされている。しかし、「スサノオは偉大な英雄で出雲族の指導者であり、かつ古代日本民族の一方の旗頭ともいうべき存在であった」とする「スサノオ礼賛説」も広く唱えられている。後者の場合——観念的存在説の立場からも、『記・紀』に述べられているスサノオのイメージは単純一様ではないから、なぜそのような「人格神」を作らなくてはならなかったかの説明にはかなりの幅が生じてくる。

　そこで、本章では、スサノオとはどういう神であるのか——厳密に言えば、いろいろな立場、いろいろな社会集団ではどのような観念の結晶としてスサノオ像が造形されているか——ということを吟味してみることにしたい。

そのことを論ずるには、スサノオとその姉とされているアマテラス（天照大神）と、男の兄弟とされているツクヨミ（月読）の「三貴神」が、神話の世界ではどのように描かれているかをまず見る必要がある。では、それに先だち、『記・紀』では高天原の神々がどのようにして誕生したとしているのか、その記事から見ることにしよう。

『古事記』では、「天地の初めの時、高天原にアメノミナカヌシ（天御中主）・タカミムスビ（高御産巣日）・カンムスビ（神産巣日）の三柱の神が最初に現われ、次いで国稚《わか》くクラゲのように漂う中に葦《あし》牙《かび》が萌えるように、ウマシアシカビヒコジ（宇摩志阿斯訶微比古遅）・アメノトコタチ（天之常立）・クニノトコタチ（国之常立）・トヨクムヌ（豊雲野）など一三柱の神が自生した」としている。これらの神々は観念的な存在であるが、その後に、イザナギ（伊邪那芸）とイザナミ（伊邪那美）という男女の人格神が生まれたことになっている。そして、イザナギ・イザナミの二柱の神は、天の浮き橋の上に立って、そこから天の沼矛を立てて海を掻き回したところ、その矛先から垂れ落ちた塩が固まってオノコロ（淤能碁呂）島が生まれた。イザナギとイザナミとは、その島に天の御柱を見立てて八尋《やひろ》殿を建て、二人で呼び合いながら、ミトノマグハヒ（交合）をしたところ、まず、ヒルコ（水蛭子）が生まれたが、それは葦舟に入れて流してしまう。その後で、最初は女神から愛の言葉をかけたのでうまくいかなかったというのでやり直したところ、二人は淡道（路）島を手はじめに、伊予の二名の島・筑紫の島・伊伎（壱岐）・津島（対馬）・佐度（佐渡）から大倭豊秋津島（本州）などの大八洲の島々を次々と生んでいったとしている。

その後、この二人は、山川草木や風・霧などの神々を生み、最後にイザナミは「火の神」を生んだため火傷をして死んでしまう。この時、生まれた「火の神」の一つがカグツチ（迦具土）であり、それを断ち斬った時に「出雲の国譲り」の場に現われるタケミカヅチが生まれたとされている。ところが、死に瀕したイザナミの嘔吐《たぐり》からはカナヤマ（金山）彦とカナヤマ姫が生まれ、その排出した糞からはハニヤス（波邇夜須）彦とハニヤス姫が生まれ、尿からはミヅハノメ（彌都羽能売）が生まれ、その次にワクムスビ（和久産巣日）が生まれたという話になっている。このことは、イザナミが死ぬことによって、鉱山や冶金の神が生まれて技術を教え、汚穢物が農業生産のための肥料になるということを示す生産力の偉大さを讃える話になっている。つまり古代人が鉱業や農業の恩恵に対して、いだいていた驚異の心がこうした説話として語られているわけである。

妻に死なれたイザナギは、遺体を出雲と伯伎《ほおき》（伯耆）の境の比婆山に葬ったが、またイザナミに会いたくなり、黄泉《よみ》の国まで出かけるが、体中に異様な神が宿っているイザナミの姿を見てしまったため、「我れに恥じ見せつ」とイザナミの怒りを買い、追い払われたイザナギは黄泉の国から逃げ出し、ヨモツヒラ（黄泉比良）坂すなわち出雲の国のイフヤ（伊賦夜）坂から地上に出る。ここで注目すべきことは、イザナミが葬られた場所も黄泉の国の出口もどちらも出雲の国にあったとしていることである。つまり、ヤマト側から見ると、「出雲は冥府とつながっている」というのである。ここには、ヤマト族の出雲観がよく表われているので注目しておきたい。因みに、イザナミのために黄泉醜女《よもつしこめ》に追われて逃げるイザナギは、身につけていた湯津爪櫛などの品々を次々と投げ捨てながら逃走したとしている。これは「呪物逃走」という説話の一タイプで世界的にもよくある話である。

さて、この世に戻ったイザナギは、筑紫の日向のオド（小戸）のアワギガハラ（阿波岐原）で禊《みそ》ぎをし、オオコトオシオ（大事忍男）であるとか石や風の神など数々の神を生むことになる。その途中で、マガツヒ（禍津日）の神に続いてワタツミ（綿津見）の神やスミノエ（墨之江）の神という海神が生まれたとしている。そして最後に左の目を洗うとアマテラス、右の目を洗うとツクヨミ、そして鼻を洗うとタケスサノオ（建須佐之男）の「三貴神」が生まれたという。そこで、喜んだイザナギは、アマテラスには「高天原」を、ツクヨミには「夜の食《お》す国」を、そしてスサノオには「海原」を支配するように命じたとしている。ところが、『紀』の場合は、ツクヨミが「海原」を、スサノオが「天の下」を治めるように言い渡されたとしている。


ここで、注目すべきことは、ワタツミの神というのは、博多湾を根拠地としていた海人族の安曇氏が奉斎する神である。『紀』ではワタツミのことを「少童」という文字で表わしている。また、スミノエの神というのは住吉神宮の神であり、同じく海人族の神である。『記』ではスミノエの神を「底筒男・中筒男・上筒男」という文字で表わしている。このように、「三貴神」より先に海人族の神が生まれたとしていることは、天神族にとって海人族が重要な地位を占めていたことを意味している。そのことを端的に言うならば、かつて朝鮮の伽耶地方にいた天神族が日本列島に渡って来る際に、彼らの力を借りたという事実の重みがこの神話に表わされていることになる。

『古事記』では「三貴神」は単に最後にイザナギひとりによって生まれた神ということになっており、父のイザナギがそれぞれの支配地と役割とを決めたとしているのである。ところが、『日本書紀』ではそうではなく、それまでの話の大筋は『古事記』と大同小異であるが、「国生み」を終えた直後に、イザナギとイザナミとが相談して「すでに大八洲及び山川草木を生めり。何ぞ天下の主たる者を生まざらんや」というので両者の合意と協力によって「三貴神」を生んだとしているのである。もっとも、『書紀』も「一書に曰く」として『古事記』と同じくイザナギが黄泉の国から帰ってから禊ぎの際に生まれたとする説も紹介しているが、『書紀』の編集者には「ヤマト国家は、神の意志によって作られたものである」という建前が貫かれており、さらに「国の支配には三系統の調和と融合が原理になるべきである」といった観念をもっていたことを意味していると考えられる。つまり、アマテラスとスサノオを対立的なものとして捉え、ツクヨミは両者を中立的な立場からまとめる脇役とするという構成になっている。

もう一つ、『記・紀』の間での相違点は、『紀』の場合は、アマテラスの別名を大日孁貴《おおひるめのむち》とし「日神」と明記しているし、スサノオがアマテラスと対決するため高天原に上って来たとき、アマテラスは「髪を巻き上げて髻とした」と書いてあり、女神の印象を与えている。しかし、『記』ではアマテラスが「天の岩戸」に入ったため高天原が暗くなったとはしているが、「日神」として位置づけておらず性別も示していないことである。この件については、前著『ヤマト国家成立の秘密』で、アマテラスはもともと物部氏の祖神であるニギハヤヒという男神の名であったのを「天神族」が奪い取って天皇家の祖先の女神であるようにしたのであると説いておいたし、第十章でもそのことについて論じることになる。

なお、ツクヨミについては、『紀』の「一書に曰く」としてアマテラスがツクヨミに対して、葦原の中つ国のウケモチ（保食）神という神に会うことを命じたところ、ウケモチの神は、口から飯や魚の鰭《ひれ》、獣の毛などを吐き出して食卓に並べてもてなそうとしたのでツクヨミは「穢らわしい」と言って怒り、ウケモチを斬り殺してしまう。しかし、ウケモチの死体から牛・馬や粟・稗・麦・大豆・小豆が生えてきたというのである。これと同じ話は『古事記』ではスサノオがオオゲツ（大宜都）姫を殺した話として採録されている。このことは、焼畑農業の生産を象徴的に表わした説話であり、葦原の瑞穂の国の性格を述べたものと考えられる。

そこで、高天原の神統譜を『古事記』の記すところによって系譜化してみよう。

天御中主─┬─高御産巣日─伊邪那岐─天照……邇邇芸─日子穂穂出見………「神武」
　　　　　└─神産巣日─伊邪那美─須佐之男─大国主─事代主………

というふうに、二つの系統が天御中主という根源的で中立的な神によって統合される形になっており、合わせて三つの系列の調和と融合の観念が表わされている。そして、この右と左の系列は、右が陽で左が陰ということになり、それが天地すなわち高天原と根の国という対立関係にあるとする設定で、その陽のほうの子孫として天皇家を据えることによって国家成立の理念的性格を描き出し、そのことを神話の世界の構造の中に象徴化して表わしていることになる。

アマテラスとの誓約

「三貴神」の分担が決められたものの、スサノオはイザナギの命令をきかず、号泣してばかりしていた。その様子について『記』は「青山を枯れ山とし、海河を泣き乾すほど」であったと表現している。そこで、イザナギは大いに怒り、スサノオの追放を命じる。こうして、いったんは高天原を去ったスサノオは、アマテラスに「申し上げたいことがある」と言って高天原に上って来る。その時の様子を、『記』は「山川ことごとく動《とよ》み、国土みな震れき」と記している。この二つの記事に見られるスサノオは、台風と大地震のイメージで描かれている。つまり、『古事記』の編集者の心には「日本に起こる災害はスサノオの怒りや願望のせいである」といった思い入れで語っていると考える論者もいる。その点、この荒々しいスサノオの性格は、インドから西アジアに伝わるインドラ天やシヴァの神あるいはバール神のような暴風や雷の神を連想させるものがある、と言えそうである。

さて、スサノオの到来を迎えてアマテラスは、スサノオが邪心をもって攻めて来ると疑い、髪を男性ふうにミズラに結い、弓矢を手に武装して待ち構える。そして、やって来たスサノオは「我れに邪《あし》き心無し」と言う。アマテラスは「汝の清く明かき心をいかにして知らむ」と問い、スサノオは「各自が誓いを立てて子を生んでみよう」と言い、天の安の川原で「誓約《うけい》」を交わす。アマテラスはスサノオの帯びていた刀を受け取り、三段に打ち折り「天の真名井」の水を振り注ぐと、その霧の中から「三女神」が生まれた。次にスサノオがアマテラスの髪に纏《まと》ってあった八尺《やさか》の勾玉の五百つ御統《みすまる》（珠の緒）を受け取り、同じく真名井の水にかざして嚙み砕くと霧の中から五柱の神が生まれた。

そこで、それぞれの持ち物から生まれた神を自分の子とすることになった。そこで両者のそれぞれの子となった神々を表にして示すと左のようになる。

天照大神
- 天穂日命……出雲の国造の祖。国譲りに先立ち派遣。
- 天忍穂耳命……ニニギの父。天皇家の遠祖。
- 天津彦根命……河内の国造の祖。冶金の神の天目一箇の父。
- 活津彦根命……不明。
- 熊野楠日命……熊野に関係するか？

素戔嗚尊
- 多紀理姫（田心姫）……奥津宮……大国主の妻。
- 市寸島姫（市杵島姫）……中津宮
- 田寸姫（湍津姫）……辺津宮

宗像の三女神（宇佐に降りる）

この結果、「子生み」では自分が勝ったと自認したスサノオは、勝ち誇った余り、アマテラスの田を壊したり、皮を剥いだ馬をアマテラスの機織《はたおり》場に投げ込むなどの狼藉を働いたため再び追放され、第二章に見たように下界に降り、出雲の国で「八俣の大蛇退治」をすることになる。そして、高天原ではアマテラスの「岩戸隠れ」となり、天地は暗くなるが、諸神は岩戸の前で神楽を演じたため、その様子を見ようとしたアマテラスの手を引いて外に出し、明るさが回復するという物語となっている。神話の舞台は、それ以後は出雲に移り、やがて「天孫降臨」とつながっていく。

では、この「アマテラスとスサノオの誓約」とは、いったいどういう意味をもっているのであろうか？　それについては、江戸時代から謎とされており、「神話研究の草分け」の大学者である本居宣長も、『古事記伝』で「神意不測」と解釈を放棄し、『釈日本紀』を著した卜部《うらべ》兼方も「解し難き文なり」と言って匙を投げている。しかし、わたしは前著『天皇家と卑弥呼の系図』において、スサノオの娘となった「宗像《むなかた》の三女神」についてはその謎を解明しておいた。と言うのは、『紀』の「一書」に、「アマテラスは、三女を宇佐洲に降りさせた」とあることに注目し、宇佐八幡に何故にこの「三女神」が祀られているかを考えたのである。その結論だけ言うと、宇佐八幡の主神は応神天皇であり、その母の神功皇后と宗像三女神が祀られているが、応神の后妃に三人姉妹がいることから、その三姉妹の両親こそアマテラスとスサノオであるに違いないと考えたわけである。この二神とは、前に「八俣の大蛇」について論じた時に名前を挙げた、誉田真若と宇佐女王と考えられる海部氏の金田屋野姫であり、その間に生まれたのが応神の后妃となった三姉妹であるから、この二人が婚約したことを、アマテラスとスサノオの「誓約」として描いたのであると推定したのである。しかも、宇佐から遠くない国東半島の付け根の日出《ひじ》町には「天の真名井」を連想させる真那井という地名もあり、この推定を援けてくれている。

なお、宗像族というのは、九州の北海岸の神湊《こうのみなと》を根拠地とする海人族であった。神湊から北に壱岐・対馬を経て朝鮮の釜山に至る水路は、古来、「海北道中」とよばれており、宗像族はその舟行を独占し、莫大の富を蓄えていた。そして、博多湾にあった安曇《あづみ》海人族とともに玄界灘の一帯で絶大な力を揮い、ヤマト王朝の成立にも大いに貢献したことは間違いない。そのことを考えると、この「誓約」の意味もなんとなく浮かび上ってくるように思われる。つまり、アマテラスは日本列島、スサノオは朝鮮半島の勢力を象徴しているのではないかというわけである。

ところで、アマテラスの子とされた五人の子のほうは、どうして「誓約」の結果として生まれたとしなくてはならないのかは不明のままになっている。そのことに関しては、アマテラスをヤマト勢力の象徴であると考えれば、その子とされた神々は、その協力者ないし支配下に置かれた諸勢力のことを暗にさしているのではないかと考えたくなる。そういう目で五人の子を見ると、長子のホヒは前にも見たように出雲に派遣されて後に出雲国造家を創始したとされる氏族の開祖である。次子のオシホミミ（天忍穂耳）は天皇家の始祖であるからいいが、他の三人はどうであろうか？ そのうち、アマツヒコネ（天津彦根）というのは、金属精錬の神であるアメノマヒトツ（天目一箇命）の父である。近江（滋賀県）をはじめ日本全国にはアメノマヒトツを祀る神社が多く、冶金・鋳金の仕事をする人たちに篤《あつ》く信仰されている。したがって、全国を支配しようとすれば当然のことながら武器と農器具の生産者の力を借りる必要がある。イクツヒコネ（活津彦根）という神の性格は不明であるが、これまた同じように産業界の実力者の神ではないかと思われる。最も可能性があるのは、水田耕作すなわち稲作の神ということになるであろう。

最後のクマノクスヒ（熊野楠日）については、紀伊（和歌山県）の熊野地方に縁があり、楠に関係があるとすれば林業の神であると考えたくなる。しかし、この神については特別な資料は見当らない。なお、熊野神社は紀伊だけではなく出雲にもあるし、伊予にもある。この熊野大社の神はスサノオのことであるとする説が有力であるとされているから、第六章で熊野については考えることにする。

このように、折った剣や砕いた珠から神が生まれるといった内容的に荒唐無稽な物語は、一見、意味不明であり、古代人の妄想として却けられかねない。しかし、神話や昔話には必ず語り手の心の中に強い表現意欲があり、同時代の人であればその話を聞くだけで何を言いたいのか理解可能であったはずである。そうでなければ、そういう物語が後世まで伝えられるはずはない。したがって、『記・紀』をはじめとする世界の古い物語には一つとしてナンセンスな話は無いと思うべきである。もちろん、「天地創造神話」のように、観念の世界でだけ通用する純粋に創作された話もあるし、古代人の願望が結晶したような事実とはかけ離れた物語も数多くあるであろう。しかし、それらといえども、その背後には生々しい現実の世界があり、そこで生きる彼らの意識が神々の活動という形で描き上られているに違いない。その点を読み取ることが大切である。

そして、神話の意味を解読しようとするとき、注意すべき危険なことは、その世界で生き生きと活動している特定の神のことを、いきなり歴史的な実在人物と結びつけ、一元的に理解しようとすることである。例えば、『古事記』の中で最も印象的な英雄であるヤマトタケル（倭建命）について、その足跡を尋ね、語られている個々の話を実在した一個人の行為として捉えようとする試みは結果としては虚構の泥沼に陥ることになるであろう。ヤマトタケルという物語の中の英雄とは、ヤマト勢力が長期間にわたり大軍を投じて遂行した全国征討事業の一端を一人の架空的人格に圧縮して投影したものであると解釈すべきであり、その物語の素材は恐らくは「ヤマトタケルの子孫」と称する氏族——建部《たけるべ》氏や綾氏が提供した祖先の活動についての伝承から出ているに違いない。

そのように考えれば、『記・紀』が描くスサノオについても、その行動なるものの一つひとつには、あるいは特定の個人や集団の現実の行為が反映しているかもしれない。わたしが説いた「八俣の大蛇退治」や「アマテラスとの誓約」はその一例である。だからといつて、『記・紀』に現われるスサノオ像のすべてが誉田真若という一人物の投影であるなどと考えることはとうてい許されるはずがない。ところが、世間には「スサノオは出雲の王者であった」という思い入れで展開される論説が幾つもある。とりわけ、原田常治氏の『古代日本正史』と小椋一葉氏の『女王アマテラス』はよく読まれており、「これによって日本古代史の謎はすべて解けた」というような感想を述べる人も多いようである。

わたしとしては、他人の著書にケチをつけるような狭い心はもっていないが、これらの書物の立論の仕方には同意できない。これらの書物は、お読みいただけばすぐに感じることであるが、『記・紀』に現われる神々をすべてそのまま実在の人物であると考え、その神を祀る神社があれば、その地にその神（人物）が実際に立ち寄ったり、そこで活躍したりしたかのように物語を進めているのである。世の中には、ある土地の事件をもととして物語が作られることもあるが、反対に物語をもとにして名所が作られる例のほうがはるかに多いのである。ロンドンにはシャーロック・ホームズが住んでいた家があり、デンマークにはハムレットの墓がある。

これらの書物を読んでいてとりわけ我慢がならないのは、スサノオの子としては、この節に挙げた『記・紀』に書かれている神だけを採用しており、『出雲国風土記』に記されている青幡佐久佐日古などの子のことは完全に無視していることである。それでは、せっかく出雲の国にいたとされるスサノオが霞んでしまうし、大和地方で創作された「出雲神話」に記されているスサノオの子を結びつけるのは、木に竹をつぐ暴挙ということになる。

スサノオの名前で語られている話は『記・紀』にもまだいろいろあるし、『風土記』以外にも各地に無数と言ってもいいくらいスサノオと関係する神社や伝説が存在している。そこで、わたしに言わせれば、それらのスサノオのうちのあるものは、出雲からの移住者が齎らしたものであろうが、その他の多くは『記・紀』のスサノオ物語からなんらかの影響は受けているにせよ、それぞれ独自にその土地に伝えられた話を土台として生まれた地方的な英雄譚があって、その中心人物にスサノオというポピュラーな名前が据えられたものであろうと考えるている。ともあれ、スサノオの性格は複雑多岐である。これからもいろいろな角度から検討することにして話を進めていこう。

スサノオと新羅の関係

スサノオは高天原の神々によって「根の国に行け」といって追放されたとしているが、『日本書紀』の「一書」には、「子の五十猛《いたける》を率いて新羅の国に行き、ソシモリ（曾尸茂梨）にいた」と記している。そして、「自分はこの国にいたくない」というので埴土《はにつち》で舟を造って出雲に渡ったという注目すべき記述がある。しかも、イタケルは多くの樹種を高天原からもってきて、韓地には植えずに筑紫から始めて大八洲（日本列島のこと）に植えたというふうに記している。また、別の「一書」には、スサノオは「韓邦には金銀があるが、わが子の国には浮宝（船）が多くないのはよくない」と言って自分の髭を抜いて杉をつくり、胸毛を抜いて桧をつくるなどして樹木を増やし、船を造らせたとしている。そして、スサノオの子らは紀伊国に木種を配ったとしている。このようにスサノオは朝鮮とともに紀伊の国とも関係が深いのである。『延喜式』神名帳や『三代実録』などには、スサノオを祀った神社は隠岐・出雲の他に備後・播磨・紀伊など全国各地に氷川神社・八坂神社などの名で分布している。そのうち紀伊の在田（有田）郡の須佐神社は名神大社（官幣・国幣大社の中で特に高名な神社で、国家の大事の時に臨時に奉幣される）として高い社格をもっていた。同じ須佐神社でも第一章に紹介した出雲の飯石郡のものは無格である。また、石見（島根県西部）から長門（山口県）に入ってすぐの所に須佐町があり、そこでは七月の末に祇園弁天祭が行なわれていてスサノオとの関係を思わせる。なお、紀伊の熊野とスサノオとの関係は後に第六章で論ずる。

『紀』の「一書」には、続けて「スサノオは熊成峯にいて、ついに根の国に入った」と記している。このことについて、「熊成《くまなり》」というのは韓国の地名であるから、スサノオがその地で死んだということは、そもそもスサノオは朝鮮の生まれであり、祖国に帰って死んだのであるとする説もある。ところで、『日本書紀』の「雄略二十一年紀」を見ると、「百済が高句麗に敗れたので、天皇は久麻那利《くまなり》を百済に与えた」ということが書かれている。このことは、朝鮮の正史である『三国史記』の「高句麗本紀」に長寿王の六十三（四七五）年に「三万の大軍を以て百済を攻撃し、首都の漢城（現在のソウル）を陥し、百済の蓋鹵王を捕らえて殺した」とあり、「百済本紀」を見ても、「高句麗に城を陥されて王が亡くなったので、次の文周王は即位し、都を熊津に遷した」と書いてあるから『日本書紀』の記述は事実に即したものである。

そして、何よりも注目すべき事実は、「熊津」の傍には「熊川」が流れているが、その現代の発音は「ウンジン」と「ウンチョン」であるが、「熊川」には「コムナル」という訓読の仕方もあり、雄略時代には「クマナリ」と読まれていたということである。それがスサノオがいたという「熊成峯」と同じであるとすれば、「スサノオが百済で死んだ」というのは事実であったことになる。因みに、百済の第二の都となった熊津というのは、ソウルから南に一五〇キロほど行った所で、今日は公州《クンシュ》（忠清北道）とよばれている土地である。また、朝鮮半島の南端の釜山《プサン》の隣の金海《キメ》の近くにも「熊川」という地名がある。

そうなると、『記・紀』が伝えるスサノオは、少なくとも朝鮮についての記事に関する限りでは実在の人物がモデルになっている可能性がきわめて高いことになる。「クマナリで晩年を過ごした」という人物が実際にいて、わが国と深い関係にあったからこそ、『書紀』にはそういう記事が載ったのであろう。

また、朝鮮半島には「牛頭」と書いて「ソ・モリ」と読む地名が幾つかある。その一つは、平安北道の春川《チュンチョン》にある「牛頭山」であり、同じ名の山は慶尚《キョンソン》南道の居昌にもある。そして同じく慶尚南道の陜川《ハプチョン》には「牛頭」という地名がある。そのことから、スサノオが行ったとされる「ソシモリ」とは、このうちのどれかであろうと考え、『紀』の記事は史実を反映したものであると解釈する人もいる。とりわけ、陜川は洛東江の支流の黄江に面した所にあり、その地は昔、「大耶」とか「太良」とよばれており、「伽耶六国」の一つである「多羅国」があったとされている。そして、この付近には「玉田《オクチョン》遺蹟」があり、四〜五世紀には小国家があった証拠とされている。そして、前著『伽耶は日本のルーツ』に説いてあるように、オオタラシ（大帯・大足）彦とよばれた景行天皇やオキナガ・タラシ（息長帯・息長足）姫とよばれた神功皇后などのいわゆる「タラシ王朝」の祖先の原郷であると考えられる土地である。そこに、「ソシモリ」に因む「牛頭」という地名があるとなると、ますますスサノオがこの土地に関係があったと思われてならない。いずれにしても、スサノオは朝鮮と関係が深いことは間違いない。

一方、そのことと関連する伝承が京都にあるのである。それは祇園祭りで有名な八坂神社のことである。この神社の祭神はスサノオであるとされており、しかもそれが「牛頭《ごず》天神」であるとも伝えられているので、そのことについて目を向けてみることにしよう。

ところが、八坂神社は奇妙なことに、その設立の縁起や年代などに定説が無く、いまだに多くの謎に包まれているのである。『日本紀略』によると、延長四(九三四)年に建てられたとあるが、『伊呂波字類抄』には貞観一八(八七六)年説があり、他にも異説が多い。そして、「八坂神社」という理由についても、付近に八つの坂があるからであるとする俗説はともかく、景行天皇の妃の八坂入姫に因むのであるとか、斉明天皇の時代に高句麗から来た伊利之と関係があり、彼の子孫が八坂造となったことによるなどの所説があって一定しない。また、この神社のことを祇園《ぎおん》社ともいうが、祇園とはインドの舎衛国の祇陀太子が仏に供養をした樹林という意味である。その国の須達という長者が建てたのが祇園精舎で、その守護神が「牛頭《ごず》」であったというのである。

なお、「牛頭」については「頭に角ある人」としてツヌガアラヒト(都怒我阿羅斯等)のことが頭に浮かぶが、そのことは第六章で考えることにする。

しかも、八坂神社の祭神がスサノオであると言っても、その根拠がいま一つスッキリしないのである。そのことに関しては、拙著『ヤマト国家は渡来王朝』に「ギオンという名はシオンに通ずることから、祇園祭はユダヤと関係がある」とする説があることを紹介しておいた。イズモと西アジアとの関係については第九章以下で説くことになる。

では、ここでもう一度、第二章に掲げた「出雲の神の系譜」に目を向けてみよう。そこでは須佐之男の子の子孫に二通りの系統があった。その一つは、正后の櫛稲田比売との間に生まれた八嶋士美神の四代目が淤美豆奴《おみうぬ》神で五代目の天冬衣神の子が大穴牟遲神であるというものであった。そして、もう一つは大国主命は須佐之男の娘と結ばれたというものである。これでは時代に差が生じ、オオナムチとオオクニヌシとが同一人物であるとは言えないことになる。さらに、スサノオの子孫には別に、オオヤマツミの娘との間に大年神と宇迦御魂《うかのみたま》という名前の二神があったことになっているが、この大年神については、もう一つ違う系譜が『古事記』に載っているのである。それを示すと……

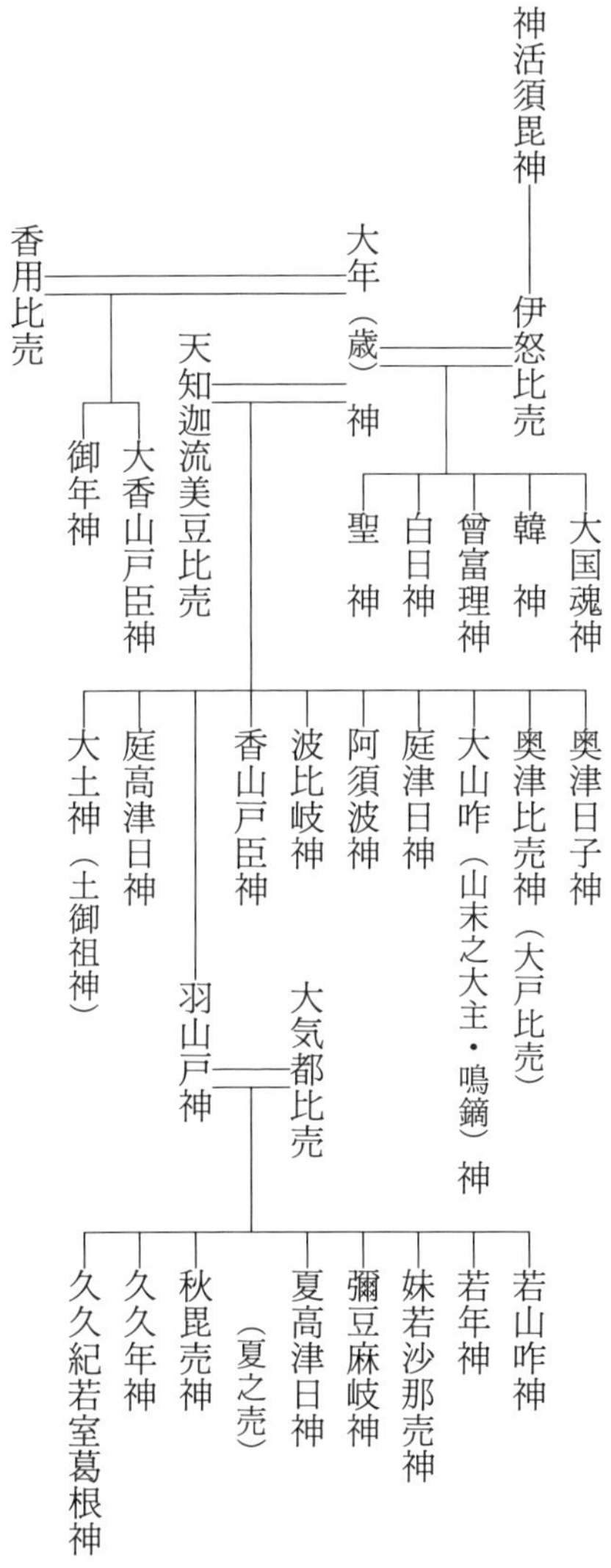

『古事記』のスサノオに関するの系譜は大いに混乱している。スサノオは、一方では「八俣の大蛇」を退治してクシナダ姫と結婚し、他方ではオオヤマツミの娘を娶っている。そして、それとは別に、スセリ姫という娘がいてオオクニヌシの妃となっている。その上、『出雲国風土記』にはこれとは別に五男二女がいたように記されている。歴史的人物にはもっと複雑な女性関係をもち、多数の子どもを有している例があるから、そんなことは怪しむに足りないということもできよう。また、古代の物語作家が自由に系譜を創作したというふうに考えるのは勝手である。右に挙げたようなスサノオの系譜の中には、確かに頭の中で作り上げたスサノオ像もあるかもしれない。しかし、その裏にはそれなりの事実や、そういう神の名をスサノオの系譜に書き込むべき動機なり理由があったはずである。

『古事記』に描かれるスサノオには、その背景にある実在人物があって、それを神格化したものであるという側面も認められるであろう。しかし、そのすべてをそういう特定の一人の人物の残像として把えることは間違いであると思う。もし、スサノオのモデルになった人物がいたとしても、それは一人の個人ではなく複数の人間でなくてはならないということである。また、スサノオにはアマテラスの弟という想定が加わり、この二人の「誓約」による「子生み」という意図的な物語が加わってくる。つまり、『古事記』の撰者は出鱈目にスサノオの系譜を創作したのではなく、口伝あるいは文書に記されていた幾つかのスサノオ伝説を集め、それらをすべて真実のものと考え、恐らくはスサノオ像を豊かにしようという祈りをこめて、それらを機械的に結合して記してしまったのであろう。そのため、このようなワケがわからない混乱した系図ができてしまったというわけである。

その証拠とはならないかもしれないが、このスサノオの系譜には、同一の人名を別人と誤解して一つの系図に重複して盛り込んだものがあるように思われるのである。例えば、ウカミ・カミ（汾迦美神）とウカ・ミタマ（宇迦御魂）とは発音が似ており、同一人物臭いように思われる。また、右の系図にある夏毘売・秋毘売とは、アマテラスとスサノオとの「誓約」で生まれた宗像三女神の多紀理姫と市杵島姫のことではなかろうか。「夏タカツ神」とは「タギリ姫」のことであり、「秋毘売」とは安芸の宮島（厳島）に祀られている「イチキシマ姫」のことではなかろうか。また、スサノオの子の「五十猛」も読みようによっては「イソ・モウ→イズモ」と読めることも気になる。いずれにしても、このように複雑な系譜には、幾つかの別系統の伝説が混然としているに違いない。

『古事記』には、「出雲神話」関係以外にも数多くの神の名や人名が記されているが、八世紀の人間がこれだけ多くの固有名詞を後世に遺そうとしたのは、けっして伊達や酔狂によるものではない。その中には政治的配慮による工作もあろうから、無邪気にそのまま信じるわけにはいかないが、その多くは当時として可能な限りの情報を集め、それを誠実に綴ったままでのことであろう。したがって、それらの神名や人名が奇怪かつ不可思議なものであったり、単に名前だけ並べられているだけで具体的な内容が欠けているとしても、可能な限りいろいろな角度からそれらを検討し、隠されている秘密を探る値打ちはあると思う。それを最初から無意味な名前の羅列に過ぎないとして捨てて顧みない態度は改めるべきであると思う。

さて、右に掲げた「大年神」の系譜を見ていて気になることがある。それは、「韓神《からかみ》」とか「曾富理神《そふりかみ》」とか「白日神《しらびかみ》」といった朝鮮と結びつく名前の神が並んでいることである。「ソフリ」は朝鮮語で「都」のことであり、現在の韓国の首都のソウルや大和（奈良県）の「添の郡」とのつながりがあるように思える。また、「シラヒ」とは「新羅」の神をさすものであるように思える。

ところで、天皇家の私的な住まいである宮居内には園神・韓神が祀られており、中世では二月十一日には「韓神祭」が行なわれていた。そして、現代では、二月の春日祭の後の五日と新嘗祭の直前の五日には、「韓神招《お》ぎの祭り」が営まれているのである。それは、園神を南に韓神を北に、南北の「炊《かし》き屋」に薪を置き、榊を庭中に立て庭燎を炊《た》くものである。その時、神巫が微声で祝詞を捧げる。その後、舞楽などが演じられることになっている。この園神・韓神祭りを始めたのは藤原不比等であるとされており、園神というのはオオモノヌシ（大物主）のことであり、韓神というのはオオナムチ（大己貴）とスクナビコナ（少彦名）のことであるとする説もあるが、オオモノヌシもスクナビコナも『古事記』によればもともと渡来神であるから、これらの神は朝鮮からの渡来系であることは疑いない。このことについては、次章で検討することにする。

いずれにしても、天皇家は奈良時代から江戸時代まで伊勢の皇大神宮には一度も参詣しておらず、宮中でもアマテラス大神を祀っていないにもかかわらず、私的祭事とは言え公然と祀っている神が朝鮮の神であることは興味深い事実である。この謎については前著『ヤマト国家成立の秘密』で論じておいた。また、『古事記』では韓神の祖父とされているスサノオは、全国の氷川神社や八雲神社・八坂神社・熊野神社の祭神として民衆の神として尊崇されている。このことについては、第六章と第七章で考えることにする。

なお、それ以外のスサノオにからむ別の姿について触れておくことにする。その一つとして、一部の地方で行なわれている「蘇民将来」の信仰がある。伊勢市では、「蘇民将来子孫門」と書いた札を門に掲げる家が多いが、伊勢の神宮文庫にある御塩物忌神主で権禰宜正が宝暦八（一七五八）年に写書したという文書によると、「昔、インドの東部の吉祥園という美しい林に、牛頭《ごず》天王あるいは武答《むとう》天神という神が降臨され、南海の竜王の娘を妻としようと思って旅に出、大富貴長者の巨旦《こたん》将来の家に宿を求めたところ断られたが、蘇民将来という貧しい家に行ったところ大いに歓迎を受けたという。そのことから、後に蘇民の家は栄え、巨旦の家は亡んだ」という話になっている。

また、これと同じ話が備後の国（広島県東部）の『風土記』にも載っており、それには、宿を求めたのは北国の武塔神となっており、この時、「我は須佐能雄神である。疫病流行の時は、蘇民将来の子孫なりと言い、腰に茅《ち》の輪を着けておけば助かる」と教えたという話になっている。そして、備後の芦名郡新市町には疫隈社という疫病払いの神社がある。このように、牛頭天王・武答（塔）天神というのはスサノオのことであり、疫病などの災厄から民を守る恵みの神ということになっているのである。

その他、地方によってはスサノオは荒神様すなわち竈の神と同一化されたり、道路を守る道祖神、あるいは民衆の幸福を守る神などとされている。それは、『記・紀』によってつくられたさまざまなスサノオ像のうち、「高天原から追放されながらも大蛇を退治して民を救った有り難い神」というイメージが村の指導者的な人から庶民に植えつけられ、「スサノオは民衆の救済者である」という信仰が生まれたことによるのではなかろうか。そこには、権力への反抗者という被支配者が期待する怨念的な願望も当然のことながらダブっているものと思われる。

以上、見てきたように、われわれがもっている「スサノオ像」は多様なものが入り混じっていて混乱をきわめている。ところが、第一章で紹介した『出雲国風土記』に現われるスサノオ像は、須佐という小天地にいて五男・二女の父として出雲全土に勢威をふるっていた王者であった。そして、『出雲国風土記』には「大蛇退治」の伝承は無いし、「天の下造らしし大神」であるオオナモチには『古事記』に書かれているオオクニヌシの物語に通じる白兎の話などは載っていないのである。したがって、「スサノオとは何か」を論ずるに当たっては、木に竹をつぐように『記・紀』と『出雲国風土記』とを妄りに接続することは真相を失う危険な方法と言うべきであると思う。

「根の堅州国」の大神としてのスサノオ

『記・紀』の神話の中で、出雲とスサノオについて考えるとき、もう一つ重大な事実がある。それは、「根の堅州国」との関係である。「出雲神話」では、「天孫」を新天地である葦原の中つ国に降臨させるに先だち「出雲の国譲り」を実現したとし、その時の出雲の支配者はオオクニヌシということになっている。そして、出雲ではスサノオは「八俣の大蛇」を退治している一方、オオクニヌシは出雲で八上姫をめぐってさんざん苦労を重ね、そのあげくスサノオの娘のスセリ（須世理）姫と結婚したとしている。つまり、『古事記』では出雲の建国者であるオオクニヌシはスサノオの娘婿という形になっているわけである。この時、オオクニヌシに対してスサノオは「我が女スセリ毘売を嫡妻として、宇迦の山の山本に底津石根に宮柱太しり、高天原に氷木高しりて居れ。この奴」と言ってオオクニヌシを自分の後継者として祝福を与えたということになっている。

これだけでは、スサノオはいかにも「出雲の国の大王」のように思われるが、ここで見落とすことができないことは、『古事記』では「スサノオの命のましますの根の堅州国にまい向きて」と記していることである。「根の国」とは「死者の住む国――黄泉《よみ》の国」のことである。それは、「スサノオはすでに死んでしまっている」という意味ではなく、「出雲こそ、根の国に直接つながっている」ということを意味していることである。と言うのは、「黄泉の国」まで妻のイザナミを追って出向いたイザナギがそこから出た所は出雲のイフヤ（伊賦夜）坂ということになっており、出雲こそは「高天原」から見れば「地底の国」への入り口として位置づけられているからである。

古代人の観念では、「死者は地底の暗い所――黄泉の国に行く」と考えられていたが、「高天原」で命を落としたイザナミが行った黄泉の国の出入口は下界の出雲にあったというのである。このことは、『記・紀』の編集者の意識の中に、「死者の魂は原郷に憧れ、そこに戻りたいと願っているであろう」という思いがあったに違いない。つまり、「黄泉の国は朝鮮とつながっている所になければならない」ということになる。しかし、『記・紀』では朝鮮のことは表に出さず、すべてスサノオに託す方針で編集することにしており、そのスサノオを出雲と結びつけたため、黄泉の国すなわち「根の堅州国」は朝鮮ではなく出雲と重なるようになったのであろう。

そして、観念の世界では「高天原と中つ国」は陰陽の関係にあり、同じように「現世と黄泉の国」も陰陽の対立ということになる。そして、「高天原」の神であるアマテラスが陽の大神であるのに対して「中つ国」のオオクニヌシは陰の大王であるスサノオの娘婿となったわけである。このような考え方からスサノオは「根の堅州国すなわち黄泉の国」の大王ということになったわけである。

こうして、スサノオは天神族の原郷としての朝鮮に因む神であると同時に「根の底つ国」の大王であり、しかも同時に出雲は葦原の中つ国の中での別格の土地であり、そこは黄泉の国に通じる国であるというふうに仕立て上げられたわけである。ただし、ここでいう「出雲」というのはかならずしも島根県を意味すると考える必要はなく、神話の建前上では天孫が最初に「国譲り」を受けた土地の観念上の名称として理解すべきであり、同時にそこは「黄泉の国すなわち死者が行く所」のことでもある、というわけである。

このように、日本神話に出てくる「出雲」はオオクニヌシが経営した「新国土」であるとされていると同時に、「死者が立ち帰る原郷」でもあり、しかも「朝鮮」とも重なった複雑な意味合いのものであることに気づく必要がある。したがって、スサノオもまた、朝鮮で活躍し朝鮮を代表する神であり、しかも、天神に献上されるべき観念上の出雲の支配者であり、しかも、「根の堅州国にいる神」ということになる。つまり、『記・紀』に現われるスサノオは、アマテラスを引き立てるという意味でその弟神とされているが、地理上の出雲とは特に関係が無いにも関わらず、それでいながら観念上では二重、三重の意味をこめて出雲と関連づけられて創作された神ということになる。つまり、『記・紀』に描かれたスサノオは、いろいろな性格を複合させて創作された観念上の神なのであって、実在した特定の人物を神格化したものではなく、『出雲国風土記』に現われる同名の神に仮託して物語を構成したものと考えるべきであろう。

なお、出雲の国を冥府（黄泉の国）の出入口として位置づけたのは「天孫族」の仕業であるという趣旨で右のように論じてきたが、出雲には「黄泉」についての地名伝承があることを言わなくては公正さに欠けることになると思う。『出雲国風土記』の「出雲郡・宇賀の郷」の項には、次のような記事がある。この地は現在の平田市の西北の海岸であるが、「磯より西の方に窟戸あり。高さ、広さと各六尺ばかり、窟の内に穴あり。人、入るを得ず。深き浅きを知らざるなり。夢にこの磯の窟の辺りに至れば必ず死ぬ。故、俗人、古えより今に至るまで、黄泉の坂・黄泉の穴と号く」

『記・紀』の編集者がこのことを知っていたか否かは不明である。逆に『風土記』を著わすに当たって、「出雲・黄泉説」に迎合してこのような伝説が作られたということは考えにくい。ごく常識的に考え、不気味な岩窟を見て「ここが黄泉への入り口か」と古代人が考えても不思議ではないと思う。それだけのことかもしれない。

第五章　大和に現われる出雲の神々

出雲の国土の経営

「出雲神話」では、出雲の「国作り」をしたのはオオクニヌシであり、それを助けたのがスクナビコナ（少名毘古那）であることになっている。そのことを『古事記』では、次のように記している。「かれ、大国主の神、出雲の御大（美保）の御前にいますとき、波の穂より天の羅摩船《かがみ》に乗りて鵝《ひむし》の皮を内剝《は》ぎて衣服《みけし》にして、より来る神あり。ここにその名を問はせども答へず。その所従《みとも》の神たちに問はせども、みな知らずと白《まう》しき」と述べている。しかし、タニグク（多迩具久）が「こは、クエビコ（久延毘古）かならず知りたらむ」と言ったので、クエビコを呼んで聞いてみると、「これはカンムスビ（神産巣日）神の御子スクナビコナの神なり」と答えたというふうになっている。

ここで、タニグクというのは漢字では「谷蟆」と書き、ヒキガエルのことである。出雲では地面を這うヒキガエルが物知りであると考えていたのであろうか？　しかし、それよりも、もっと世間のことを知っていたのがクエビコであった。『古事記』の「スクナビコナの神」の節の最後には、「いはゆる久延毘古は、今は山田の曾富騰《そほど》といふものなり。この神は、足あるかねども、天の下の事を尽く知れる神なり」と記している。「山田のソホド」というのは、田圃の中に立っている案山子のことである。その発音は後に「そはづ」と変わり、『奥儀抄』という書物には、「ソハズ（案山子）とは、田に驚かしに立てたる人影なり」と書かれている。

そこで、オオクニヌシは、そのことをカンムスビの神に申し上げたところ、「こは、実にわが子なり、わず手俣より漏しき子なり。かれ、葦原色許男《あしはらのしこお》（オオクニヌシの異名）と兄弟となりて、その国作り堅めよ」という答えが返ってきた。そこで、大穴牟遅《おおあなむち》（オオクニヌシの異名）はスクナビコナと協力して出雲の国作り（国土経営）を始めたことになる。『古事記』は、その内容には触れず、続けて「然ありて後には、そのスクナビコナの神は、常世の国に度（渡）りましき」というアッケない形でしめくくっている。

一方、『日本書紀』の場合は、オオクニヌシが八十神とヤガミ（八上）姫を争った話やスサノオの娘のスセリ（須世理）姫と結ばれた話のほうは載せていないが、「一書に曰く」として、オオクニヌシは一名をウツシクニタマ（顕国魂）と言ったとか、子が一八一人もいたとかいうことを記しているだけでなく、スクナビコナ（少彦名）命と力を合わせ、心を一つにして「国土経営」をしたことを述べている。しかも、その内容については、顕現蒼生（人民）および畜産のために病いを癒やす法を定め、鳥・獣・虫の災害を払うための禁厭《まじない》の法を定めたので、百姓（万民という意味）は今に至るまでその恩恵を受けている、というように具体的な叙述をしている。そして、二人は「国造りはうまくいっているか」と問答をし、スクナビコナは「うまくいっている所と、そうでない所とがある」と言ったとしている。しかも、このスクナビコナの言葉には「深いわけがある」と書かれているのである。

なお、スクナビコナの出現の様子については『古事記』とほぼおなじであるが、オオナムチがイササ（五十狭狭）の小汀で飲食をしていた時に、一人の小男がカガミ舟に乗りササギの葉の衣を着て現われたとしており、オオナムチが掌の中で玩ぼうとしたところ、跳びはねて頬に嚙みついたとしている。そして、タカミムスビの神が「これはわが子である」と言ったとしている。このようにスクナビコナの父である神がカンムスビの神とする『古事記』とは異っている。

『古事記』では、スクナビコナはその後、熊野の岬に行き、そこから常世《とこよ》の国に行ったとしている。さらに、「淡嶋に至りて、粟茎に弾かれて常世の国に行った」ともしている。以後、オオナムチは独力で出雲以外の地を含めて国土経営に努めたというのである。

オオクニヌシとスクナビコナの名前は出雲以外の『風土記』にも出てくる。オオクニヌシについては、次節で見ることにして、スクナビコナが『伊予国風土記』にどう書かれているかを見てみよう。それによると、「湯の郡。大穴持命、見て悔い恥じて、宿奈毗古奈命を活かさまく欲《おもほ》して、大分の速見の湯を下樋《したび》より持ち度《わた》り来て、宿奈毗古奈命を漬《ひた》し浴《あび》ししかば、暫《しまし》が間《ほど》に活起《いきかえ》りまして……」というふうに、別府温泉の湯を松山の道後温泉まで引いて、いったん死んだスクナビコナを蘇生させたという話になっている。しかし、これは温泉の起源説話であって、それ以上のものではない。

また、オオナムチ・スクナビコナの名前は『万葉集』にも現われる。例えば、大伴家持が越前の国司であったころ、部下の史生の咋《くい》が現地妻をつくったことから本妻とのトラブルが起こった時、家持がその男をたしなめる歌（第四一〇六）の最初の部分に、「大汝《おおなむち》、少彦奈の神代より……」と詠んでいる。これはあたかも「神代」の枕詞であるかのようにオオナムチ・スクナビコナの名前が用いられている。その他にも、家持の義母の大伴坂上郎の歌（第九六三）などの三歌に「大汝・少彦奈」という文字を使ってオオナムチとスクナビコナの名前が歌に詠み込まれているのである。つまり、オオナムチ・スクナビコナの名前は古代から民衆に知れわたり親しまれていたわけである。

ところで、このスクナビコナという神が、「カンムスビの神の指からこぼれ落ちて生まれた」とか「粟茎に弾かれて飛んだ」いうように体が小さかったと書かれていることにも興味がもたれる。それは名前から連想される戯画的な表現とも考えられるが、それよりも「海の彼方」からやって来て「常世の国」に渡って行ったということは大いに注目すべき事実である。しかもその父が高天原で最初に生まれたとされているカンムスビの神である理由はちょっと理解しにくいように感じられる。

そのことについては、高天原というのは、その昔は「海の彼方」すなわち朝鮮にあったからであると説明するのはいささか穿ち過ぎであろう。『記・紀』ではそういうことは厳に戒めていたはずである。また、「常世の国」というのはどこのことであろうか？　そもそも「常世の国」と言うのは、道教の世界でいう「桃源郷」のことをさしているものと思われる。『日本書紀』では、「神武東征」の際に「三毛入野命が波を踏んで常世の郷に往った」とか、垂仁天皇の命を受けて田道間守《たじまもり》が非時香《ときじくのかくの》菓《このみ》を求めて常世国に行ったと記しているおり、そこには「常世国は、神仙の秘れる区、俗の至らむ所にあらず」と書かれている。さらに、皇極天皇の六四四年には駿河国で「常世の虫」を祭る騒動があったとしており、秦《はた》河勝がそれを鎮めたという話が載っている。このような話は、道教思想の中にある「神仙」を慕い「桃源郷」に憧れる思想の一つして民衆の世界で「常世の国」という概念が生まれたものと考えられる。そして、「浦島伝説」などの物語もその系統の話であるというふうに考えられる。また、上流層でも、奈良時代の歌人で大伴家持の父である旅人は風流歌人として知られ、「松浦川に遊びて贈答する歌」(『万葉集』第八五三、八五四)以下で「常世の国」の仙女と問答している。これは当時、唐から『遊仙窟』という書物がもたらした「神仙」の思想の影響に違いない。

しかし、スクナビコナと「常世の国」がどうつながるのかは道教思想を持ち出しても説明がつくわけではない。そのへんをどう考えるべきであろうか? ところが、このことについて奇想天外とも思われる新説が唱えられている。それは『三人の「神武」』という書物を著した小林恵子氏である。

それによると、スクナビコナというのは大和盆地の一角に根拠地を置いていた葛城氏のことを象徴して創作された神であるという。オオナムチとは「神武」に討たれたナガスネ(那賀須泥・長髄)彦のことであり、スクナビコナというのは「神武」の軍の前に高尾張という土地で突然に現われた「土蜘蛛」のことであるというのである。オオナムチとナガスネ彦はどちらも大男であり、スクナビコナも土蜘蛛もそれと対照的に小さな体として描かれているからであるという。そして、高尾張というのは葛城氏の根拠地であるから、土蜘蛛という奇妙な人物を用いて葛城氏を表わしたというのである。大男と小男の対比だけから、このような結論を引き出すのは無理な話ということになろうが、小林氏はアジアの全域を視野に入れ、次のような壮大な構図を描き、その上に『記・紀』全体を位置づけ、そこに隠された意味を探り出す方式で論じているのである。

すなわち、オオクニヌシとスクナビコナの「国作り」というのは出雲の出来事ではなく、西暦紀元前後のころの大和の政治体制の整備のことであったと考えるのである。そこでは、物部氏も勢力をもっていたが、それと協調する形でナガスネ彦すなわちオオナムチとその協力者である葛城氏がいたというのである。そこに侵入して来たのが「神武」というわけであるが、小林氏に言わせると、「神武」というのは高句麗の大武神王（在位一八〜四四年）のことであるとする。そして、オオナムチもスクナビコナもどちらも本来は大陸からの移住者であるとしている。すなわち、オオナムチは月氏の出であり、スクナビコナは犬戎《けんじゅう》から出ているというのである。

月氏というのは、中国の戦国時代（BC四〇三〜二二一年）から漢代（BC二〇二〜AD二二〇年）にかけて中央アジアで活躍していた農耕・牧畜民族であり、BC三世紀ごろにモンゴルにいた騎馬民族の匈奴や烏孫に攻められて現在の甘粛省のあたりに留まったのが小月氏であり、西に奔ったのが大月氏である。また、犬戎というのは、BC一〇世紀ごろから数世紀にわたって西方から周の領域に侵入してきた漢民族にとっての夷狄にあたる異民族で、周はこれによって亡ぼされている。

このような小林氏の立論には完璧な意味での証明があるわけではない。その推論の詳細を紹介する余裕は無いが、それなりに幾つもの「証拠」が示されているので、この書物の読者の何割かの人は、さだめしこれを「驚異的な謎解き」として感銘をもって迎えたことと思う。いずれにしても、スクナビコナが外部からの渡来神であることは『記・紀』に書かれているとおりであり、八世紀のヤマトの人たちには、「われわれの国は、渡来者との協力で国作りが行なわれたのである」ということは自明の事実であるという認識があったことは間違いないし、渡来文化の優秀性を偲ぶ物語としてスクナビコナの話を『記・紀』を通じて読み、神話や伝説の形で語りついできたわけである。

大物主とはどういう神か？

『古事記』では、スクナビコナが「常世の国」に帰って行った記事の直後に、オオクニヌシが「吾れ、独りして如何にかよくこの国をえ作らむ。いずれの神とともに吾れはよくこの国を相作らむや」とつぶやいていると、その時、「海を光《て》らして依り来る神あり」と記している。そして、この神は、「我が御前をよく治めば、吾よくともどもに相作り成さむ。もし然らずば、国成り難けむ――わたしの魂をよく祭れば、国は立派になるであろう」と言ったので、オオクニヌシは「然らば、治めまつらむ状はいかに――では、どうしたらよいのでしょうか」と問い返すと、「吾れを倭《やまと》の青垣の東の山の上に斎《いつ》きまつれ」とこの神は答えた、としている。そして、『古事記』の記事の結びとして、「こは御許《おもと》山（大和の三輪山）の上に坐《いま》す神なり」と説明が付けられている。

　三輪山の神というのは大物主の神ということになっている。奈良県桜井市にある大神《おおみわ》神社の祭神は、公式には「大物主大神・大己貴《おおなむち》神・少彦名神」であり、『古事記』のこの記事にしたがって創建されたものであるという。そして、この神社の特徴は拝殿はあるが神殿は無く、背後にある三輪山自体が神体とされている。三輪山は高さ四六七メートル、周囲一六キロメートルの秀麗な円錐形で、全山は杉・松・桧に覆われ、千古の昔から斧鉞を入れない禁足地になっており、山内には磐座《いわくら》があって原始的な信仰の対象とされていた。また、三輪山では蛇を神とする信仰があり、山には多くの蛇がいるという。

　この『古事記』の記事に相当する『日本書紀』の記述では、オオアナムチすなわちオオクニヌシの問いに対してオオミワの神は「吾はこれ汝の幸魂《さちみたま》・和魂《にぎみたま》なり」という言葉で答えたというふうになっている。そこで、オオモノヌシがオオナムチの「魂」であるというのはどういうことであろうか？　また、それにしても不可解なのは、突然、外からやって来たオオモノヌシの言うことを、いったいどういう義理があってオオクニヌシは素直に従ったのであろうか、ちょっと理解に苦しむところである。なお、『紀』でスクナヒコナの話について記している箇所で「一書に曰く」として「大国主神、またの名は大物主神」と記されている。このことについて、「これは明らかに何かの間違いで、大物主と大国主はまったく別の神である」と一応は言えるが、この節の最後に、「それには無理からぬ事情があっての混乱である」という考え方を示したい。

そもそもオオモノヌシとはどういう神なのであろうか？　そのことについて考えるには、『記・紀』で第一〇代の崇神天皇の記事を見ると奇妙な話が載っているので、それを見る必要がある。『古事記』ではこの天皇の段の冒頭に、天皇の夢の中に、オオモノヌシが現われ、「こは我が御心なり。かれオタタネコ（意富多多泥古）をもちて我が御前に祭らしめたまはば、神の気起こらず、国も安平ならむ」と言ったので、その人物を探し出して「汝は誰の子か？」と質問すると、「自分はオオモノヌシの大神がスエツミミ（陶津耳）の子のイクタマヨリ（活玉依）姫に生ませた子でオオタタネコという」と答えたので、彼を神主として三輪山にオオミワ（意富美和・大三輪）の神を祀ったとしている。そして、それに続いてオオタタネコがオオミワの神の子であるという証拠になる話が述べられている。それは、イクタマヨリ姫が妊娠したので両親が「父は誰か？」と尋ねると、「その名は知らないが、麗しく逞しい男です」と言うので、その男が彼女を訪ねて来て帰る時に衣類に糸を付けさせ、翌日、彼が去ったあとを糸を頼りにつけて行くとミワ（美和・三輪）山であったので、それが神の仕業とわかったというのである。

ところが、『日本書紀』の場合は、崇神天皇が夢の御告げによってオオモノヌシの神を祀ったオオタタネコ（大田田根子）については、その母の名はやはりイクタマヨリ姫になっているが、「夫の姿を見ていない女」の話のほうについては、「ヤマトトトヒモモソ（倭迹迹日百襲）姫がオオモノヌシの妻になった」という話として語っているのである。それは、夜になると訪ねて来て、昼は姿を見せない男を、姫は箸箱に入っていてほしいと頼み、コッソリ箱を開いて見ると小さな蛇が入っていた、という話になっている。そして、自分の正体を見破られた男は怒って御許（三輪）山に帰ってしまった。そのことを嘆いたモモソ姫は、女陰を箸で突いて死んでしまったという話になっている。

このヤマトトトヒモモソ姫というのは、『記・紀』によると第七代の孝霊天皇の娘ということになっている。そして、三輪山の麓にはいわゆる「箸墓古墳」があるが、それはこの姫の墓であるという伝承があり、「邪馬台国・大和説」を唱える一部の人から「それは卑弥呼の墓ではないか」というふうに論じられていた。しかし、最近の考古学的調査では時代的に見て、その説は成り立たないことが証明されている。

では、このような得体の知れない話が何故に『記・紀』の双方にかなりのスペースを割いて採用されているのであろうか？　それには、何かきっと重大な意味があると思う。そこには、日本古代史の根底につながる大きな秘密が隠されているに違いない。そのことについて考えようとする時、どうしても気になる事実があるのである。それは、『記・紀』が「オオタタネコの母」であるとしているイクタマヨリ姫のことである。『先代旧事本紀』の記事を見ると、彼女はオオモノヌシではなくてコト

『記・紀』によるオオタタネコの系譜

陶津耳――活玉依姫

活玉依姫＝大物主命

大田田根子（意富多多泥古）

『先代旧事本紀』による「神武天皇」の皇后の系譜

三嶋溝咋耳――活玉依姫

活玉依姫＝事代主命

姫踏鞴五十鈴姫＝神武天皇

『日本書紀』による「神武天皇」の皇后の系譜

三嶋溝橛耳――玉櫛媛

玉櫛媛＝事代主命

姫踏鞴五十鈴姫＝神武天皇（神日本磐余彦）

『古事記』による「神武天皇」の皇后の系譜

三嶋溝咋耳——勢夜陀多良比売
　　　　　　　　　‖——比売多多良伊須気夜理比売
　　　　　　　　大物主命　　　　　‖
　　　　　　　　　　　　　　　神武天皇（神倭伊波礼毘古）

シロヌシとの間に「神武天皇」の皇后となったヒメタタライスズ（姫踏鞴五十鈴）姫を生んだとしているのである。そこで、そのへんの事情を系図に仕立ててみよう。

このよく似た系譜の間には大きな混乱がある。しかし、どう見ても、これらの四つは一つの伝承を物語っているのに、どこかで混線してしまい多様化したのであると思われる。そこで、思い切った推論をしてみよう。まず、事代主と大物主というのは同一人物のことである。そして、「神武天皇」というのは「三輪山の祭り」を行なって天下の平和を実現させたオオタタネコその人のことではなく、その命令を発した崇神天皇のことであるということになりはしまいか。

コトシロヌシ（事代主）は、「出雲神話」の中では父のオオクニヌシに代わって「国譲り」という平和的決断を下した「聡明・冷静で判断力のある人物」というイメージで語られている。コトシロヌシについては、次節で論じることになるが、ここでは出雲の神なのではなく、大和のある勢力を代表する神であり、オオモノヌシというのは、海の彼方からの渡来者であり大和の三輪山に祀られるようになった神であるが、これまた大和に来て後は、神として崇められたというのであるから、大和全体のトラブルについて裁定を下すことができる大人物というイメージを担っている。つまり両者の性格は共通しているではないか。

このように見るならば、前掲のような「系譜の混乱」が生まれたのも、伝承が人から人に伝えられる時と、それを利用して史書を作る人の間で、同じ人物のことをある場合にはオオモノヌシと記し、それとは関係の無い他の場合には、それがコトシロヌシになったと考えてよいと思う。しかし、より具体的に考えるならば、「神武東征」とは何であったかが決め手になってくる。そのことについては、前著『天皇家と卑弥呼の系図』で詳しく論証したとおり、「神武東征」というのは、九州にいたある勢力（それは筑後川の河口付近にいた水沼君すなわち弥奴国王、別名ミマキイリ〈御真木入・御間城入〉彦）が九州から大和に入って、当時、大和で勢力を張っていた物部氏から大王としての位を譲り受けたことをさしていると考えるわけである。そこで、その推理が正しいとすれば、三世紀の中ごろに大和の国でも「国譲り」が行なわれた事になるではないか。であるとすれば、その時「国を譲って隠遁したオオクニヌシ」に相当する人物はというと、それはそれまでの大和の支配者であった物部氏の長のニギハヤヒ（邇芸速日・饒速日）ということになる。そして、父に「国譲り」を奨めた物わかりのいいコトシロヌシというのは、物部氏の本拠地である石上の布留の背後にある聖なる山——三輪山の祭事を司った人物であったと思われる。したがって、その人物がニギハヤヒの息子のウマシマジ（宇麻遅・可美真手）という名の男であったかないかはともかくも、コトシロヌシとかオオモノヌシ（大物主）とよばれていたとしても不思議はないはずである。

ところが、この大和における「国譲り」の話を、『記・紀』の編集者が政策的な意味合いから「出雲の国譲り」という話を創作する時に流用したため、オオクニヌシの子としてコトシロヌシを登場させ、その舞台を「イタサ（イナサ）の小汀」に遷してしまった。そのことから話の混乱が起こったのであると考えれば、このへんの謎の意味も理解しやすくなる。というわけで、多くの人が出雲の神であると思い込んでいるコトシロヌシは、実はもともと大和の神であり、その娘が「神武」の皇后となったとしても不思議ではないし、大物主とは物部氏の神のことであり、大和の先住民のリーダーであったのであるから、「国譲りをして隠遁した大国主である」というふうな「書き間違い」が生じることにもなってくるというわけである。

こうして、唯一の史実は「ミマキイリ彦の東遷」とそれを受け入れて物部氏の祖先が行なった「国譲り」であり、そのことを『記・紀』は、「神武東征」と「出雲の国譲り」の二つの物語を創作する際に利用したために多くの謎が生じたことになる。しかし、このことは逆にコトシロヌシが出雲と大和の双方に現われたり、コトシロヌシとオオモノヌシを同一人物のように描かれるという「混乱」を生むことになり、それがかえって怪我の功名として、右に述べたような「謎の解明」の推理の手懸りとなったとも言えるわけである。そして、そう考える場合、オオクニヌシとかコトシロヌシとかいう名前は、実在した人物の固有名詞なのではなく、前者は「地方の国土建設の指導者」というような意味であり、後者は「物事の道理をわきまえ正しい裁断を下す人」というような意味をもつ「人格者」に付けられた愛称、ないし「あだ名」を意味するいわば普通名詞であると考えれるべきであるということになろう。因みに、コトシロヌシの神は「神功皇后紀」という場違いの場面にも現われるのである。それは、皇后が皇子（後の応神天皇）とともに大和を目ざして東行し難波の港に向かった時、天照大神に続いて「事代主尊、晦《おし》へて曰く、吾が御心を長田国に祠《まつ》れ」とある。この場合も、コトシロヌシは普通名詞なのであり、ある特定人物の名を隠すためであると思われる。その人物とは阪神大震災で大被害を出した神戸市長田区にある長田神社に祀られている人物であり、わたしの解釈では、九州から誉田皇子（後の応神天皇）を近畿地方に奉じて来た誉田真若のことである。

なお、『記・紀』の描く「神武東征物語」には、右に述べた三世紀後半の「ミマキイリ彦の東遷」だけでなく、この五世紀初頭の「神功・応神の東遷」も同時にダブル・イメージとして書き込んである。したがって、五～六世紀のヤマト王朝で権勢を揮った蘇我氏や葛城氏は、この時に九州から渡来したと考えるべきであろう。

事代主と大国主

「コトシロヌシというのは普通名詞である」とし、時と場合により別の人格をさしているとしたが、言うまでもなく、その名が生まれるもととなった「元祖としてのコトシロヌシ」もいたはずである。つまり、大和の国で「コトシロヌシと言えば彼のことだ」とイメージされるような人物が実際にいたからこそ、それと似た性格なり役割をもった他の国の別の人物のことまで同じようにコトシロヌシとよんだというわけである。では、「元祖としてのコトシロヌシ」はどういう人であったのであろうか？

そのことを知るためには次の記事に注目する必要がある。『日本書紀』の「神代紀」の「スクナビコナの条」には、「大三輪神の子すなわち甘茂《かも》君」という記事がある。そして、『古事記』では、「神武天皇の即位」の記事の直後に、なぜか「大物主の時代」の段が置かれていて、そこには前節に紹介したように、「オオモノヌシの神が三嶋溝咋《みぞくい》の娘に生ませたイスケヨリ姫が天皇に娶られた」という記事が載せられている。さらに、「崇神の段」の末尾には「オオタタネコは、大物主神がスエツミミの娘のタマヨリヒメに生ませた櫛御方命《くしみのかた》の孫の建甕槌《たけみかづち》の子である」とし、続けてこの人物は「鴨氏の祖先である」と明記しているのである。ただし、ここで大物主神と書かれているのは、前に系譜として掲げたように『先代旧事本紀』では事代主と書かれているから、甘茂（加茂）あるいは鴨氏の祖先とされている人物こそ、「元祖としてのコトシロヌシ」であるということになる。

ところで、加茂（鴨）という名の郡は飛驒・三河・安芸の三国にあり、現在の市の名前としても新潟県の加茂市の他に岐阜県に美濃加茂市があり、町の名前としてなら、島根・岡山の両県と京都府に加茂町があり、それ以外にも全国各地には鴨・加茂・賀茂の付く地名は数え切れないほど多くある。そして、京都の鴨川のほとりにある上下の鴨神社（上鴨は賀茂別雷神社、下鴨は賀茂御祖神社）は葵《あおい》祭りで有名である。この社は、平安時代には天皇家から篤い尊崇を受け、斎院が置かれ皇女が奉仕しており、しばしば天皇や皇族の参詣を受けていた。ということは、その神社は鴨氏の祖先を祀っているのであるから、鴨氏は天皇家と密接な関係をもっていたことを意味していることになる。

ところが、『新撰姓氏録』に載っている鴨氏には、大別して大和国神系の鴨朝臣と山城愛宕郡の鴨県主系とがあるが、いずれもその祖先については「神武東征の際に道案内をした八咫烏を遠祖とし、建角身《たけつぬみ》（武津之身）命の子孫である」という伝承をもっているのである。また、それとは別に、大三輪系の加茂氏があるが、その祖先は「スサノオの第一一代の子孫の大神積命が賀茂姓を賜った」というふうに伝えられている。しかし、これは前節で述べたオオタタネコ伝説につながるものであり、コトシロヌシすなわちオオモノヌシの妻の家系ということになる。

こうして、大和地方で「コトシロヌシ」の愛称ないし「あだ名」でよばれた最初の人物というのは、八咫烏で象徴されるタケツヌミのことであるということになるであろう。しかし、その人物の正体が何かは、いま一つハッキリしない。ところが、『銅鐸――日本古代史を解く銅鐸の謎』という書物で著者の藤森栄一氏は「全国三六か所の銅鐸出土地はすべて鴨氏と大三輪の神（大物主）を奉斎する氏族が住んでいた」と説いている。そうなると、鴨氏というのは銅の精錬技術をもった集団ということになる。しかも、ここに注目すべき事実がある。それは、大和の葛上郡には鴨都波八重事代主神社という珍しい名前の神社があって、その祭神が事代主命となっていることである。このことは、鴨氏が葛城地方ならびにコトシロヌシと関係があることを物語っている。

つまり、八咫烏が「神武東征」の案内役を務めたといことの意味は、実は、ミマキイリ彦（崇神天皇）の大和入りを支えたということであり、そのことは以前の大和の支配者であった物部氏を説得して「国譲り」を実現させたこと、言い換えれば、「大三輪の神であるオオモノヌシの神」の祭事を司った有力者がいて、その人物がコトシロヌシとして描かれたということである。このように見てくると、鴨氏と葛城氏は神話上のコトシロヌシとも深く関わっていることがハッキリと浮かび上ってくるであろう。

平安時代に天皇家が鴨神社を尊崇して斎院を建てたのも、天皇家の先祖が物部氏の祖先の神（大物主）を奪ったことの罪滅ぼしのためであり、鴨氏がそれを慰める役を担っていたというふうに考えられる。次章で論ずることになるが、しばしば天皇が熊野神社に勅使を遣っていることについても同じことが言えるのである。こうした問題に関しては、小林惠子氏が『三人の「神武」』という書物で、「コトシロヌシの神が葛城氏と関係深い」としていることを述べている。小林氏は「神武東征に際して吉野の山奥で尾のある人物として井戸の中から井光が現われ、磐排別《いわおくわく》が出て来たことを指摘し、後者が国樔《くす》の祖であるとされていること」に注目し、葛城の邑の名の起源は「高尾張という場所で土蜘蛛を葛の網をかぶせて捕らえた」ことにあるとしている。このことから、小林氏は、土蜘蛛とは尾張氏のことであるとし、尾張氏と葛城氏とが同族であると判定している。さらに、その葛城氏については、鴨都波神社の近くにある名取遺蹟から多紐細文鏡が出土しており、それと同じ鏡が唐津市や韓国の慶州の朝洋洞遺蹟からも発掘されていることをあげ、葛城氏は朝鮮からの渡来者であるとしている。そして、結論としては「葛城氏とはスクナビコナのことであり、それは朝鮮に来る前は漢民族が西域に住む異民族と考えていた犬戎だった」としているのである。

なお、この葛城氏は大和と河内の国境にある葛城山の麓に根拠地を置いた氏族であるが、それは四世紀ごろから後のことで、その氏族の名前は前に触れた「海部・尾張氏系図」では、尾張氏の二代目の天忍人命の妻は葛木出石姫であり、それ以外にも尾張氏の何人かの男は葛木氏の女を妻としているように記されている。そして、前著『天皇家と卑弥呼の系図』で述べたように、葛城氏はもともと九州にいた氏族であり、その祖先は蘇我・巨勢・平群・羽田氏らとともにタケノウチ（建内・武内）宿禰の子であるとされ、神功皇后（オキナガ・タラシ姫）が応神天皇とともに畿内に入る時に同行したものであり、以後、五～六世紀のヤマト王朝では最高の地位にあり、葛城氏からは天皇の后妃が出たり襲津彦・玉田・円などが大臣になったりしているが、やがて玉田は反逆罪で誅され、円もまた眉輪王事件に座したとして除かれている。そして、以後この一族の名は歴史から一切姿を消してしまうのである。

しかし、いかにその首領たる人物が逆賊として処断されたかといって、全国的に支族がいたと思われるこれだけの大族である葛城氏の子孫がすべて抹殺されたとは考えられない。となると、葛城氏の子孫はある時期においてその名誉を回復され、氏族の名前を変えて歴史に再登場したとは考えられないであろうか？　もし、そうであるとすれば、それは鴨氏であったと思われる。そして、そのためには氏族の出自を伝える物語が必要となり、「神武東征」の場面に「八咫烏」という名の先導者が創造され、タケツヌム（建角身）を祖先とする鴨・加茂の名族が興されたというわけである。また、天皇家が上・下の鴨神社にしばしば参詣してきた秘密は、前には物部氏に対する鎮魂のためであろうとしたが、もしかすると、その昔、葛城一族の首領を二人も誅殺したことの悔恨から、その霊の祟りを恐れてのことかもしれない。そのほうがずっと真実味のある推定であろう。

このように、『記・紀』が「天孫降臨」に先立って行なったとする「出雲の国譲り」の神話は、第三章で見たような「出雲神宝収奪事件」だけではなく、「神武東征」――その実態は何であれ――によって畿内の旧勢力の支配権を奪った出来事の二つの経緯を合成して物語化したものであるという見方が導き出された。さらに、豊後の国東半島にも杵築という地名があり、ここでも「国譲り」があったらしいことも気になる。このように、「国譲り」の実相は一筋縄ではいかないことが明らかになり、史実と神話の接点が見えてくるとともに、「出雲の神々の実像」もなんとなく浮かび上がってきたように思われる。

では、『記・紀』の「出雲神話」ではコトシロヌシの父とされているオオクニヌシすなわちオオモノヌシにも、「元祖オオモノヌシ」とよばれるような特定の人物がいたのであろうか？　ところが、この神話は「崇神による神宝収奪事件」をベースにし、大和における「物部氏の国土献上」のことを描いたものであるとすれば、強いて言うなら物部氏の祖先であるニギハヤヒのこととも考えられるが、独断で「神宝」を献上したイヒイリネがコトシロヌシに相当し、そのことを怒り弟を殺したことになっているフルネについては、ナガスネ彦がイメージされるだけで、それまでの出雲の統治者であるオオクニヌシに相当する人物は不明になってくる。

しかし、奈良時代に『神賀詞』を奏上した出雲臣家の子孫である千家氏が伝える系図は前に紹介したが、その始祖は天のホヒ（菩比・穂日）となっている。そして、「出雲神話」では、この神は高天原から最初に派遣されたが、オオクニヌシに媚びて復命しなかったとされている。しかし、アマテラスとスサノオの誓約《うけい》の際に、アマテラスの物実《ものざね》から生まれた五人の神の中に含められている以上、天神族の中では名誉ある地位を占めているわけである。そうなると、出雲臣族はヤマト王朝が出雲に進出する以前からその地方にいた幾つかの部族のうちで、「崇神の神宝収奪事件」に象徴される出雲制圧の際に、ヤマト側に対して協力的であった一族を、その後のヤマト勢力による出雲支配の手先として利用したのではないか、という推察が可能になってくると思う。そのへんの事情は想像する以外は無理であるが、彼らのもっていた文化がヤマト側にとっては同族とみなすことができるようなものであったことは間違いないであろう。

ところで、この出雲臣氏が編纂し朝廷に提出した『出雲国風土記』には、「天の下造らしし大神」というのが、楯縫郡の玖潭《たくみ》の郷・出雲郡の杵築の郷・神門郡の朝山の郷と滑狭《なめさ》の郷・飯石郡の三屋《みとや》の郷と琴引山の項などに現われ、しかも、仁多郡の横田の郷の項では「天の下造らしし大神、大穴持命、詔りたまひしく……」というふうに記し、この神の名がオオナモチであったかのように扱っている。『出雲国風土記』では、『記・紀』の「出雲神話」の主人公である「オオクニヌシ」という表現は用いておらず、「オオナモチ」という名称は、第二章に羅列したように、これ以外にも仁多郡の三処の郷と三沢の郷の項に現われ、飯石郡の多禰の郷の項では「天の下造らしし大神、大穴持命と須久奈比古命と天の下を巡り行《い》でましし時……」というふうに述べている。

このことから考えると、出雲臣族は自分たちの先祖のことは「天の下造らしし大神」というふうに尊称でよびながら、ヤマト側の「出雲神話」に登場する神々の名前は極力排除してきたものと考えられる。ただし、スサノオについてだけは、それと同じ名の神――実は出雲地方の首領で、その子たちが各地に出向いている――が著名であったため、『風土記』に採用せざるをえなかったということになろう。

なお、『出雲国風土記』で、これ以外に『記・紀』にも登場する神の例はきわめて少ない。右に挙げたスクナビコナの名前など、ほとんど意味の無いお付き合い程度のものであるが、カンムスビ（神魂）神は楯縫郡の概説部分と嶋根郡の生馬の郷と法吉の郷、出雲郡の漆沼の郷および加賀の神埼の郷の項に顔を出している。このカミは『記・紀』では天地生成の時に現われたという観念上の神であり、出雲の国とは無縁であり、その名を『風土記』が記すのはヤマト側の意向に迎合したとしか考えられない。

また、『風土記』にはもう一つ不可思議なことがある。それは、意宇郡の楯縫の郷と山国の郷の項に、フツヌシ（布都努志）の神がその土地にやって来たと記されていることである。そもそもこの神の名は『古事記』の「出雲神話」には現われず、『日本書紀』の「国譲り」の使者としてタケミカヅチ（武甕槌）と一緒にやって来たことになっているものであり、前述のようにこの神は刀剣すなわち武力を象徴する観念的な神であって、出雲の固有の伝承に現われるはずの無い神である。したがって、この記事は『日本書紀』の記す神話を事実であると承認し、あたかも「国譲り」が実現した後までフツヌシが出雲に駐留していたかのような書きぶりであるから、これまた『記・紀』への迎合の例と言えよう。

もう一つ、意宇郡の出雲の神戸の項に、「伊弉奈枳《いざなぎ》の摩奈古に坐す熊野加武呂の命」という記述がある。出雲には熊野神社があり、紀伊の熊野がスサノオを祀っているとする説もあり、出雲と熊野とは何らかの関係があるので、この件についてはあらためて第六章で考えてみることにしたい。最後に、『播磨国風土記』には、オオクニヌシの異名である大汝命や葦原志許乎命の名前が何か所かに現われる。これらについては、出雲の神が遠く離れた播磨（兵庫県南部）にまで出張したとする見解もあるが、その一方には「オオクニヌシとは地方の国土建設の指導者を表わす普通名詞にすぎない」とする解釈もある。この件についても次章で詳しく検討してみることにしたい。

第六章　出雲の神は他の国でも活動したか？

『播磨国風土記』に現われる出雲の神

コトシロヌシやスサノオの名が『記・紀』では大和や紀伊の国関係の記事に現われ、スクナヒコナも『伊予国風土記』に出てくることはすでに述べた。しかし、それらの神の名が最も多く集中的に現われるのは、播磨の国（兵庫県西南部）の『風土記』である。全国の『風土記』は和銅六（七一三）年に平城京の中央政府の命令によって各国の国司が編集したものであるが、それが完全な形で残っているのは前に検討した『出雲国風土記』であり、それに次いで残存記事量が多いのは、常陸国（茨城県）と播磨国のものである。そこで、早速『播磨国風土記』に載っている出雲の神に関係のある記事を抜粋してみよう。

〈大汝命と少彦名命〉

①　餝磨郡筥《はこ》丘の里………大汝少日子根命《おおなむちすくなひこね》が日女道丘の神と契る時、食物の筥を置いた。

② 餝磨郡十四丘……その名前には、大汝命の子の火明命が関わっている。
③ 揖保郡御橋山……大汝命が俵を積んで橋を立てた。
④ 揖保郡稲種山……大汝命と少日子根命が山に稲種を置いた。
⑤ 神前郡聖岡の里……大汝命と少比古泥命が争い、聖の荷を負って遠くに行った。
⑥ 賀毛郡下鴨の里……大汝命が碓（臼）を造り酒屋を造った。

〈葦原志許乎命〉（天の日槍との関係）

① 揖保郡粒丘……天の日槍の来襲に備え、食事をした時、飯粒がこぼれた。
② 宍禾郡奪谷……天の日槍と谷を奪い合った。
③ 宍禾郡伊奈加川……日槍と国占を争う時、馬が嘶いた。
④ 宍禾郡御方の里……日槍と黒葛三條ずつを投げて領地を決める時、シコオの投げた葛は但馬の気多に、日槍の葛は伊都志（出石）に落ちた。

〈伊和大神〉

① 餝磨郡英賀の里……大神の子の英賀比古と英賀比売の二人がここにいた。
② 揖保郡伊勢野……大神の子の伊勢都比古・伊勢都比売が山にいた。
③ 宍禾郡安師の里……大神がいたころは須加といったが、安師比売の名をとった。
④ 宍禾郡阿和賀山……大神の妹の阿和賀比売がこの山にいた。

⑤　宍禾郡雲箇の里……大神の妻の許乃波奈佐久夜比売が麗しかったので命名した。
⑥　神前郡…………大神の子の建石敷命がいるので、こう名づけた。
⑦　託賀郡袁布山……宗形の大神の子の奥津嶋比売が伊和大神の子を妊んだ。

〈その他の神など〉

①　餝磨郡新良訓……新羅の国の人が来た。
②　餝磨郡豊国の村……豊国の人が来た。
③　揖保郡立野………出雲の国の人が来て墓を立てた。
④　揖保郡意此川……出雲の御蔭の大神が来て行く人を圧した。
⑤　揖保郡佐比岡……出雲の国の人が来てサヒ（鋤）を作った。
⑥　神前郡八千軍……天の日槍の軍が八千いた。

『播磨国風土記』は、出雲の場合と記述形式は異なり、そこに掲げられている話はほとんどすべてが「地名起源説話」となっている。しかも、その多くは他愛もない語呂合わせであって、到底、歴史的事実を反映しているとは考えられないものである。右に挙げられているものでも、大汝命や少日子根命に関するものはその好例である。しかし、『記・紀』がオオクニヌシの異名であるとしているアシワラシコオの名が出てくる説話は、すべて播磨に侵入して来たヒボコの軍勢との戦いに因んだものとなっており、それがそのまま事実に即しているとは言えないものの、播磨の国でヒボコを迎え討った記憶がこれらの記事が生まれる原因となったのであろうことは間違いないであろう。そして、土地の防衛に活躍した実在の指導者のことをアシワラシコオと名づけたことになる。

また、伊和大神についての記事には、ヒボコとの関係は述べられていないが、恐らくこの神は「大神」とされている以上、播磨を代表する神であるからアシワラシコオのモデルとなった英雄と同一人物に付けられたものと考えてよいであろう。そして、兵庫県の一宮町（龍野市北方三〇キロ、中国自動車道の山崎インターの北）の伊和の地には播磨の国の一の宮である伊和神社（祭神は大己貴命）があり、土地の人の尊崇を受けている。また、一宮町には式内社である庭田神社（祭神は事代主命）がある。そして、伊和神社の東方五〇〇メートルには、伊和中山古墳（全長六二メートル。四世紀後半の前方後円墳）があり、長さ八三センチの素環頭太刀や勾玉・銅鏡などが出土している。

そして、『播磨国風土記』には、右に掲げたように、宗形（宗像）の神やここでは省略したが住吉大神など『記・紀』に書かれている神の名が出てくる他、神功皇后と応神天皇の母子の名もしばしば現われている。

このように、この『風土記』には『記・紀』と共通する神名・人名を数多く見ることができる。では、この事実はどのように考えるべきであろうか？　まず、一般論としては、ある神の名が複数の土地で祀られていたり、何らかの伝承がある場合には次のような考え方があると思う。

①　その神は、実在したある人物を神格化したものであり、その人物が各地を歩き、その記念として神社が建てられたり伝説が残った（素朴実在説）。②　その神を信奉する人たちが他の土地に移住して信仰を伝えた（信者移動説）。③　その神は『記・紀』などに書かれた権威のある神、霊験あらたか

であるというので他の土地に迎えられた（貴神勧請説）………。以上がすぐに頭に浮かぶと思う。

ところで、個々のケースとなると話が複雑になってくる。早い話がオオナムチやスクナヒコナの神は出羽三山のうちの湯殿山神社・常陸の大洗磯前神社・東京の神田明神などの祭神になっている。これらの場合、①の「素朴実在説」を唱えるのは無理であろう。播磨のように比較的出雲に近い国の場合でも、オオナムチやスクナビコナに相当する人物が実際に出雲あたりからその土地にやって来たと論ずるには、それなりの精密な証明が必要であり、希望的感想ないし宗教的信念の産物であってはならないと思う。また、③の「貴神勧請説」は、宇佐八幡が京都の石清水や鎌倉の鶴が岡八幡に招かれたように、その例は多いが、たいていは勧請の事実が社伝に書かれているので見分けることができる。したがって、②の「信者移動説」が最も一般的な考え方ということになりそうに思える。

ただし、明治初年の廃仏棄釈運動と連動して全国で祭神の変更が大々的に行なわれたという顕著な事実を無視することはできない。それを、④として「祭神変更説」とよんでおこう。それと言うのは、明治政府の神道普及政策に迎合して、各地方でもともと信奉していた平将門やヒンドウ系の神や朝鮮系の神あるいは卑俗で怪奇な神の名を隠して『記・紀』に出てくる有力な神――天孫系に限らず、それに従順だった事代主命などを正式の祭神ということにしたことをさしていうのである。その場合、在来の神は秘かに摂社・末社（本社に付属する社）として格下げされてしまったのである。それは、官幣・国幣社に指定されると公費の支給が受けられたからである。このような事情で出雲の神が祀られた例は意外に多いようである。現にわたしが住む世田谷区の三宿神社は仏教（実はヒンドウ系）の毘沙門の寺を改めて神社としている。

②「信者移動説」に関連し、出雲の神を祀る神社が多い理由として、「出雲巫覡説」を唱える向きがある。それは、出雲から各地に向けて出雲神の公布宣伝隊が派遣されたというのである。しかし、それは『記・紀』を聖典と考える人たちの空想によるものであり、そういう事実を証明することは困難なのではなかろうか？　また、③の「貴神勧請説」の場合でも、アマテラス（天照）やタカミムスビ（高皇産霊）・カンムスビ（神皇産霊）のような観念的に創造された神の場合にはなんとか理屈はつけられるが、そもそも「貴神」といっても、その多くの神には人びとから崇拝されるような威徳がある特定の英雄的人物が背景に実在していて、その人物を神格化したものであることもありうるはずである。

そこで、モデルとなるような実在の人物を背景にもつ神のことを仮に「オリジナルの神」とよぶとしよう。その場合、最も重要なことは、そういう人物がいたとしても、それがいつの時代のどこの国でどういう具体的な活動をしたのかという「歴史の復元」を伴わずに、単に『記・紀』や『風土記』にその名が書いてあるからというだけでは理由とはならないと思う。前章で、オオモノヌシやコトシロヌシのモデルについて考察したが、オオクニヌシやスクナビコナなどの神のことを「出雲のオリジナルの神」であり、『記・紀』に描かれているような人物であるとするのは早合点なのではなかろうか？　その件についてはあらためて第十章で考察することにしたい。

なお、『土佐国風土記』（逸文）にも、「大穴六道尊のみ子、味鉏高彦根尊が高加茂大社に祀られている」という記事がある。そもそも『風土記』が書かれたのは、『古事記』が撰上されたという和銅五（七一二）年の翌年以後のことである。したがって、『記・紀』の内容を引用したとは考えにくいが、『記・紀』の神々のことでも、天地生成の話やアマテラスとスサノオを兄弟として位置づける構想などは八世紀になってから考え出されたものであろうが、「国土経営の指導者」のことをオオクニヌシとかオオモノヌシとよぶ話やその協力者にスクナビコナとよばれる神がいたという話や、「正しい裁断を下す人」のことをコトシロヌシとよぶというようなことは、八世紀初頭までに大和を中心にすでに広く行なわれていたとも考えられる。そして、そのことを出雲や播磨の『風土記』の筆録者が心得ていて、これらの神々が各地に現われるようになったというわけである。

ただし、アシワラシコオという呼び名の由来には問題がある。それは、『古事記』においては、「根の底つ国」において、その王であるスサノオの娘のスセリヒメがオオクニヌシのことを「いと麗しき神」と報告したのに対して、父のスサノオが「これ葦原の色許男（醜男）といふ」と返事をしたという話から出ているからである。つまり、「醜男」というのは「逞しい奴」とか「勇ましい男の子」という逆説的表現であり、ちょうど中世の時代に「悪七兵衛」とか「悪源太」という言い方が勇者に対する愛称であったのと同じであろう。したがって、『古事記』でスサノオがそういう表現をしたことを『播磨国風土記』の編集者が知っていなくとも、当時の流行にしたがって、伊和大神に相当する人物の愛称としてこの名前を用いたと考えれば理解できよう。

つまり、播磨の国では大汝・少彦名という名前は出てくるが、葦原志許乎命として活躍しているヒーローはどうやら伊和にいた実力者であり、その敵役がヒボコであったというわけである。ここでは、オオナムチあるいはアシワラシコオが朝鮮渡来系のヒボコと敵対関係にあったということに注目しておきたい。

出雲族と天の日矛

『播磨国風土記』には、アシワラシコオが渡来してきた天の日矛（ヒボコ）と戦ったことに因む記事が何か所もあり、しかもその軍勢が八〇〇〇名もいたという伝承を記録している。また、本書の第二章では『日本書紀』が伝える「崇神による出雲神宝収奪事件」はある程度の真実を物語るものであるとし、そのことを基礎に置いて「出雲神話」の「国譲り」の記事が創作されたのであろうとした。そして、ヤマト王朝側が出雲に侵入して武力制圧をはかったことは事実であって、その主導部隊は吉備族であり、それはヒボコ系によるものであろうと述べた。その証拠として、『出雲国風土記』の筆録者の中に「神宅全太理」という人物があり、「ミヤケ」という姓はヒボコの子孫の姓であることを指摘しておいた。

では、ヒボコ族というのはどういう集団であったのであろうか？　そこで、『記・紀』が伝えるヒボコ像に迫り、それが天孫族とどう関わっているかに目を向けてみよう。

まず、『古事記』が伝えるヒボコの系図を見てみよう。

日矛――母呂須玖――斐泥――比那良岐――毛理――比多訶――清日子――菅竈由良度美《すがかまのゆらどみ》

『古事記』にはヒボコの血脈からは、オキナガタラシ（息長帯）姫――『紀・記』が「神功皇后」として記す女性が出ている。彼女の父はオキナガ（息長）スクネ（宿禰）であり、母のカツラギ（葛城）タカヌカ（高額）姫は、ヒボコから四代目のタジマ（多遅摩）モリ（毛理）の孫のスガヒコ（清日子）

の娘のユラドミ（由良度美）ということになっている。そこで『日本書紀』が掲げるヒボコの系図は『古事記』のものと若干異なるが、それを天皇家の系譜と並べてみると、

孝霊天皇―孝元天皇―開化天皇―崇神天皇―垂仁天皇……
　├吉備諸進　　　　　└日子坐王―丹波道主王

天の日槍―但馬諸助―□―日楢杵―清彦―田道間守

このヒボコの系図の□のところに『古事記』にはヒネという名が載っているが、『書紀』ではそれに相当する人名が欠けている。そこで、前にも触れたように、ヒコイマス王というのは、実はヒボコの孫のヒネのことであったのが、『書紀』ではその名を省き、しかもヒコイマス（彦坐）王についても、名前だけは別に掲げてはあるが、その行動や係累などは一切伏せてしまったというわけである。ヒボコの孫のヒネとヒコイマス王は、世代的には両者はほぼ重なっている。そして、開化天皇の孫とされる垂仁天皇の時代に、ヒボコから五代目のタジマモリ（田道間守）が「非時香菓《ときじくのかぐのみ》」を取るために常世の国に派遣されている。つまりヒコイマス王とヒネとは一代の差である。そして、二人とも名前に「日」の字が付いており、ともに「日輪信仰」をもっていたと考えられる点も共通している。

ところで、垂仁天皇は崇神天皇の子であるように『記・紀』には記されているが、垂仁天皇の最初の皇后は、ヒコイマス王の娘のサホ（狭穂）姫であり、彼女が兄のサホ彦とともに反逆の罪で殺され

てしまったのにもかかわらず、二度目の皇后に選ばれたのもヒコイマス王の孫のヒバス（氷羽洲・日葉酢）姫である。このように、垂仁天皇がヒコイマス王（実はヒボコの孫）の血筋にこだわるのは何故であろうか？　それは、近畿北半に勢力を張っていたヒコイマス王のところに入り婿してその広大な支配権を継承したかったからではなかろうか？　それと言うのも、丹波と山城と近江は『古事記』が掲げるヒコイマス王の系譜によると、四人いた妃の出身地に当たり姻戚勢力の地盤である。しかも、但馬と淡路は『書紀』に記されているように、ヒボコに対して天皇から居住を許された土地である。したがって、この両者の勢力範囲は大よそ重なっている。このように見た上で、ヒコイマス王はヒボコの子孫の別名と解釈するならば、北近畿一帯には大和とは別の一大王国があったと考えられるということであろう。そこで、わたしは丹波・丹後・但馬・淡海（近江）・淡路の一帯を「五タン」と名づけ、それに、山城を含めた広い地域には四～五世紀のころに、大和と対抗できる別の国家連合が実在していたと考えるのである。

　さて、第二章では、「ヒボコは吉備にも勢力を張っていた」と述べたが、古代の吉備とはどういう土地であったのであろうか？　奈良時代には、吉備からは多量の鉄や鍬が平城京に貢納されていた。吉備の北部の美作では砂鉄が採掘されていたし、今日でも吉井川の中流には豊富な鉄の含量をもつ棚原鉱山がある。ということは、金属資源の追求に血眼であった弥生渡来民はもちろんのこと、古代の諸王国にとって「吉備を支配することは全国制覇に通じる」と意識されていたことであろう。また、今日でも備前焼は有名であるが、古代の吉備は邑久《おく》郡（岡山市の東）を中心とする有数な須恵器の産地であった。須恵器を焼き上げるには鉄器の精錬温度に近い高温が必要であり、その技術は朝鮮半島からもたらされている。因みに、『紀』には、「垂仁紀」のヒボコに関する記事の途中に、ヒボコは「近江の吾名邑《あなむら》に入ってしばらく住んだ」とし、「近江の鏡谷の陶人《すえ》は則ち日槍の従人なり」と記しているのである。つまり、ヒボコは陶器生産者を従えていたというのである。

なお、吉備には「鬼の城」や賀陽《かや》という郡名に限らず、色濃く朝鮮渡来の文化の跡が残されている。備前の地名だけを見ても、唐皮・辛香・唐人などの伽耶系、四か所の大多羅という百済系、志羅城・白木・白城などの新羅系、幡多・幡・畑などの秦系、阿知・阿智などの漢《かや》系のものが挙げられる。備中・美作・備後も同様で、吉備全体には多数の朝鮮渡来人がいたことがわかる。こうした事実は、吉備以外の西日本全域に及んでいるが、吉備地方は特にその傾向が顕著であるだけでなく、それが東隣の播磨・丹波・但馬と関係深いことに注目すべきである。朝鮮系の渡来人が多数住んでいた点では、直接、日本海に面している出雲もまた同様である。このことについては、第七章で述べることにする。

朝鮮からの渡来人が金属精錬技術に長じていたことに関しては、『続日本紀』の養老六年の項には、「六国の韓鍛冶七十一戸の姓を賤民とされていた雑戸の地位から公民に高めた」という記事があるが、その中に播磨の忍海漢人麻呂や丹波の弓削部名麻呂などの名が見られる。そして、播磨の中心地の姫路市には新羅神社や射楯兵主《ひょうず》神社があるが、「兵主の神」というのは中国の蚩尤《しゅう》という精銅の神の異名であることは前著『ヤマト国家成立の秘密』で説いておいた。

さて、ヒボコが金属精錬技術をもつ集団を率いていたことは、いろいろの角度から推定できる。そのうち、彼が朝鮮からもたらしたとされる宝を見てもそのことが知ることができる。『書紀』にはそれを「羽太玉・足高玉・鵜鹿々赤石玉・出石小刀・出石桙・日鏡・熊神籬」と記しているが、その

「一書」には膽狭浅《いささ》の太刀を加えた八種となっている。また、『古事記』では、「珠二貫・浪振る比礼・浪切る比礼・風振る比礼・風切る比礼・奥津鏡・辺津鏡」の八種としている。その中に梓や太刀があるからである。そこで興味あることは、『書紀』の場合は、「玉・鏡・剣」の「三種の神器」が揃っていることであろう。このことは、天皇家の先祖が朝鮮からの渡来であることを示唆している。崇神天皇が欲しがったという「出雲の神宝」もこれと似たようなものであったと思われる。

ところで、前に掲げたヒボコの系譜に出てくる菅竈《すがかま》由良度美や高額姫などの人名について、谷川健一氏は著書『青銅の神の足跡』の中で、「スク・スガ」は砂鉄を採る「州処《すか》」に由来し、「カマ」は製鉄の竈《かまど》をさし、「ヌカ」は「土型」で鋳型のことであると説き、ヒボコ族が金属精錬技術をもつ氏族であることを物語るものとしている。また、この系図に出てくる人名を神として祀る神社は、若狭（福井県西部）の須賀竈神社をはじめいくつか実在しており、ヒボコの系譜はあながち創作された系図とは言えないと思う。「ヌカ」すなわち「土型」を名にもつ金属精錬氏族としては額田部連がある。その祖先はアメノ・マヒトツ（天目一箇）であるとされている。また、天の石屋戸の前で鏡を鋳たというイシコリドメの父はアメノ・ヌカド（抜戸）となっており、谷川氏の説を裏書きしている。

朝鮮からやって来たヒボコの足跡は、北九州から瀬戸内沿岸そして摂津を覆い、近畿北部の全域にわたっているが、その範囲に「兵主神社」や秦《はた》氏の居住地が多いことは前著『ヤマト国家成立の秘密』で指摘しておいた。ただし、『紀・記』が伝える歴史の中では、ヒボコは僅かなエピソードでしか記されていない。また、その勢力が広大であったと思われる割りには、ヒボコの子孫は史書にほとんど現われない。このことは、右に述べたように、その子孫は「自分たちの祖先はヒコイマス王である」と称したからであろう。

次に、ヒボコの渡来はいつごろのことであったかについては、垂仁天皇の九十年にヒボコの五代後のタジマモリ（田道間守）が非時香菓を求めて常世国に派遣されたとあるから、その一〇〇年ほど前のことと考えていいと思う。垂仁天皇九十年がいつかは確定しにくいが、一応、四世紀初頭と考えれば、ヒボコの渡来は三世紀の初め――つまり魏使の渡来より前の卑弥呼のいた時代と重なるものとなるのではなかろうか。それはともかくとして、『紀・記』ではヒボコについてかなりのスペースを費して記述されているし、右の推論からもわかるように、多くの興味深い事実が隠されていると考えざるをえないにもかかわらず、日本古代史を論じた書物は故意か偶然かヒボコのことをほとんど無視していることは、なんとしても残念なことであり、理解に苦しむところである。

『古事記』によると、ヒボコは「日光に感じて生まれた赤い玉がアカル（阿加留）姫という女の姿に変わったので、それを追って日本まで来た」ことになっているが、これと似た話として『日本書紀』には、オオカラ（大加羅）の王子のツヌガアラシト（都怒我阿羅斯等）という人物が、「白石が変じて女になったのを追って越前（福井県東部）の角鹿（敦賀）の笥飯《けひ》浦にやって来た」とされているのである。

このツヌガアラシトは、越前に来る前に、穴戸（長門）でイツツヒコ（伊都都比古）という男に会ったと記されている。そして、「神功皇后」が新羅に出かける前に岡（遠賀）の港で伊覩《いと》県主の祖の「五十迹手《いとて》の出迎えを受けた」と言う記事が『日本書紀』に載っている。また、『筑前国風土記』では、同じことについて、「高麗の国の意呂《おろ》山に天より降り来し日桙の苗裔五十迹手《いとて》是れなり」と言ったと記してある。ここに見られる「伊覩」あるいは「五十迹」という文字からは、『魏志』にある伊都国のことが容易に連想される。この点については、伊都国が「諸国を検察する一大率が置かれた」という重要な所であることを思えば、「伊都国王は、ヒボコの同族が建てた国だ」と考えたくなる。むしろ端的に言うならば、「ヒボコは大勢力の軍団を率いて九州に渡来し、そこに伊都国を建て、息子を国王に据えてから東方に進出した」と考えてよいのではなかろうか? そうである可能性はかなり高いと思う。

また、ツヌガアラシトという人物は、ヒボコと同一であるとされているが、その名前が「角のある人」であり、「牛頭」の冠をかぶった姿が連想される。そのことは、朝鮮と関係の深いスサノオも祇園の八坂神社では「牛頭天王」とされていたことを思い出させる。また、アラシトの渡来の動機として牛と白石の交換の話が書かれており、白石が変じて女になったとしていることも、新羅や伽耶の初代の王が「卵から生まれた」という伝説と結びつく点があることにも注目すべきであろう。

次に、伊都国があった九州北部には古代から大量の銅を生産していた香春《かわら》の山があることに注目すべきであろう。この銅山を開発したのは「新羅の神である」と『豊前国風土記』に明記されているのである。しかも、ヒボコと同一人物と考えられる大加羅の王子のツヌガアラシト（都怒我阿羅斯等）が、香春の採銅所現人（アラシト）神社の祭神とされており、同じ香春には辛国息長大姫大目神社があって、その祭神がヒボコの子孫であるオキナガタラシ姫のことと思われることも無視するわけにはいかないであろう。このように、ヒボコにまつわる何らかの史実が存在したであろうし、そのことを無視して日本古代史を語ることは不可能であるばかりではなく、古代日本文化の形成に関して、朝鮮半島がもつていた重みを見誤ることになるであろうことには誰しも異存は無いはずである。

さて、長々とヒボコについて述べてきたが、その勢力が古代出雲とどのように関わっていたかを考えるべき段階にきた。前に、ヤマト勢力が山陰の小国である出雲を支配するのに、吉備の勢力の力を借りたであろうと述べた。そして、いま見てきたように、吉備には金属精錬技術が齎らされており、朝鮮半島の勢力が深く関わっていて、その主力としてヒボコの子孫の力が及んでいたことは納得できたと思う。そこで、目を転じよう。

『常陸国風土記』の逸文には、「伊福部《いおきべ》の禍い」として雷によって人が殺された話が載せられている。雷神が鍛冶の神であることを考えれば、この話は伊福部氏が金属精錬に関係深いことを物語っていることになる。また、山陰の因幡の国の一の宮の宇倍神社の神官もまた伊福部氏になっており、そこに伝えられている系図を見ると、その先祖はオオナムチとはなっているが、その第四代目には天日杼命という名前が見られる。そして、この神社の近くからは銅鐸も出土しており、この神社の一帯にも製銅の民――恐らくはヒボコの同族がいたことがわかる。さらに、出雲の西の石見の江津市にある大飯彦命神社の祭神はツヌガアラシトである。このように、ヒボコ族は出雲を挟む形で山陰の因幡と石見に見られるのである。したがって、第二章で考えたように、ヒボコ族がヤマト勢力と連合して出雲征服をはかったとした場合、山陰からの侵入もあったことであろうし、出雲国内にもヒボコ系の住民がいてヤマト勢力の侵入の手引きをしたこともじゅうぶん考えられると思うのである。

出雲族と熊野大社そして物部氏

出雲の国をめぐる謎のうち、どうしても無視できないものに、出雲には熊野大社があってスサノオが祀られているとされていることの意味は何か、という疑問をあげないわけにはいかない。また、出雲の熊野大社というのは、紀伊（和歌山県）にある熊野三山の神社とどういう関係にあるかも解明されなくてはならない。出雲の熊野大社は松江市の二五キロほど南の八束（旧意宇）郡八雲村にあり、祭神は熊野大神櫛御気《くしみけ》神となっているが、国造家が朝廷に捧げる『神賀詞』には「伊財那伎乃日真名子、加夫呂伎、熊野大神、櫛御気命」となっている。ただし、カブロギあるいはカムロギ（神漏岐）というのは、特定の神の名なのではなく、男神たちの総称であり、女神の場合はカブロミ（カムロミ）とよんでいるという説もある。しかし、一般には「カブロギというのはスサノオのことである」と信じられている。なお、京都市の左京区の聖護院山王町にも熊野大社があるが、これは紀伊の熊野三山の神を一二世紀に勧請したものである。

紀伊の熊野三山というのは、熊野坐《います》神社（本宮）・熊野速玉神社（新宮）と那智大社とよばれる熊野夫須美《ふすみ》（牟須美）神社の三つの総称で、しばしば熊野三所権現とよばれている。祭神は、本宮では家津御子《けつみこ》大神で、新宮では速玉大神が主神とされ、那智大社では家津御子・速玉の両大神に合わせて夫須美大神となっている。ところが実に不思議なことに、ここに祀られている神々の正体は不明であり、『記・紀』をはじめ他の書物に現われない奇妙な神なのである。ただし、『日本書紀』が引用している「一書」でイザナミが火神を生んで黄泉の国に行ったのをイザナギが追って行ったところ、イザナギが吐いた唾に成ったという神の名が速玉之男神であったとしているが、まさかこの神が熊野本宮の神と関係があるとは考えられないであろう。那智大社の場合は、原始的な大滝信仰があったことは確かであろう。しかし、本宮と新宮の縁起なるものは存在するが、その内容は熊野の神が中国の天台山に降って始まるという不可解なものである。しかし、奈良時代から平安時代にかけて天皇家の尊崇は篤く、しばしば熊野詣でが行なわれている。ただし、熊野詣での対象は多分に修験道の要素が加わっており、熊野三権現の本来の神への信仰であったか否かは定かではない。

中世には熊野詣では民衆にも盛んに広まり、参詣者には「熊野牛王」という朱印を捺した神符が配られ、導師とともに宿坊に泊まり、修行をしたり起請を行なったりしている。そして、古代から熊野の水域は海人たちの活動の場であった。そして、源平の合戦や南北朝時代の騒乱、戦国末期の石山本願寺攻めなどの際には熊野水軍が活躍している。熊野別当の名は有名であるが、熊野水軍の主力となったのは物部氏から出た穂積氏であり、その支流は榎本・宇井・鈴木・鵜殿氏となっている。

速玉神社は紀伊の本宮と出雲の熊野神社の双方にあるし、火の神を生んだために死んだイザナミは、『古事記』では「出雲の国境の比婆山に葬った」としているのに、『日本書紀』の「一書」には「イザナミを紀伊の熊野の有馬山に葬った」と書かれているように、出雲と紀伊とりわけ熊野には共通するものは多い。例えば、出雲の美保神社で毎年十二月三日（昔は十一月の中丑の日）に行なわれている神事は「熊野諸手船祭り」とよばれている。そして、出雲の大原郡と紀伊の名草郡に加多神社があるなど、両地に共通の地名は幾つもある。また、「熊野」という地名は『延喜式』にあるものだけでも丹後の熊野郡の他に近江・越中などにも見られる。そして、北九州の漁村には熊野姓の者がかなりいることから、紀伊とりわけ熊野は海人たちの根拠地であったと考えられる。こうしたことから、「紀伊で発した話が各地に伝えられたのであろう」というふうに考える人も出てくる。例えば、民俗学者の松前健氏のように、「スサノオ信仰は紀伊の海人に始まり、それが出雲の東部の安来に伝えられた」と説いているし、水野裕氏のように「竜蛇神信仰をもった朝鮮系の渡来者集団や韓鍛冶部族やシャーマン的な巫覡集団によって、いろいろな信仰が各地に伝えられた」と唱える向きもある。

しかし、出雲の熊野では、「有馬氏というのはもともと出雲の炭焼きを業とする集団で縄文晩期に相当する時期（BC四〜五世紀ごろ）に大挙して紀伊に移住した」という伝えがあり、次章で見るように出雲東部には「有」の字の付く姓が多いことを見ても事実は松前氏らが言うのと反対に、朝鮮から出雲東部に渡来した有馬氏がスサノオ信仰をもっており、それが紀伊に伝えられた、とするのが正しいようである。そして、前に紹介した出雲井神社の神官家の富氏は「オオクニヌシを祀る出雲大社が杵築に建てられたのは、出雲臣家が『神賀詞』を朝廷に捧げた霊亀二（七一六）年と同じ年のことであり、それまではオオクニヌシは東部の熊野にいたのである」としている。

このように出雲とのつながりが深い紀伊について考える時、「神武東征」の経路として紀伊の熊野に上陸したとしている点に意味がありそうである。また、古代王朝の中心地の南方にあって、地理的にはかなり隔っている紀伊南部の熊野が重視されている謎について考える時、有力な手懸かりとなりそうな事実がある。それは、紀伊の国造のことである。『先代旧事本紀』の「国造本紀」を見ると、「紀伊国造」は神皇霊命の五世の孫であるという天道根命となっている。ところが、「熊野国造」のほうは饒速日命《にぎはやひ》の五世の孫の大阿斗足尼《すくね》となっているのである。そして、前述のように熊野水軍は物部氏系の穂積氏が率いていた。また、ニギハヤヒというのは前にも見たように、「神武東征」に際して降伏した神であり、物部氏の始祖とされる神である。さらに、出雲の神魂《かもす》神社の神官家の秋上氏は物部系であり、古代出雲には物部系の一族がいたことは確実である。

以上のように、スサノオの本質や熊野大社の神などの謎を解き明かそうとすると、物部氏に突き当たってくるのである。そこで、ニギハヤヒとはどういう神であり、この神の子孫とされる物部氏の本来の姿を明らかにすることが必要であると思うので、しばらく物部氏に注目することにしたい。

一般に、物部氏というと、武器をもって戦闘することを使命とした軍事集団で天皇の親衛隊もしくは専門の常備軍のように思う人もあろうが、それは誤りで、『記・紀』が伝える「神武東征」に従ったのは大伴氏であり、物部氏はむしろ討伐された側であった。東征軍に討たれたナガスネ（那賀須泥、長髄）彦の妹ミカシキヤ（三炊屋）姫は物部氏の祖先であるニギハヤヒ（饒速日）命の妻だったとされている。つまり、物部氏は東征軍に先立ち近畿方面に勢力を張っていたというのである。

そもそも、物部の「部」というのは、伴部を統括する伴造《とものみやつこ》のことで、大王（天皇）家のために奉仕する職業集団のことである。物部氏の専門とは何かというと、それは、「物の怪」だとか「物忌み」、「物狂い」あるいは「憑《つ》き物」というように、「霊」もしくは「魂」という意味の言葉である「モノ」を司る仕事であった。つまり、物部氏の仕事といえば呪術をもって大王家の安泰をはかり、病気の治療なども受け持っていたことであった。

『先代旧事本紀』の「天神本紀・巻三」には、物部氏の氏神である石上《いそのかみ》神宮に伝えられている物部氏の神宝が記されている。それは、石上神宮の神事にかかわる天神御祖の教詔として、「瀛都《おきつ》鏡・辺《へ》都《つ》鏡・八握《やつか》剣・生《いく》玉・死返《よみかえり》玉・足《たる》玉・道返《みちかえし》玉・蛇比礼・蜂比礼・品物（くさぐさのもの）」の一〇種があげられている。そして、「布瑠之言《ふる》」として、「もし痛む処あらば、一二三四五六七八九十と謂ひて、布留部由良止（振るえユラと）、布留部（振るえ）」という呪言を唱え、比礼（スカーフのようなもの）を振ることによって人びとの苦痛は除かれるというものであった。これを見てすぐに気がつくことは、「物部氏の神宝」が前節に紹介した「ヒボコの神宝」とソックリであることであろう。この呪法こそ物部氏の職務で今日でも全国各地の物部系の神社で伝統に従って行なわれている。

奈良盆地の東側の山地の布留川沿いにある石上神宮の祭神の神体は、布都御魂剣で、一名、布都御魂大神あるいは佐士布都神・甕布都神ともよばれている。この剣は、「神武東征」の際に、熊野の山中で毒気に当てられて弱っていた東征軍のために、高天原からタケミカヅチの神によってタカクラジ（高倉下）が派遣され、授けられたものであるとされている。そして、神武天皇が橿原で即位した時、帰順したウマシマジ（宇麻志麻治）に下げ渡されたことになっている。ウマシマジは物部氏の始祖とされるニギハヤヒとナガスネ彦の妹の間の子ということになっている。

それだけでなく、物部氏は金属精錬技術をもった氏族集団をたばねていた。高天原神話でアマテラスが岩屋戸に隠れた時、その場にいた鍛人《かねち》の一人として名を連ねているアマツ・マラ（天津麻羅）は物部族の一人である。彼は、「天安原の天堅石を取り、天金山の鉄を取り、イシコリドメに鏡を造らせた」ことになっている。このアマツ・マラの名前は、『先代旧事本紀』では「天孫降臨」の時、ニニギノミコトに随伴した「五部人」の中に、「物部連らの祖天津麻良」として載っている。そして、ニニギノミコトを運ぶ船団の船長のアトベノオビト（跡部首）の祖のアマツ・ハバラ（天津羽原）につぐ梶取りとして、アトノミヤツコ（阿刀造）らの祖としてアマツ・マラの名が出てくる。その他、

『旧事本紀』には多くの物部系の氏族の名を記しており、それらは大阪湾沿いの摂津・河内から近畿各地に展開し「八十物部」とよばれていた。ここで、物部氏が船団を編成し海人を統率していたことも見逃すことはできない。この阿刀氏は前述の「熊野国造とされたニギハヤヒの五世孫、大阿斗足尼」のことであり、その同族は東北地方にまで及んでいた。

物部氏の同族にアマツ・マラの名前があることについて、甲南大教授の畑井弘氏は古代朝鮮語によって解明できるとしている。畑井氏によると、物部氏の始祖とされる「饒速日」は朝鮮語式に読むと「パンゲ・カルダ・ナル」というような発音になり、それは耳で聞くと、「雷光・砥ぐ・刃」という意味になるという。「カル」ないし「カハル」が刀剣を意味する言葉であるという。すなわち、物部氏の祖先のニギハヤヒとは「青銅の刀の神」ということになる、というのである。

また、日本人の心には古くから日輪信仰が宿っていたが、日本古代史の根底に潜む謎を解くためには、ニギハヤヒの神格が「日輪」であったことを知る必要がある。しかも、それは新羅の人の信仰でもあったのである。そのことを物語るのは、現在の大阪城のあるあたりに、かつてはニギハヤヒを祀る岩船神社があったことである。そして、大阪の古名は「難波」というが、その語源について、金思燁氏は朝鮮語で太陽を表わす「ナル」と、門のことを意味する「ニハ」という言葉が合成されてできたもので、「太陽の門」のことであるという。つまり、物部氏は「日輪信仰」をもっていたというのである。『日本書紀』によると、「神武」の軍は河内の草香邑に上陸したとしている。その土地のかつての住民だった物部氏は「日輪信仰」をもち、東の生駒山から太陽が昇るのを見て土地の名を「日の本」と呼んでいたに違いない。それが「日下」と書いて「くさか」と読む起源となったのであろう。

「神武」の軍に「太陽に向かって攻めるのはよくない」と思わせたのは、物部氏の「日輪信仰」を恐れたことではなかろうか。

　物部氏が「日輪信仰」を朝鮮から持ち込んだとする仮説を支持するような事実がある。それは物部氏が勢力を張っていた摂津（大阪府）には菟餓野《つかの》（天満北野から南京橋、平野町の総称）という地名がある。また、大和（奈良県）では、物部氏が本拠地としていた石上の布留から見て太陽が昇る方角のの榛原町の北方にも都祁野《つげの》という地名がある。

　この二つの「ツガノあるいはツゲノ」の名の起源を思わせる「都祈」という地名が朝鮮のかつての新羅地方（慶尚北道）の迎日湾にあるという。「都祈」は、漢音で「トキ」、呉音で「ツゲ」となる。また、朝鮮の史書である『三国遺事』のエピソードにも面白い話がある。それは、新羅に延烏郎《ヨンオラン》と細烏女《セオニョ》という夫婦がいたが、二人は大岩に乗って日本に渡ってしまったために、天地は暗くなってしまった、という話である。それは、この夫婦は太陽と月の精だったからである。そこで、新羅王は二人に帰還を求めたところ、烏郎は肯んぜず、烏女が織った絹だけが帰ってきたので、それを祀ったところ日月はもとに復した。この祭りが行なわれた場所が朝鮮半島の東南部の迎日県であり、そこには都祈という地名があったという。このことは、物部氏の中に新羅から渡来した「日輪信仰」をもつ人たちを含んでいたことを意味しているとしか考えられないであろう。また、ヒボコの神宝と物部氏の神宝がそっくりであり、「日矛」と「饒速日」のどちらにも「日」の文字が付くことも興味深いことである。

　もう一つ、朝鮮半島時代の物部氏の出自に関係ありそうなことがある。それは百済王朝の始祖に関することである。『三国史記』によると、前に述べたように、百済王朝の始祖となった沸流《オンジュ》・温祚《プル》の二人の王子は漢山（現ソウル）の地にやって来て負児嶽に登り国を建てた。ただし、兄の沸流は南西の海浜地に入り、家臣の諫めをふり切って弥鄒忽《ミスコル》（現仁川）に行き住みついた。温祚は自分が選んだ土地が悪く安んじて住むことができず、そのことを恥じて死んだ、という奇妙な話になっている。「沸流」と「負児」が「フル」と読まれており、それが物部氏が大和に来てから本拠として定めた土地――布留に通じていることである。高句麗・百済の王家は騎馬民族の夫余族から出ており、その国では官職などを五つに分ける制度があった。そして、物部族も「五部制」を採用している。夫余・高句麗は早くから中国と接触があり金属精錬技術を身につけ高い文化をもっていた。

そうしたことから、物部氏は百済を去った沸流の子孫であり、新羅に建国した後に日本列島に渡ってきたものであると考えると一応の話の筋は通ってくるであろう。

さて、熊野三山に祀られている神がスサノオのことであるというが、その本当のところは何か、ということに答えなくてはならなくなった。ここで、その結論だけ言うと、「それは物部氏の祖先であるニギハヤヒのことである」ということになる。その理由については、もう少しいろいろな事情を明らかにした上で最終章で述べることにしたい。ただ、ごく簡単に言うとすれば、「崇神王朝」は「日輪信仰」をもたず、物部氏がニギハヤヒを祀ることを禁止したためであるということである。

第七章　出雲人と抑圧された人びと

伊豆の神々の謎

わたしは、一九七〇年代の中ごろ、二年間にわたって伊豆七島の神津島《こうづ》という周囲約二〇キロ、人口二二〇〇人ほどの小島の高校に単身赴任したことがある。そして、最初の朝、宿の外を歩く年配の女性たちの話す言葉を聞いて「これは何語なのか？」と一瞬いぶかったものである。当時の島の年配者の言葉は外来者には耳慣れなかったが、言うまでもなく、この島の現在の高校生たちは都心部の高校生よりも言葉遣いや態度はキリッとしており、室内楽団を編成するほど都会的である。

この島の住民たちは自家用の花畑をもち、朝夕、先祖の墓に供えており、敬神崇祖の念が強いことで有名である。しかし、皇室に対しては特別の親近感をもっているとは感じられなかった。神津島には神社が二つある。その一つは港の近くにある物忌奈命《ものいみなのみこと》神社で、コトシロヌシの神が島にやってきて妻の神に生ませたというモノイミナ命を祀っている。そして、そこから二キロほど北の長浜にはコトシロヌシの正后であり、モノイミナ命の母であるアワ命を祀る阿波命《あわのみこと》神社がある。

伊豆七島の伝説によると、コトシロヌシの神は伊豆の島々をめぐり、次々と子を残したが神津島がその中心であったという。その隣の三宅島には北端に神着《かみつき》という集落があり、そこはその昔コトシロヌシの神が到着した場所であったとされており、そこには御笏《みしゃく》神社という名の社がある。その祭神はコトシロヌシの神のお后の一人であるという佐伎多麻比売《さきたまひめ》となっている。そして、コトシロヌシの神のほうは島の西海岸の中ほどにある伊ケ谷集落にある御祭神社に祀られている。

伊豆七島に出雲の神とされるコトシロヌシが祀られている理由について、わたしは最初のうちは「伊豆という名は出雲が変化したものかもしれない」と思ってみたり、「やはり出雲系の人たちが移り住んだからであろう」などと考えてみたりしたものである。しかし、島のことをいろいろと知るようになるにつけて「どうやらそれは間違いではなかろうか」と思うようになってきた。と言うのは、この島の住居地の中央の濤響寺（浄土宗）の近くには「ジュリアの墓」があり、数百年間にわたり島民が篤く供養をしていることが一つのヒントになったのである。オタア・ジュリアというのは、一六世紀の末、豊臣秀吉の遠征軍が朝鮮から連れて来た女性の一人で、徳川家康に与えられたが、彼女は切支丹の信仰を捨てなかったので、最初は伊豆大島にそして後には神津島に流され、島民の親身な世話を受けながら、その地で亡くなったという。そして、現在では毎年五月にジュリア祭が盛大に行なわれ、韓国からも何人ものキリスト教徒が参加しているのである。

それとともに、わたしが関心をもったのは神津島で人が亡くなった時のことである。葬式に先だち、死者の親族の女性が大声をあげて泣くのである。同じことは在日韓国人の葬式の場合にも体験したことがあるが、朝鮮半島では昔から死者を悼むために「哀号」する習わしがあった。また、家族のために「泣き女」が雇われることもあり、このような方式で死者を悼む例は、中国の一部や西南諸島などにもあるが、『続日本紀』に桓武天皇が父の死に際して「哀号」したとあるように、日本各地でも平安時代ごろまでは行なわれていたものである。それが廃止されたのは、死に様を潔《いさぎよ》いものにしたいと考える武家が権力を握ってから後のことではなかろうか。夫の死に際して妻子が泣くことは自然の人情であるのに、涙ひとつ流さない妻は「健気である」と称賛されるようになり、そういう考え方が町人や農民などにも普及していったのであろうかと思う。ところが、離島にあっては昔のままの「哀号」の習慣がそのまま保存されてきたのであろう。

もう一つ、神津島の言葉が問題である。最近は聞かれないが、この島では母のことを「ウンマ」と言い、「いいえ」のことを「アニ」と言った。朝鮮では母は「オモニ」であるが「ウンマ」でも通じるし、「いいえ」は「アニー」である。このことから、わたしは「伊豆七島には、かつて朝鮮文化をもった人たちがやって来て島の生活方式をつくる主流となったのではないか」と考えるようになった。

では、伊豆七島の島民の祖先は島に来る前にはどこに住んでいたのかと考えると、その相当数は伊豆半島の住民であったが、海の向こうに島があるのを見て、新天地の開拓を目ざして移住して来たに違いないと思う。中世から近代にかけて、現在の島民の祖先たちが信仰していた神は「伊豆の神」であったことであろう。そして、それは伊豆半島の付け根にある三島大社の神であったのではなかろうか？　では、三島大社の祭神は何という神であろうか？　この神社は正式の名前は大山祇《おおやまつみ》神社とよばれており、オオヤマツミの神が祀られている。全国には、三島神社と同系の神社が多く、併社・摂社を合わせると千数百もあり、その数は八幡社・稲荷社・八坂社に次いでいるのである。

さて、神津島や三宅島の神社に祀られている神はコトシロヌシということになっているが、実は、もともとは三島の神だったのではなかろうか？　それが明治維新後に、神道を奨励する東京の政府に迎合して祭神を『記・紀』に出てくるコトシロヌシに変えたのであろうと思う。そのことは、前にも述べたように、湯殿神社や大洗磯前神社あるいは神田明神などの祭神が「出雲の神」に変更されたのと同じ理由によるものと思う。早い話が、神田明神の場合は、本来は平の新皇将門の霊を慰めるための神社であったが、平安京の朝廷に背いた「逆賊」であるから、その名を表に掲げることを憚り、縁もゆかりも無い「出雲の神」を借用したというふうに考えたい。

では、三島大社が祀るオオヤマツミの神というのはどういう神であろうか？　それは第二章で述べたように、『古事記』では「大山津見神の子の神大市比売は須佐之男命と結ばれ、そこに大年神、次に宇迦之御魂神が生まれた」ことになっている。しかし、オオヤマツミの神は『記・紀』では、それだけではなくいわゆる「国つ神」――日本列島の在来の神であって、「天孫降臨」に際してはそれを出迎え、ニニギノミコトに対して二人の娘をさし出したということになっている。これに対してニニギは、顔の醜い姉のイワナガ（石長・磐長）姫を父親に返し、美しい妹のコノハナサクヤ（木花佐久夜・木花開耶）姫のほうを選んだため、以後、ニニギの子孫は永遠の命を得られなくなったのである、という教訓めいた意味をこめた説話の形をとっている。

この話と「出雲神話」に関わる「スサノオの系譜」による限り、オオヤマツミは天孫が降り立った日向の神、つまり原住民が信仰していた神ということになるが、それはあくまでヤマト王朝側で「神々の序列」をつけるための扱いからそうなったのであって、この神を信奉していた人たちの側としては、オオヤマツミの神というのはもともと朝鮮からの渡来神であったはずである。そのことは、オオヤマツミの神を祀る三島神社の総本山である瀬戸内海の大三島神社について、『伊予国風土記』（逸文）には次のように書かれていることから証明される。それは、「乎知《おち》の郡、御嶋《みしま》、坐す神の御名は大山積の神、一名は和多志《わたし》の大神なり。この神、難波の高津宮に御宇《あめのしたしろ》しめしし天皇の御世に顕れましき。此の神、百済の国より度《わた》り来まして、津の国の御嶋に坐しき。云々。御嶋と謂ふは、津の国の御嶋なり」とあるのである。

大三島というのは、伊予（愛媛県）に属しているが、備後（広島県）の現在の竹原市のすぐ南に当たる瀬戸内海に浮かぶかなりの大きさの島であって、古くから海の交通の要地となっていた。その島には、元寇を迎え撃った武将の河野通有を出した伊予水軍——実は半分、海賊的性格のものであったが——の根拠地があった。したがって、そこに鎮座する大三島神社は古代の海人から篤い信仰の対象となっていたはずである。

大山積（祇）という名前を見ただけでは、さぞかし陸地の神、山岳の神であるかのように思われるが、実は、船と航海を司る神であったのである。そして、河野氏の系図と同族の越智氏の系図は二〇〇〇年前からのものが完全な形で伝えられており、両氏の共通の祖先は大山祇命の孫の小千《おち》命であるということになっているのである。つまり、オオヤマツミの神というのは実在の人物を神格化したものであるというわけである。

右の『風土記』にある「和多志の神」というのは「渡来神」という意味である。また、「難波の高津宮」というのは仁徳天皇の宮殿であり、「津の国」というのは「摂津」（大阪府）のことである。ここで注目すべきことは、「三島」ではなく「御嶋」という文字が使われていることである。それは何故であろうか？　その点について、鋭い推理をしているのが慶尚南道生まれで五歳の時に来日した李沂東氏である。李氏によると、「御嶋」というのは百済の「斯麻《しま》王」のことであろうと言う。この「斯麻王」というのは『日本書紀』の「武烈紀」に見られる次の記事に出てくる。

「四年（四八〇年）の夏、百済の末多王、無道にして百姓に暴虐す。国人ついに除きて、島王《せまきし》を立つ。これを武寧となす」というのである。そして、さらに「百済新撰に曰く」とし、「武寧立つ。これ琨支《こむき》王子の子にして、末多王の異母の兄なり。琨支、倭に向ふ時、筑紫の島に至りて斯麻王を生み、島より還し送りき。京に至らずして島に産みしかば、故、因りて名づく。いま各羅《かから》の海の中に主島《にりむせま》あり。王《こきし》の産まれし島なれば百済人名づけて主島とす、と言へり。いま案《かむが》ふるに、島王は蓋鹵《かふろ》王の子なり。末多王は琨支王の子なり」と付言しているのである。この記事の内容には『百済本紀』とは多少の食い違いがあるものの朝鮮の正史でも認めているのである。

　百済の武寧王は、『百済本紀』に「身長八尺、容貌は絵の如く、品性は仁慈寛容であり民の心をとらえた」と記されている名君で、墓碑銘入りの墓が発見されており、右の記述はほぼ信頼できそうである。その武寧王は、その父が倭国に出ていて百済に帰国する途中、カラの島で生まれたので「シマ（斯麻、島）王」と名づけられた、というのである。前著『ヤマト国家は渡来王朝』にも書いたように、五〜七世紀の倭国（日本）の大王は、百済のことをまるで自分の国であるかのように振舞っている。

　李氏は、「御島」というのは「御斯麻」のことであり、武寧すなわち「斯麻王・島君」を慕う人たちが百済から瀬戸内海を通り、摂津に至り、やがて大三島に来て「御島」を神として祀ったのであるというわけである。この解釈は『伊予国風土記』にある「和多志の神の渡来した難波の高津宮」で即位したとする仁徳天皇よりは八〇年ほど遅いが、案外、真相をついているかもしれない。こうして日本列島に入った百済系の人たちが、伊豆に来て三島大社を建て、伊豆七島に渡って住みつき、百済文化を定着させたものが今日まであとをひいている、というわけである。そして、明治になってから全国で多くの神社の祭神を『記・紀』に現われるポピュラーな神に変更することが流行した時期に、この島の神社の祭神もまた中央政府に従順な神であるコトシロヌシに変更したというのが真相であろうかと思う。しかし、今日、神津島の人たちが朝鮮から連れて来られた不幸な女性であるジュリアを温かく迎え入れたのは、歴史の記憶によるものとは言えないが、そこには何かしらの因縁めいたものが感じられる。

出雲と朝鮮渡来人

日本海に面している出雲や隠岐の島には、海流を利用して多くの人たちが古い時代から波状的に到来していたことは間違いないことである。もちろん、出雲地方にも後に蝦《えぞ》・夷《えみし》とよばれるようになった縄文文化の担い手であった原住民や前に紹介したような「竜神信仰」をもつ海洋系の人びとも住んでいたことであろう。しかし、北九州の場合と同じく、金属製の武器と農具をもち水田稲作をする弥生文化をもった人たちが朝鮮半島南部から海を渡って出雲地方にやって来たことは疑い無い事実である。

ただし、一口に朝鮮南部と言っても、出雲に来た集団と北九州に上陸したものとは、当然のことながらその系統は異なっていたはずである。その点については、近年、独自の方法で日本語や日本の古代史に関する数多くの著書を出している韓国の言語学者の朴炳植《パクビョンシク》氏の見解は古代日本を語る上で最も重大な問題である「日本文化のルーツ」に関してきわめて有力な論点を提供しているので、しばらく朴氏の意見に耳を傾けたい。

まず、日本語の起源に目を向けよう。朴氏は、日本と朝鮮で同じ漢字をどう発音しているかという違いに注目し、両者の発音の癖を比較したところ、古代日本語は朝鮮の慶尚南北道の言葉から変化したものであることがわかったという。わたしは、先年、韓国南部の考古学遺蹟や博物館の視察・参観旅行団に参加して各地を回ったことがあるが、その際、バス内では朴氏は終始わたしの隣の座席に坐わられたので親しくいろいろなことを教わることができた。朴氏は北朝鮮の咸鏡北道の生まれで、高麗大学・大学院を出てから韓国で海外建設会社を経営し、その後、日本やアメリカを往来しながら驚異的な語学力を駆使して、「日本語の成立論」だけではなく、「日本古代史論」においても独特な研究の成果を二〇冊をこえる日本語の著作を通じて世に問うている。ある場所で「朴というのは、ほんとうは生粋の日本人のペンネームだろうね」という会話を小耳に挟んだことがあるが、朴氏と面識の無い人がそういう思い違いをしても「もっともなことだ」と言いたくなるほど達者な日本語を喋るだけでなく、日本語や日本の古代史に関する知識は生半可の日本人は足元にも及ばないほどであり、文章を書かせても下手な日本人の文筆家の水準を遥かに超えている。

朴氏の意見は、前著『伽耶は日本のルーツ』に概略を紹介しておいたが、『ヤマト言葉の起源と古代朝鮮語』という著書で、「古代日本語は伽耶（慶尚南北道の西半）の言葉が小変化してできたものである」とし、両国語の間に精密な「音韻変化の法則」が成立することを提示して、このことを証明している。それによると、例えば、古代伽耶の言葉の母音の「a」が日本語では「e」や「ya」に変化し、子音の「d」は「n」に、「m」は「b」に、そして「hy」は「k」と発音されるという。朴氏がそのような法則を発見したのは、両国の漢字の読み方の違いを検討しているうちに気づいたという。

　現代の日本語と韓国の言葉は耳で聞いただけでは到底、同じ系統の言語とは思えないが、その文法はどちらもウラル・アルタイ語系に属しまったく同じであり、コンピュータを利用して自動翻訳機をつくることは容易であり、現に利用されている。

　前にヒボコについて述べた時、その出自は多羅（大耶）であろうと言ったし、多羅から進出して来たのはヒボコだけではなく、四世紀には同族が大挙して日本列島に到来し、『記・紀』がオオタラシ彦と記す景行天皇やオキナガ・タラシ姫なども同じ地域から出たものであろうとした。多羅は西暦一世紀から六世紀にかけて洛東江の右岸にあった伽耶六国の一つであるが、そのうちの比較的上流の高《コリ》霊《ヨン》には「大伽耶」という国があり、「上伽耶（ウガヤ）」とよばれていたが、河口付近の現在の釜山《プサン》市の西隣の金海《キメ》市には「金官加羅」あるいは「駕洛」とよばれた国があり、そこから北東でほど遠くない現在の咸安の地には「安羅」あるいは「安耶」とよばれた国があったとされている。そして、南伽耶は「下伽耶（アラカヤ）」とよばれていた。

　そのうち、金官加羅国があったとされている金海には大成洞《テスンドン》古墳があり、そこからは日本にしか無いとされていた巴型銅器や管玉などが発見され、「騎馬民族征服王朝説」に有力な根拠が与えられたとして話題になっている。伽耶と総称されている地域には、その他に三〜五の小国があって、それらが緩い「伽耶諸国連合」とでも名づけられるべきものを形成していたとされている。そして、これらの諸国は東隣の新羅とは対抗し、北西にあった百済とは微妙な関係をもっていたと考えられる。そして、それらの国から発した王族は段階的に海を渡って北九州に上陸し、博多湾一帯からその周辺に幾つかの小国家を建てていったものと思われる。その経緯は明らかではないが、前著『伽耶は日本のルーツ』にその事実を具体的なシナリオとして描いておいた。

さて、朝鮮から出雲に渡来した集団が伽耶諸国のうちのどの国のものであるかについては、朴炳植氏は、この人たちは「安羅」の子孫であると説いている。朴氏は一九九〇年の前後、国立島根大学に招かれ、学生に講義をするかたわら、学生たちの協力を得て出雲地方について各種の調査を行なっている。そして、現在の島根県東部の人たちの姓（苗字）を電話帳で調べて、東部出雲で最も多い姓を次の三群に分けた。

① 新井・荒井・荒木・新石などの「アラ」グループ。

② 足立・安達。

③ 有田・有馬・有川・有富などの「アリ」グループ。

その結果、八束郡の鹿島町や玉湯町などでは、右の三グループの姓が全世帯の七〇〜九〇％もあり、全国的に多い佐藤とか鈴木とかいう姓はその存在が霞んでいることがわかったのである。この傾向は東部出雲で顕著であり、県庁の所在地の松江市内でも半分以上の家の姓は「アラ・アリ」が付くか安達姓になっている。

朴氏に言わせると、この三つの姓は、その祖先が安羅から来たことの動かせない証拠であるという。すなわち①と③のグループの姓は「安羅」そのものを表わしているし、「アダチ」というのは、朝鮮の言葉で「安羅」＋「ダル（地・国の意味）」であり「アラダル」が縮小したものであると説明している。

また、出雲方言をみても、その多くは朝鮮——と言っても慶尚南北道の方言で理解できることを『スサノオの来た道』や『出雲族の声なき絶叫』などの著書に多くの実例を挙げて解説している。例えば、出雲方言では、「有難う」ということを「だんだん」と言うが、それは「どうもどうも」という近年に始まった言葉が縮小したものであるはずはなく、朝鮮語の「ゾングマル」が変音して出来たものであり、「少し」のことを出雲で「チヨンボシ」というのは、朝鮮の慶尚方言の「チョム」が訛ったものであるという。

朴氏は、主として言葉を素材として古代日本と伽耶地方の文化の同一性を説いているが、『日本原記』という著書で興味ある指摘をしている。それは、洛東江の中流の高霊にあった「大伽耶」が「ウガヤ」とよばれていたことから、「日本神話」に出てくる「ウガヤ・フキアエズ」という神は、大伽耶が日本の天皇家の起源であることを物語るものであると説いていることである。また、朴氏は、日本の「古史・古伝」とよばれている『宮下文書』や『上記』などに「五〇〜七〇代を超えるウガヤ王朝が神武以前に存在した」という記事にも注目し、それは天皇家の先祖が「大伽耶」にいたことを物語るものであろう、と言っている。この件については前著『ヤマト国家は渡来王朝』でも解説してある。そして、朝鮮の史書の『三国遺事』の「駕洛国記」にある、インドの「アユダ国」の王女が「アラカヤ」すなわち駕洛（金官加羅）国に渡来したという記事にも触れ、この記事の信頼性は高いと評価している。

朴氏の伽耶国についての考え方で注目されるのは、伽耶諸国は最初は「日輪信仰」をもっていたが、次第に北方から南下して来た「熊信仰」をもつ勢力が「下伽耶」方面に浸透し、伽耶諸国の団結は破れていったとしていることである。そして、朴氏は「熊襲」をはじめ日本古代史の広い範囲の諸問題について独自の言語論に基づく解釈を施し、多くの愛読者を獲得している。その部分々々については同意できないものもかなりあるが、きわめて示唆的な提案が多く、その詳細を紹介できないことは残念である。

なお、安耶地方で作られた上質な絹織物は「綾織」とよばれた。倭風の粗末なものは「シズ」とよばれ「倭」の字が宛てられた。「倭文」という姓があるが、「しどり」と読ませている。それは、「シズ＋はた＋織り」という意味である。また、「あやめ」という言葉は「文様」のことをいう。そして、「アヤ」という言葉には「優美な」という語感がこもり、「あやしい」と言えば「妖異な」という意味であり、「あやかる」と言えば「天分を受けつぐ」という意味である。このように、安羅（安耶）は古代の日本列島では優れた学ぶべき先進文化を代表する土地であった。

出雲には「アダチ」という姓が多く、それは伽耶六国の一つである「安羅国」からの渡来者の子孫であるという朴炳植氏の説得性に富む見解を述べておいたが、埼玉県の大宮市から南東方面の八潮市・三郷市一帯は北足立郡とよばれていたし、その南には東京都の足立区が控えている。しかも、足立区には新井という地名がある。そして、北足立郡から足立区を貫流しているのが綾瀬川である。こうしたことから推論すれば、出雲の場合と同じく「安羅」に通じる伽耶系の人たちが武蔵の国(埼玉県・東京都と神奈川県のごく一部)の東部には出雲系の人がかなり多数住んでいたことになる。因みに、武蔵の西部には荒川が流れている。また、新井という地名は、川口市・所沢市・本荘市・深谷市などにもあり行田市には荒木という地名もある。

ところで、武蔵の国の一宮は埼玉県大宮市の氷川神社である。そして、関東地方には東京都の二三区内だけで三〇社ほど、その他の地域にも多数の氷川神社がある。その祭神はすべてスサノオである。このことは武蔵の国を中心に出雲系の文化をもった人びとが多数進出していることの証拠であると考えられる。しかし、第二章で述べたように出雲の国のスサノオは『記・紀』が語るような英雄像をもつ神ではなく、出雲地方の在来神である。しかし、今日、関東各地の氷川神社の神官たちは、まず間違いなく『記・紀』の神話に出てくるスサノオのことを頭に置いて祭事を行なっていることであろう。

ところが、右に見たように多数の出雲人が関東に移住していることは確かであるが、もし、彼らが氷川神社を建てたのであるとすれば、そこに祀られる神はもともと『出雲国風土記』に記されている「出雲本来のスサノオ」であり、朝鮮の安羅地方から来た人たちのシンボル神だったはずである。それが、いつのまにか『記・紀』が描くアマテラスの弟としてのスサノオ、大蛇退治をしたスサノオとすり替えられたとしても、それはきわめて自然な勢いによるものであったと思う。律令制が定着し、中央の神祇官が祭祀の実権を握るようになれば、地方の神社に対する統制は当然徹底したことであろうし、とりわけ国が定めた一宮の場合は、勅使も下向され幣帛も届けられるから、その意向に反する祭事を営むことなどできるはずはないからである。

このように、関東地方にはスサノオの神を一族統合のシンボルとして戴く出雲から大挙して移住して来た人たちがいたが、彼らとは別に、もう一つ関東の新天地開発を目ざしてやって来たのが新羅・百済・高句麗からの新規の渡来者であった。ここで、誤解してはならないことは、弥生時代から古墳時代前半つまり四〜五世紀までに朝鮮からの渡来者は「古来のカヤ人」であったのに対して、六世紀以後の渡来者は「今来のカラ人」とよばれ、渡来の先輩である豪族たちからは差別して見下され、「帰化人」などとよばれていたことである。その意味からは、天皇家も蘇我氏も藤原氏も「古来のカヤ人」ということになる。

一方、関東に出向いた出雲人の多くが、三世紀ごろまでに渡来した旧安羅系であったのに対して、七世紀から八世紀に大量に植民してきた旧百済・伽耶人などは「今来のカラ人」である。そこで、体制側としては、政治的な失脚者や新たに百済や伽耶などから渡来したいわゆる帰化人を住まわせる土地として、東国とりわけ関東地方を彼らを受け入れる新入植地として選んだわけである。

ところで、『続日本紀』の霊亀二(七一六)年には、「各地の高麗人一七九九人を武蔵に遷して高麗郡を置く」とある。埼玉県の日高市には高麗若光を祀った高麗神社がある。また、そことはほど近い飯能《はんのう》の地は「韓(ハン)の地(ナラ)」という意味である。また、東京都内にも駒沢・駒込・駒場・狛江《こまえ》など高麗関連の地名が多い。相模一の宮の寒川神社の名前の由来は、金達寿《キムダルス》氏に言わせると「わが家」という意味であるという。また、上野《こうずけ》(群馬県)には木暮という姓が多いが、これは高句麗が訛ったものである。百済系と新羅系の住民も関東地方にいたはずであるが、それを苗字や地名から判定することはむずかしい。ただ、一〇世紀に起こった平将門の乱は常陸（茨城県）が舞台になっている。前著『ヤマト国家は渡来王朝』に書いたように、「源氏は新羅系、平家は百済系を地盤とした」という大ざっぱな武士団形成の構図からすると、下野（栃木県）・常陸から下総（千葉県北部）あたりには百済系と新羅系が雑居していたのであろう。

抑圧された人びと

大化の改新の後、七世紀の後半には公地公民制が実施され、さらに八世紀に入って大宝律令が施行されるようになると、中央の政策方針に従い、戸籍編成事業が全国土に及ぼされるようになった。そして、その大義名分を貫くためと貢納を増やすという経済的動機によって、かなり強引な「良民化」の政策――全国民に土地を割り振り貢租をかけること――が推進されていったことと思われる。それと同時に、神の信仰についても『古事記』を根拠にして「天津神」系の神を祀るように強制されたに違いない。したがって、氷川神社のスサノオについても、大洗磯前神社や貫前《ぬきさき》神社に祀られているオナムチの神などについても、それらの神を祀らせるということを通じて、天神族優位思想が貫徹されている『記・紀』の神話を辺地にまでも普及させるという中央の意志が働いていたに違いないと思うわけである。

それとは別に、ヤマトタケル（倭建命・日本武尊）とその父とされる景行天皇の巡行で象徴される中央政府の軍の派遣による各地の征討は、『記・紀』に書かれているような物語ではなく、多くの場合、圧倒的な大軍の力を示しつける威嚇によって比較的平穏に行なわれたものと思う。そして、地方の政治は多くの場合、すでに有力豪族の手によって人民の支配がある程度成功しているところに、中央政府からのいわば「お墨付き」として「国造」という官職が与えられたのであろうことはすでに述べた。出雲では「アメノホヒ」の子孫とされる出雲臣氏が「国造」に任じられていた。

しかし、地方の豪族の多くは中央になびいても、中にはあくまで抵抗する者もいたはずである。そこで、そういう連中のことを中央では「蝦夷」と称して武力を行使して討伐することにし、捕虜とした者は畿内近くまで連行し、それを伊勢神宮に献納したこともあったと、『日本書紀』に記されている。ところが、捕虜とされた者どもが騒ぐので、彼らを「播磨・讃岐・伊予・安芸・阿波の五国に移した。これが佐伯部の起源である」というようなことまで記されている。

このような地方の経略は、五～六世紀ごろから始まり七世紀から八世紀にかけて何度となく実施されたものと思われる。そして、『続日本紀』の神亀二（七二五）年の記事に初めて「俘囚」という文字が現われる。それは降伏して来た蝦夷ということであるが、彼らはただちに納税義務を負う「良民」の戸籍には編入されず、一定期間は監察の対象として特別の地区に囲い込まれて奴隷的待遇を受けていたと思われる。最初のうちは、「夷俘」とか「俘囚」とよばれたこのような人たちは、やがて「夷に賜う禄」によって生活させ、徐々に土地を割り当て、農具や種子を与え、時には兵士として訓練し、中央政府の経済的・軍事的な労働力として使用されるようになった。そして、彼らは「田夷」とよばれ、庸調の対象外にあったが、収穫の一部が収奪されたことは言うまでもない。

ところで、ヤマト側から最初に「蝦夷」とよばれたのは、『記・紀』や『風土記』に土蜘蛛とか国樔とか書かれている非農民のことである。彼らは、朝鮮から渡来した弥生文化を受け入れず縄文時代以来の伝統的な採集・狩猟による生活を保持しようとし、国家体制に組み込まれることを拒否したために討伐の対象とされたもののことである。しかし、七世紀ごろから後には、「蝦夷」とよばれる者の範囲は拡大し、本来はヤマト側の人間でありながら中央での権力闘争に破れたり、あるいは進んで体制から離脱して地方に根拠地を築いて反権力闘争を始めた者まで含まれるようになった。

「蝦夷」と書いて「エビス」とも読むし、「エゾ」とも「エミシ」とも読んでいる。一般的には、「エビス」とは「渡来者」という意味であり、「エゾ」という時は東北地方の「まつろわぬ輩」をさし、「エミシ」というのは「頑強な敵対者」といったニュアンスをもつ言葉と解されているが、その語源について、朴炳植氏は面白いことを言っている。例によって朝鮮の言葉による解明であるが、「エ」は昔、「ミ」は「神聖なるもの」、「シ」は「……である」という意味であり、「エミシ」は「去りし日、昔の天皇」すなわち「ヤマトの支配によって追われた旧権威者」のことであるという。そして、『日本書紀』の「斉明紀」の記事に、唐の皇帝の質問に答えた倭国の使者が「蝦夷には、都加留《つかる》・麁《あら》蝦夷・熟《にき》蝦夷の三種がある」と言ったとあるが、その中の「アラ・エビス」というのは、出雲を追われて越の国（新潟方面）に移った「アラ系」の抵抗者のことである。もし、その説に当てはまる勢力がいたとすれば、これから第八章で扱う「タケミナカタ（建御名方命）」をさすということになりそうである。

そのことに関連して、タケミナカタを祀る諏訪大社に伝わる『諏訪大明神絵詞』という文書があることは次章で紹介するが、その中に注目すべきことが書かれているのである。それは、「蝦夷が千島と言へるは、我が国の東北に当たりて、大海の中央にあり、日の本・唐子・渡党、此の三類、各三百三十三の島に群居せり」というのである。そのうちの「渡党」というのは北海道の渡島《おしま》(南西部の半島)と津軽の間を往来していた人たちのことで、近代の北海道アイヌの直接の祖先と思われるが、「日の本」と「唐子」は「其の地外国に建て」とあるから、どうやら千島(クリル諸島。いわゆる北方領土)からカムチャツカ半島に至る水域と樺太《からふと》(サハリン)に住む人たちのことを言っているらしいのである。そして、その住民について「渡党、和国の人に相類せり。但し、鬚多くして遍身に毛生せり。言語粗野なりと云ども大半相通ず」としている。この文献は一四世紀に作られたものであるが、「蝦夷」という言葉でかなり広い範囲の人のことを言っているわけである。

このように、「蝦夷」は近代アイヌの祖先と深く関わっていることは確かである。ところが、その一方で、ヤマト王朝によって故郷を追われた出雲人たちの一部もまた「蝦夷」として抑圧の対象とされていた。ところが、アイヌの伝承には「チキサンニカムイ伝説」というのがあり、それが出雲国造の『神賀詞』や『神名帳考証』(江戸時代の伴信友の著書)などに伝わる「アメノホヒ伝承」と奇妙に一致している点があるのである。詳細は省略するが、どちらも祖神は天から降臨して騒がしい下界を平定したとか、地下に横穴があって冥府(黄泉の国)につながっているというような似た内容になっているのである。このことから、ただちに出雲を追われた人たちがアイヌの祖先に自分たちの伝説を伝えたとまでは言えないが、偶然の暗合以上のものが感じられることは否定できない。

さて、七世紀ごろの関東地方には、そういう「蝦夷」が捕えられて「田夷」とされた人たちがたくさん住んでいた。そして、さらに奈良時代から平安初期にかけて、ヤマト側による「東国経営」が行なわれていく。それは、地方の軍事的制圧の推進によって大規模に発生した住民の強制移動と囲い込みを強行する形で遂行されたのであった。その場合、降伏した夷俘は現地に留めてはおかないで、遠く全国各地に送り込み、それに代わって畿内や近国、あるいは東国の農民を入れて土地を与えて開墾させる方式を採ったのである。そして、これらの夷俘たちは強制収容所に閉じこめられ、賤民として奴隷的に監視を受けながら農耕などの作業が強制された。それが、各地にある「別所」・「散所」・「院地」とよばれる地名の起源となっている。森鷗外の小説の『安寿と厨子王』に出てくる「山椒太夫」とは「散所の監視人の長」という意味である。浦和市には鯰の養殖で名高い別所沼があるし、大宮市にも別所町があり、全国的にも長野県の別所温泉をはじめ多くのそういう地名がある。その意味からすると、極端な言い方をすれば、関東地方の全体は出雲などから追い出された人びとと浮囚たちの収容所といってもよいくらいの実情であった。

律令制度の下では、「良民」以外に奴婢や部曲《かきべ》（陵戸・官戸・雑戸・品部など）という公式の賤民がいた。これらの人びとは朝廷が雑役に使用する半奴隷的生活をしていたり、寺社あるいは豪族が私的な使用人として使役していたものである。一方、強制収容所に囲い込まれた夷俘たちは、そこに新しく加えられた賤民であった。しかし、平安時代になると律令制による社会の統制と秩序は、時とともに次第に崩壊していく。中央政府に収納されるべき貢租は滞り、賤民らの一部は、貴族や寺の使用人に取り立てられたり、私的な用心棒に登用されたりする。そのような情勢の中で、一一世紀におこった源氏や平家の下で働いた下級武士の多くは別所・散所・院地の出身者であった。また、こうした収容所から遊女・田楽・申楽などの渡り芸人となっていった者も多い。

これとは別に、サンカ（山窩という宛字がある）という非定住民がある。この発生の事情は不明であるが、一定の住居をもたず、家族的な小集団でユサバリ（セブリ・瀬降り）という簡易住居を建てたり撤収したりしながら自由に山河を渡り歩き、採集と竹細工の販売などによって生活し、時として不特定な勢力に契約によって雇用されたりして裏の世界で活動していた。しかし、彼らは賤民ではなく脱社会人であり、彼らどうしの秘密の団結心が強く、一夫一婦制を堅く守り、独自の仕来りに従って厳しい統制の下で暮らしていた。サンカは古代に生まれ、人目を避けて二〇世紀前半まで存在していたが、終戦の前後に突然に姿を消し、現在では一般社会に人知れず融け込んでいるらしい。

サンカの生活は地域ごとに多少違うが、研究者の報告によると、彼らは太陽信仰をもち、母屋と神聖な竈場との間に仕切りを入れるなどの特徴があったという。このような習俗は、近代までの伊豆の島々の一般人社会でも継承されてきているが、それがサンカと関係があるか否かは不明である。また、サンカの社会に入り込んでサンカの伝承を熱心に調査した三角寛氏によると、「日向方日女天皇（アマテラス?）」の摂政のスサノオが出雲の地で下した命令によって、「穴居払い」が行なわれ、移動住宅を建てるようになり、稲の脱穀用の簑《みの》作りをして農民に奉仕する任務が与えられたという。サンカ社会の最高指導者は「アヤタチ」とよばれるが、彼らの伝承によると、サンカの祖先はスサノオがイナダ姫と結婚する前にスサノオに帰順した人びとであるといい、出雲がサンカ発祥の地であり、以後、丹波などの各地に分かれたのであるという。また、サンカの一派には「タジヒベ（多治比部）」と自称する者もいた。これは「タジヒ」すなわち蝮《まむし》獲りを生業とする人たちで、タジヒ（丹比）のミズハワケ（瑞歯別）天皇（反正天皇）に仕えたという。その他、安房（千葉県南部）などにも別の系統のサンカ集団がいた。

このように、サンカは脱社会人であるが「反体制」ではなく、むしろ天皇家に対する「縁の下の支持者」であった。また、「被差別者」というよりも積極的な隠遁生活者であった。また、彼らは独特な言葉と文字をもっていた。豊後の大友氏が編集した『上記』という歴史書は「豊国文字」で書かれているが、それは「サンカ文字」によく似ている。いずれにしても、「サンカ伝承」では出雲がサンカの発祥の地であるとされ、その伝承にはスサノオだけではなく、アシナヅチ・テナヅチなどの名も出てくることは興味ある事実である。

なお、江戸時代に形成された被差別部落の住民があるが、それは幕藩体制の維持のために、士農工商の身分以外の身分として政略的・意図的に定められたものであり、古代・中世以来の賤民利用政策の延長線上に作為的につくられた被抑圧者である。ただし、古代出雲とは直接のつながりは無いので、この件については、これ以上論じないことにする。

第八章　建御名方の神と諏訪神社

信濃に入った出雲族

出雲の人たちが移住した先は関東地方だけではなく、信濃の国のことをも見逃すわけにはいかないのである。信濃と言えば山深い国であるというのが第一印象であるが、信濃には縄文時代からかなりの人数の人間が住んでいたのである。そのことは、南部の茅野市に尖石遺蹟のあることや、付近の和田峠から矢尻用の黒曜石が取れ、意外と思われるほど遠くの地域にまでその石片が運ばれていることからもわかる。また、北信州の安曇野《あづみの》の名は博多湾岸に根拠地をもっていた安曇海人族が姫川沿いに遡って信濃に入ったことを物語っている。安曇族が全国各地に進出して行ったことは、近江の安曇川《あど》、三河の渥美《あつみ》半島、現福島県の安積《あさか》などの地名がアヅミから出ていることからもわかる。そして、北アルプスの穂高岳の名前も安曇族の始祖の神の名から付けられたものである。

さて、『古事記』の「出雲神話」では「国譲り」の約束が成立してコトシロヌシ（事代主）が自殺した後、高天原の使者のタケミカヅチ（建御雷）から「今、汝が子事代主の神かく白《もう》しぬ。また白すべき子ありや」と問われたのに対し、オオクニヌシは「また我が子、建御名方《たけみなかた》の神あり、これを除きては無し」と答えたとしている。すると、タケミナカタは千引きの石を手に捧げもって現われ、「誰ぞ、我が国に来て忍びかく物言ふ。然らば力競べせむ」と言ってタケミカヅチに戦いを挑んだが、「若葦を取るかのように」摑みひしがれ、投げ飛ばされてしまう。そして、逃げ出したタケミナカタは、とうとう科野《しなぬ》の国の洲羽《すわ》（諏訪）の海（湖）まで追い詰められてしまう。そして、殺されそうになったタケミナカタは、「恐し、我をな殺したまひそ。この地を除きては他《あだ》し処に行かじ。また、我が父大国主の神の命に違はじ。八重事代主の言に違はじ。この葦原の中つ国は、天つ神の御子の命のまにまに献らむ」と言って全面的に降伏した、という話になっている。ただし、『日本書紀』には、何故かこの話は載っておらず、タケミナカタの神の名は『日本書紀』にも『出雲国風土記』にも記されていない。

言うまでもなく、タケミナカタで表わされるような「出雲人の諏訪への逃走」がそのまま事実であるというわけではない。しかし、古代のある時期に、ヤマト勢力による出雲に対する武力行使があったことは認められるし、その際に、一部の出雲人たちが信濃まで逃げて来て諏訪湖の周辺に住まうようになったという話は、まったくの創作ではなく、その背景には何らかの事実があり、それをふまえてこの物語が生まれたと考えてよいのではなかろうか？　現に諏訪神社の祭神がタケミナカタであるとされ、その神は出雲から来た神であると古くから信じられている以上、「それが出雲人とは関係が無い」ということが証明されないかぎり、「出雲人の諏訪への渡来説」を否定し去るわけにはいかない。

ただし、前にも述べたように、出雲には幾つかの系統の人がいたはずであるから、そのうちのどういう系統の人たちが、どういう事情で故郷を追われて信濃に落ち延びて行ったのかということは別に考えなくてはならない。しかし、それはしばらく措いて、まずはこの神社の縁起などについて見ることにしよう。

南北朝時代（一四世紀前半）に成立したとされる『諏訪大明神絵詞』という書物がある。その原本は残っていないが、数多く伝えられている写本には、右の神話がそのまま引用されており、この地に定着したタケミナカタは大明神となったとしている。そして、諏訪大明神は、以後、数々の神威を発揮したとしている。例えば、神功皇后が三韓に遠征した時であるとか、坂上田村麻呂が蝦夷征討に出向いた時に、諏訪大明神の導きを受けて戦果をあげたというふうに記している。つまり、諏訪の在地勢力は自分たちの先祖が出雲からやって来たことを少なくとも表面的には認めているのである。

しかし、この諏訪大社の縁起には大きな矛盾があり、何か真実を歪め隠しているのではないかという疑いがあると思う。と言うのは、『古事記』によるとタケミナカタの神は戦いに敗れて逃げて来た上に「この地から外に出ない」と約束したことになっている。それなのに、日本全国には四〇〇〇もの諏訪神社があるからである。このことは『古事記』や『絵詞』に書かれている「タケミナカタの約束」に違反するわけである。とは言っても、「そういうことは神話として勝手に創作されたことであるから、特に取り立てて矛盾などと言うほどのことではないのではないか」と考える人もいよう。しかし、各地に展開されている現在の諏訪神社と信濃の諏訪神社とはかなり異なるものであるし、信濃の諏訪神社も建てられた当時のものと現在のものとではかなりの違いがあるのではなかろうかという疑問が残る。

ともあれ、諏訪大明神を祀る諏訪神社の現状から見ることにしよう。その鎮座地は、諏訪湖の南北の四か所に分かれている。それは、上社の本宮（諏訪市中洲宮山）と前宮（茅野市宮川）、下社の春宮（諏訪郡下諏訪町）と秋宮（同じく下諏訪町）となっている。祭神はいずれも建御名方神とそのお后の八坂刀売神となっている。そして、鎌倉時代以後、隣国の甲斐（山梨県）の武田氏や徳川氏の篤い尊崇を受けてきている。また、庶民は雨・風・水の守護神と仰ぎ、五穀豊穣・生業繁栄の祈りを捧げている。

現在の神社の建物のうち一三棟は国の重要文化財に指定されているが、それらは江戸時代のものである。また、祭事としては、上社の例大祭（四月十五日）は「御頭祭《おんどう》」と言われ、神輿《みこし》行列を組み、鹿の頭や鳥獣や魚類を供えるもので「酉の祭り」とよばれている。下社の例大祭（八月一日と二月一日）は「御舟祭」と言われ、御霊代《みたましろ》を春宮と秋宮の間で遷し換える儀礼の形をとっている。また、八月末の三日間、御射山社祭が行なわれているが、これは武家が始めたものであり、古式とは関係が無さそうである。

もう一つ、注目すべき祭りとしては有名な「式年造宮御柱大祭」がある。それは、六年ごとの寅と申の年（最近のものは一九九八年）に行なわれるもので、桓武天皇の時代（九世紀末）以来の伝統をもつものであるという。それは、社殿の立て替え行事で、山から伐採された樅《もみ》の巨木を「おんばしら（御柱）」として四月上旬に「山出し祭り」を行い、その御神木は五月初旬に「里出し祭り」をするために曳行され、四本ずつ所定の場所に建てられる祭りである。その途中で、独特の「木遣《や》り歌」とと

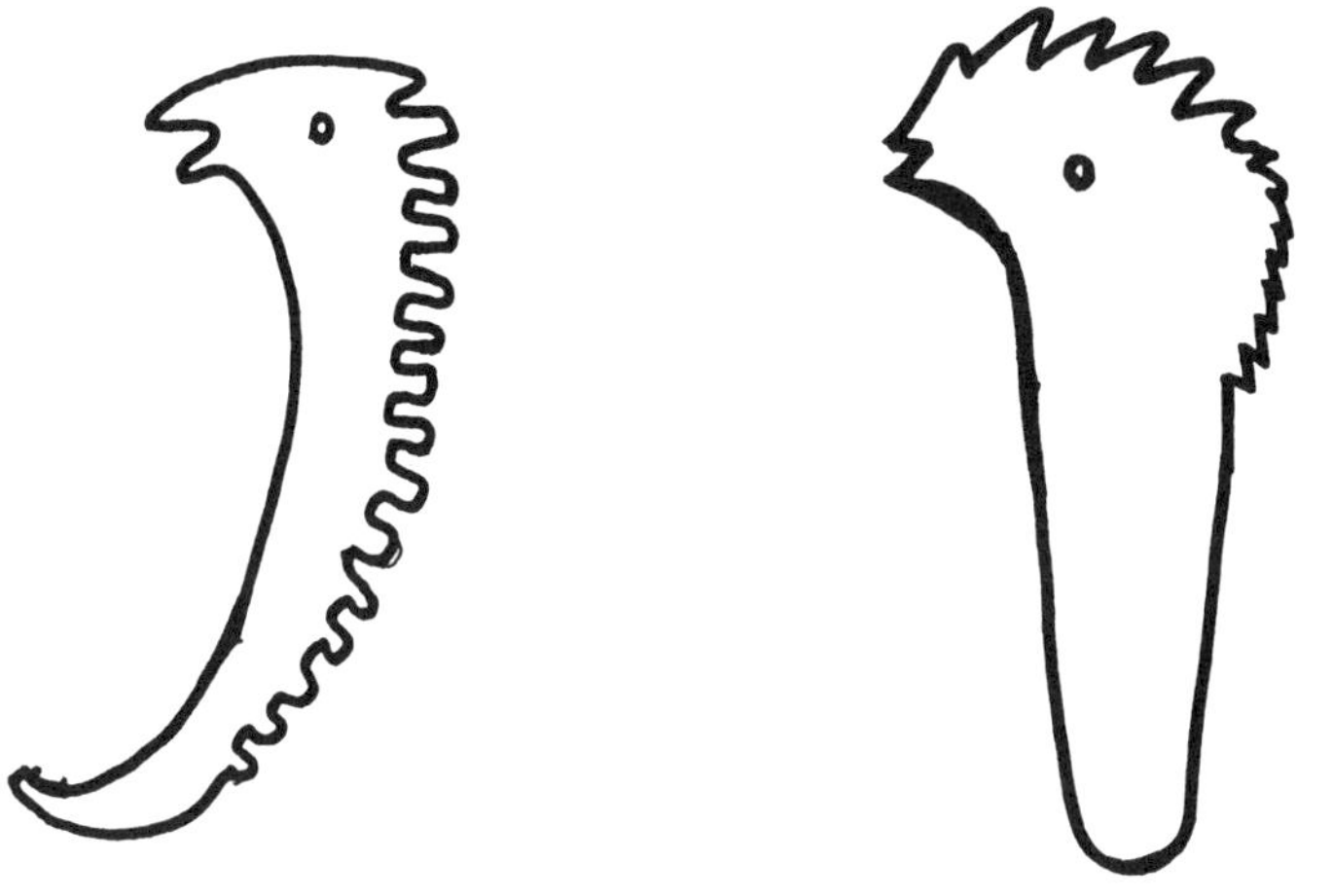

鷺の頭を形どった薙鎌（右）と蛇身の薙鎌（清川理一郎著『諏訪神社謎の古代史』彩流社より、イラスト著者）

もに一本の柱ごとに一〇〇〇人から二〇〇〇人の氏子が取り付き、急坂で勇壮豪快な「木落とし」が行なわれ、時には怪我人が出るほどの迫力に満ちたもので、「天下の奇祭」といわれている。

この祭りは江戸時代には諏訪藩主の指揮で営まれていたが、現在では旧諏訪郡の二四か村の二〇万人の氏子の奉仕の形で行なわれている。その柱の材は、上社のものは約二五キロ離れた八ケ岳の中腹の御小屋の神林から、下社のものは約一二キロ離れた霧ケ峰の中腹の国有林から伐り出されている。柱の大きさは、直径一メートルほど、重さ一二〜一三トン、長さ一七メートルもあり、それを上・下の四社でそれぞれ四本ずつ、計一六本となっている。

ここで、興味あることは、伐採の一年前に御柱として使用される木の見立てが行なわれ、その際に「薙鎌《なぎかま》打ち」という行事が行なわれることである。その「薙鎌」というものの形は鳥の頭を象っているが、『古事類苑』に「諏訪神社の神使は鷺《さぎ》である」と書かれているから、それは鷺の頭なのであり、これが「諏訪の神」の御神体なのであろう。つまり巨木に「薙鎌」を打ち込むことは、木に神の霊を入れて御神柱にすることであろう。もう一つ、この「柱建て」の行事は単に「四本の柱を建てる」だけであって、その上に屋根を作ったりしないのである。これも不思議なことである。

諏訪神社の祭神がタケミナカタの神であるとするのは、諏訪の地にある大社や、地方でも有力な武士などの信仰を受けていた諏訪系の神社が伝える縁起によってそう語りつがれてきたものであるが、諏訪神社の成立の由来、あるいは諏訪の人の信仰の対象は必ずしもそれだけではないのである。それと言うのは、諏訪神社についてはさらに奇妙な伝承があるからである。それは『諏訪大明神絵詞』の写本のうち、地方の各地に小さな社として分布する諏訪神社に伝えられている説話には「甲賀三郎」という伝説があるということである。それはすべて「地底巡り物語」になっているが、写本によって主人公の出自と話の内容がいくらか異なっている。それには主人公を「甲賀三郎頼方」とするものと、「甲賀三郎兼家」とするものとの二つの系統があるのである。

前者の物語では、「近江国の甲賀郡の地頭の三男だった甲賀三郎は、父から総領とされ広い領地を譲られ大和の春日姫を妻に迎えた。しかし、それを妬んだ二人の兄の悪だくみによって信濃の蓼科《たてしな》山の洞穴に閉じ込められてしまった。それから三郎は地底の国をいろいろとさ迷い歩き、三三年目にやっと浅間山の大沼から地上に出ることができ、故郷に帰ったという。しかし、人々は三郎の姿を見ると〝大蛇が現われた〟といって驚くとともに彼に襲いかかって殺そうとしたので、三郎は菩提寺の釈

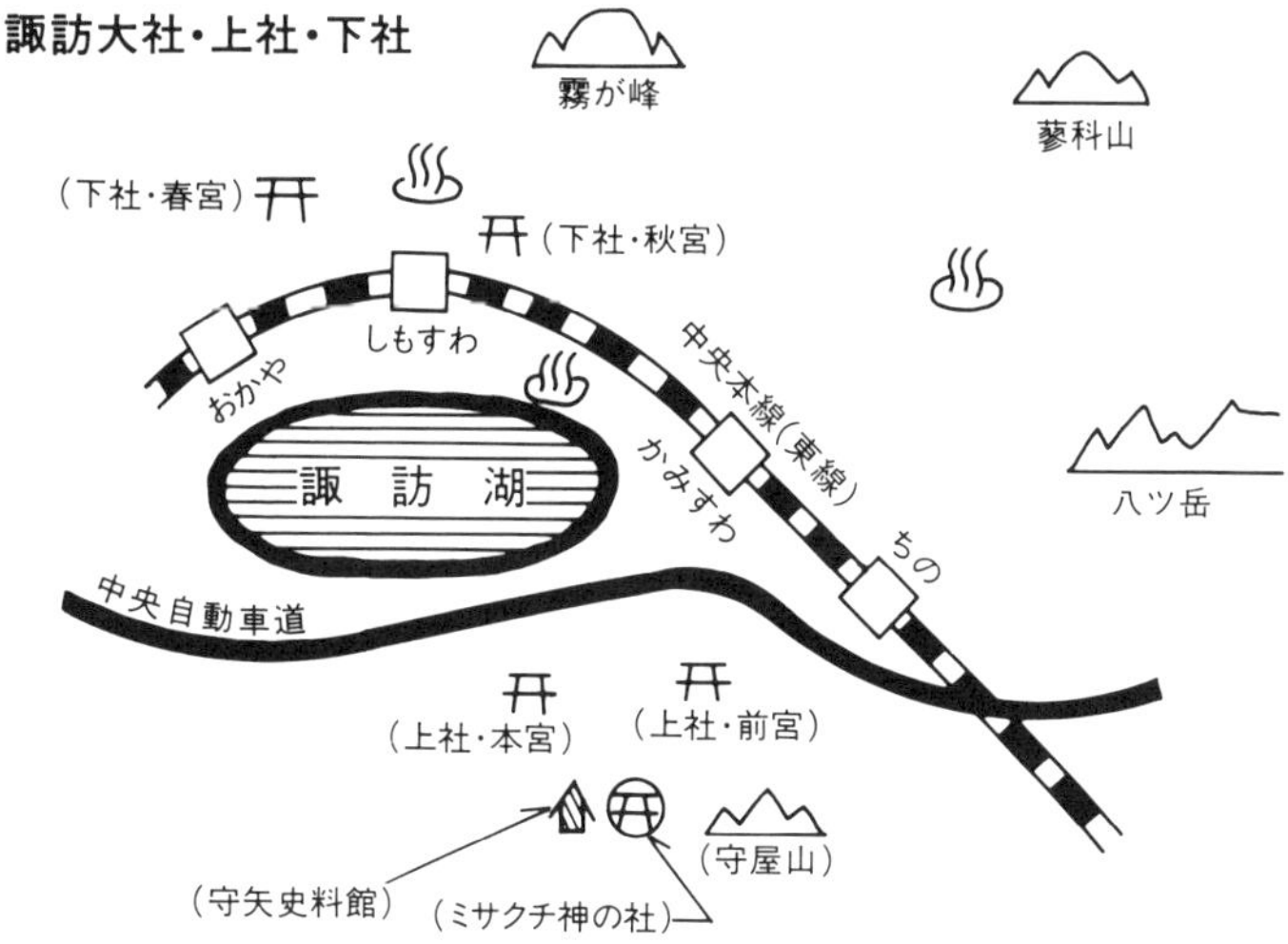

諏訪大社・上社・下社（清川理一郎氏前掲書より）

迦堂の縁の下に隠れ、老僧たちの話を洩れ聞き、自分が蛇身になっていることを知り、寺の菖蒲池で水を浴び呪文（念仏）を唱えることによって元の姿に戻ることができた。二人の兄は復讐を恐れて自殺してしまう。こうして三郎は妻の春日姫との再会を果たし、やっと甲賀郡の領主に復帰したが、後に信濃に移り諏訪の上社の神に祀られるようになった」というのである。

ただし、三郎が信濃で穴から地底に落とされる話にしても、兄弟三人で若狭の国の高懸山に狩りに出掛けた時に、山の神が姿を変えて大蛇になって現われたのを三郎が殺したのを見て、兄たちはこの行為は狩りの妨げになると思い弟を穴に突き落として殺した、とするものもある。また、信濃の蓼科山の洞穴についても、三郎の妻の春日姫が伊吹山の天狗にさらわれたので六六国の山を探し回ったあげくに妻を見つけた場所であるとする話もあり、バリエーションはいろいろとある。
一方、後者の「兼家系」の話では、三郎の家はもともと天竺（インド）の出身であるとしている点が大きく違っている。このことは後に紹介する諏訪神社の祭りの「インド起源説」ともつながってくる。

以上のように、諏訪神社の創立の縁起については、「タケミナカタ説」と「甲賀三郎説」とがあって二通りになっていることは重要である。ただし、後者の話には「地頭」などという言葉が出てくるから、それは鎌倉時代に作られた話であることは明らかであると言える。しかし、諏訪の現地で古くから信仰されていた何らかの神があって、そこにあとから「タケミナカタ信仰」が乗り込んできて主神の座を奪っていたのを、中世以後になって本来の神が巻き返しをはかり、それが「甲賀三郎伝説」となった、というふうにも考えられると思う。つまり、どちらが本来のものであるかは自明のことと は言えないのである。

一般には、諏訪市にある大社の唱える縁起のほうを無条件に支持しているが、どこの世界でも「多数派」ないし「正統派」と「少数派」ないし「異端派」とがある場合、しばしば後者のほうが正しいことがあるので、個人的な趣味や好悪感・期待感によって論証抜きで判断することはきわめて危険なことであると思う。一切の先入観を捨て、偏見を去って冷静かつ公正な立場から厳しい検討を加えるべきであると思う。

ミナカタの神は製鉄の神

『古事記』ではオオクニヌシの子であるとされるタケミナカタの神の名前は『日本書紀』には出てこないが、『古事記』や『諏訪大明神絵詞』にあれだけリアルに描かれている神であるから、何かモデルとなった実在の人物がいたのではないだろうか、というふうに考えたくなるのは人情であろう。島根県の斐川町や美保関町の諏訪神社にはタケミナカタの神が祀られており、一名を美穂須須美命といったとしている。しかし、それだけではタケミナカタが実際に出雲にいた人物から創作された神と論ずることは無理であろう。

ところが、甲賀三郎伝説が生まれた近江から伊吹山を隔てた美濃（岐阜県南半）の垂井町には南宮大社という神社がある。その祭神は金山彦といい、神話ではイザナミが火の神のカグツチを生んで死んだ時、その嘔吐物（たぐり）から生まれた神ということになっている。それは明らかに、灼熱によって融ける金属の湯を嘔吐に見立てたもので、鉄の湯が焼けて流れる製鉄の有様を象徴したものである。現に、南宮大社は鉱山・金属精錬関係の業者の篤い信仰の的とされている。

一方、平安末期の歌謡・口伝集の『梁塵秘抄』には、「南宮の本山は信濃の国とぞ承る。さぞ申す。美濃国には中宮、伊賀国には稚き児の宮」と記されているのである。美濃の南宮大社が諏訪大社の中宮であるというのである。そして、稚宮は三重県の上野市にある敢国神社（祭神は大彦命・金山彦命・少彦名命）のことであるという。つまり、諏訪大社はもともとは製鉄の神であるというのである。しかも、『延喜式』には、諏訪大社のことを「南方刀美神社」と記してあるのである。そうなると、タケミナカタという名前も「南方」という文字で記されてもよいことになるであろう。

では信濃の諏訪大社は実際に製鉄と関係があるのであろうか？　毎年、十一月八日には上社では「鞴護祭り《ふりい》」が行なわれているから無関係でないことは確かである。では、古代の信濃では、いつごろどのようにして製鉄が行なわれるようになったのであろうか？　宮坂光昭氏の『諏訪地方平安時代小鍛冶址の考察』（諏訪市研究会紀要）によれば、八ケ岳の山麓の海抜九〇〇～一〇〇〇メートルの一帯には三二か所も製鉄遺蹟が発見されており、六か所から遺物が出土しているという。ただし、これらの遺蹟はすべて平安時代のものであり、古墳時代以前の製鉄遺蹟は今のところ発見されていない。そのため、「古代の製鉄は九世紀ごろから始まった」と考えるべきことになりそうである。しかし、そこにはとんでもない錯覚があるのかもしれない。

世界史では、石器時代があってそのあとに青銅器時代・鉄器時代と続くというのが常識になっている。銅の溶融温度は摂氏一一〇〇度であるのに対して、鉄は一五二五度であるから銅よりは精錬がむずかしいと考えられている。ところが、『古代の製鉄』（山本博著）によると、鉄は溶融しなくとも、七～八〇〇度で可鍛鉄を得さえすれば、これを熱してたたき、熱してたたきしながら鍛造していくことができるという。本格的な製鉄のためには、溶鉱炉をつくりフイゴ（鞴）によって強風を送り込み高熱を起こす必要がある。したがって、どんなに簡易な原始的な溶鉱炉でも炭の燃え滓《かす》や鉄滓が残るはずである。しかし、右の原始的な方法で鉄を作るには炭は必要なく薪木《たきぎ》が使われ、鉄滓や炭が残らないため、古代の製鉄遺蹟は発見されないのであって、鉄が作られていなかったわけではないというのである。

では、その原始的方法では何を原料として用いていたのであろうか？　それは、スズが用いられたのであるという。信濃は火山帯にあり、温泉地帯でもあるため、この地方の沼沢・湿原の水は鉄分を含んでいる。そのため、そこに生える葦《あし》・萱《かや》・薦《こも》などの草の根元には自然に褐鉄鉱の団塊が生じる。スズというのはこのような植物の根に着いた鉄分を含む塊のことである。これを薪木で燃やすことによって簡単に鉄器が作られたという。また、砂鉄が取れる地域では容易に鉄が採取できるから、日本では青銅器時代よりも前に鉄の生産が行なわれていたことになり、これまでの常識は否定されたわけである。

ところで、諏訪神社には「湛《たたえ》神事」あるいは「廻《めぐり》神」という神事がある。これは、諏訪湖の周辺を御祭神のお使いである「神使《おこう》」とよばれる童男が、袖の長い紅色の袍を着て御杖柱を背負い、首には錦の袋に納めた御宝をさげて馬に乗ってめぐり歩く行事である。この時、袋に入れられているのは御宝鈴と鉄鐸なのである。神使は行く先々の「湛《たた》え」の場で鉾の先に鉄鐸を付けて振り鳴らす。「湛神事」については、従来は作物の豊穣を祈る農耕儀礼であると考えられてきたが、『諏訪神社 謎の古代史』の著者の清川理一郎氏はその考えを否定し、「これは、湛えの場所にミサクチ神を降ろして鉄製品の原料であるスズの生成を祈念する行事のことである」としている。

「神使」が回る「湛え」のある村は、沖積層下の低地性の村で、湿原に面した山腹の傾斜地に面している。こういう場所には鉄バクテリヤによってスズができやすいのである。「神使」が鈴と鉄鐸を鳴らすのは「類感呪術」であり、古代人の想念の結晶と言えよう。ところで、この神事は、鈴は「スズ」を呼び、鉄鐸は「サナギ」とよぶ、という考えに則っているようである。「鐸」というのは鈴を大きくしたもので、それは「サ＋鳴き」という意味をもっているものと思われる。「サ」というのは、鉄を意味する古語である。蚕などの蛹《さなぎ》は、その形が「鐸」に似ていることからそうよばれるものと思われる。

ここで、「ミサクチ神」というのは、樹木や笹などや石に降りてきて着く精霊のことで人間にも憑《つ》くという。古代の信濃では、ミサクチの神の祭祀権は神長官《じんちょうかん》の家がもっていた。『諏訪大明神絵詞』によると、「古い時代に外部からタケミナカタの神が侵入して来た時に、それを天竜川の河口で迎え撃ったのがモレヤ（洩矢）の神であったが、戦いに敗れた」と記されている。つまり、タケミナカタは外来の侵入神であって、先住民の神は洩矢の神とミサクチの神であったというのである。そして、勝ったタケミナカタは諏訪大明神となり、この系列から諏訪氏が出て生神様とされ神社の大祝家となったが、負けた側のモレヤの神の子孫の守矢氏は神社の筆頭神官とされ、神長（のちに神長官）の位についたというのである。この事実を無視して諏訪神社について語ることは、その本質を見誤ることになろう。

現在でも、神長である守矢家には一子相伝の「ミサクチ神祭法」があって、真夜中の火の気の無い祈禱殿で神事が行なわれているという。また、諏訪では「御室神事」というのがあって、十二月二十二日に竪穴を掘り、翌年三月までの間にミサクチ神と思われる神体と「そそう神（蛇神）」とを一緒にそこで過ごさせて行なう縄文色の濃い祭事もあるし、「七石」という石への信仰もある。しかし、「ミサクチの神」の本来のものについては、諸説があって一定しないが、諏訪の土地の碩学の藤森栄一氏は「巨木・巨石・光った岩など、樹木の上に降りて来るナイーブな自然神であるようである」としている。現に、守矢家では鉄鐸・鉄鈴・陰陽石の三つをミサクチ神の神体としている。

もう一つ、諏訪について語る時に、忘れることのできないものとして「御神渡《おみわた》り」という現象がある。それは、年末から一月の中ごろまでの厳冬期に見られるもので、一面に氷が張りつめた諏訪湖の表面に突然、大きな音が響きわたり一筋から三筋くらい線状に氷が盛り上がり氷のヒビ割れができることである。その盛り上がった筋は馬の背中のように見えるという人もいれば、大蛇が身をくねらせるように感じる人もいる。

諏訪に生まれた歴史学者の伊藤富雄氏に言わせると、この「御神渡り」については、「騎馬御渡り」と「蛇体御渡り」という二つの信仰が相並んで存在していたという。伊藤氏は「平安時代から室町時代にかけて、信濃は日本における牧馬の中心であり、諏訪がそのまた中心であった。信濃には官牧が一六あってそのうちの五つは諏訪にあった。その影響は諏訪大社にも及び、同社には馬に関する伝承や説話が多く、七種の神宝のうち二つは唐鞍と轡《くつわ》になっている」と指摘している。一方、タケミナカタは一名を南方刀美《みなかたとみ》ということであるとすれば、「トミ」あるいは「トビ」というのは「蛇」のことであろう。ナガスネ彦の名も『古事記』には「登美毘古《とみびこ》」という名であるし、「ナガ」も「蛇」をさしているし、前に見たように大和の三輪山の神は蛇体であった。そして、何よりも出雲井神社の神官家は「富氏」であり、その伝承でも出雲の原住民は「竜蛇信仰」をもっていたということも思い出される。このように、タケミナカタの神の別名が「南方の登美」であるとすれば、この神を信仰する人たちは出雲にあったころ「竜神信仰」をもっていたと考えてよいのではなかろうか。そして、ヤマト側の圧力に敗れて信濃に移り、原始製鉄を行なっていたミサクチの神を信仰していた人たちを従えて諏訪大明神を奉ずるようになったと、一応考えられるのではなかろうか。

なお、古代の製鉄は出雲でも行なわれている。それは斐伊川の川原に豊富にある砂鉄を利用するもので、これまた溶鉱炉の不要な方法で純度の高い鉄が入手することができたのである。ということからみると、諏訪の周辺で行なわれていたスズを原料として鉄を鍛造する技術は出雲から学んだものかもしれない。こう考えれば、モレヤの神とタケミナカタの神とはどちらも出雲と結びつくことになり、話の筋は混線してくることになる。

また、「竜神すなわち蛇神」と言えば、誰でも思い出すのは「八俣の大蛇」のことであろう。『出雲国風土記』にはその話は断片すら伝えていないが、もしかするとヤマト側が富氏の祖先につながる「竜神信仰」をもつ人びとを弾圧して追放したという事実があって、そのことを「大蛇退治」の物語として『記・紀』に描いたのではなかろうか？　その場合、征服者を解放者のように書き、その主人公にスサノオという出雲の在地の神の名をあてがったため、そこから多くの混乱が生じたことになる。そして、追放されたミナカタトミ（南方刀美）の名前を、タケミナカタという名で利用し、タケミカヅチに戦いを挑んで敗れ、諏訪に逃げた神とし、それをオオクニヌシの子として位置づけたのであろうか。『出雲国風土記』では、そういう事実を書くことを嫌ったのかもしれない。

御柱神事はインドの神事？

清川理一郎氏の『諏訪神社　謎の古代史』の冒頭には次のような興味深い事実を報告している。それは一九九二年十一月に発足した「諏訪研究会」の例会で映写されたビデオに写し出されたヒマラヤの小国ネパールの祭りのシーンのことである。

それは、「インドラ・ジャトラ＝ネパールの女神と柱立て」と題するもので、ネパールに住むネワール族が現在も行なっている神事の様子を紹介したものである。そこに写し出されたものは、諏訪大社の「御柱立て」とあまりにもよく似ている。ネワール族の人たちは、ネパールの首都のカトマンズの王宮から二五キロ離れた山で、あらかじめ選定してあった松の大木を伐採し、それをロープで縛り上げて山から王宮の前庭まで人びとが曳行するのである。そして、運ばれた木は垂直に立てられ、その下にはヒンドゥ教の主神であるインドラの神の像が飾られるのである。

この祭りは、毎年九月に三日間行なわれ、生き神様のタマリが館から出て山車《だし》で街を巡行する。そして、インドラを祀る娑羅双樹の柱を立てて、それにインドラの幟《のぼり》が付けられる。祭りが終わると神柱は倒され、聖なるバグマティ川に引きずられて行く。インドラ＝ジャトラの「柱立て」は諏訪の場合と違って、鎌打ちはしないし、信仰の対象がインドラ神であり、最終的に柱が倒される点が異なっているが、その大筋はよく似ている。

ネパールにはもう一つ、ビスケット＝ジャトラの「柱立て」の祭りがある。それは、カトマンズの北東にあるバクタプルで毎年四月に行なわれるもので、人を殺す悪蛇を退治する伝説から生まれた祭りであるとされている。その祭りでは、シヴァ神の忿怒相をしたバイバラの神が乗った荒山車が引かれ、五〇メートルもある娑羅双樹の神柱が八本の綱と数十本の引き縄を用いて立てられる。その先からは蛇を象徴する細長い幟《のぼ》りが垂れ下がる。そして、柱の根元には生け贄《にえ》が捧げられる……といったものである。この祭りに「悪蛇退治」の伝説が関わっているということは、「八俣大蛇退治」の話を連想させる点と、諏訪に伝わる「甲賀三郎伝説」の一部にも「大蛇退治」の話が関わることを思い出させる。

　では、日本の中央山地の祭りの方式がネパールの祭事とそっくりであることの意味をどう考えたらよいのであろうか？　そのことについては、一般論としてならさほど不思議であるとは言えないのである。と言うのは、ヒマラヤ山麓のインド北部やネパールから東南アジア北部、雲南から福建省など中国の中南部を経て日本の西南部一帯は照葉樹林地帯とよばれ、気候・風土がよく似ており、植生もほとんど同じで、住民の生活文化は日本人の祖先の風俗や文化と共通点がきわめて多いからである。その建物を見ても、伊勢神宮の社殿に見られる棟持柱や高床住居は雲南省の家屋と同じ様式のものであり、生活の習慣でも母系制の生活共同体であるとか、チマキを食い、五音階のメロディで歌い、独楽《こま》回しやアヤトリ・ブランコ・綱引きあるいは闘牛などをして遊んだり、歌垣の行事によって男女が愛を語らう風俗があることなど、古代日本の社会と雲南では共通している。そして、照葉樹林帯に伝えられている民話には、「羽衣」・「猿蟹合戦」あるいは「天の岩戸」などと共通する筋立てのものが多い。また、若水取りであるとか若者宿の習俗や鵜飼や鳥竿の使用なども両者に共通している。そして、原始信仰の対象を見ても、ともに山岳・森林・竜蛇・瓢箪などが挙げられることも重要な事実である。また、西日本で正月に雑煮の中にサトイモを入れる風習があるが、イモ類を祝い用の食物に供することや茶を喫し茅《ち》巻《ま》きを食べることなども照葉樹林帯に共通している。さらに、山には精霊が住むとし、すべての動植物には霊が宿るといった信仰も、ヒモロギ（神籬）をつくり、シメ（注連）縄を使うことなども、この地帯に広く行なわれており、縄文晩期にはこの地域から日本列島に新しい文化が持ち込まれたことは確実であり、日本の文化形成の重要なルーツの一つがヒマラヤ山麓につながることの地帯であることを如実に物語っている。

しかし、「柱立て」の祭事はいかにも特殊なものであるが、右に見た照葉樹林帯の共通性ということだけで「当然のことで珍しくはない」と言って済ませるわけにはいかないであろう。この問題は、もっと根底的な面からする考察が必要なのではなかろうか？　この件については、さらに視野を世界規模に拡大する大胆かつ壮大な構想に基づく清川理一郎氏の見解があるので。ここに紹介させていただく。

清川氏は、「プレ＝インド・ゲルマン文化」というものがあったと考えている。それは、比較言語学の世界で通説となっている「インド・ゲルマン語族」のうち、発祥当時の民族集団のことを「プレ＝インド・ゲルマン族」と名づけ、その文化のことをさすものである。それは、ＢＣ一〇〇〇年もの昔に中央アジアのカフカーズ（英語でコーカサス）あたりにいた白人種のことであり、それを「プレ＝インド・ゲルマン」、略して「プレ＝インド」とよぶわけである。

カフカーズというのは、黒海とカスピ海の境にある山脈地帯で、その北はロシヤの大草原地帯であり、その南はトルコ半島からシリア・イラクなどの西アジアの乾燥地帯が広がっており、カフカーズ地方はその境界に当たっている。現在は、その一帯の南半分には旧ソ連から分離独立したグルジア・アルメニア・アゼルバイジャンがあり、北半分はロシヤ連邦に属しているが、その一部に近年、ロシアからの分離問題で紛争が起こったチェチェン共和国がある。ところが、このカフカーズ地方から最初に南下行動を起こした古代民族はアーリアンとよばれ、ＢＣ二〇〇〇年ごろから西北インドに侵入し始め、それから一〇〇〇年ほど後にはガンジス河の上流一帯に都市国家群をつくり、バラモンという神官階級を頂点に置く厳重なカースト（階層）制度をもつ社会を建設した。そして、ＢＣ一八〇〇年ごろ小アジア（現トルコ）を侵し、エジプト王国を脅やかしたのはヒッタイト（ハッティ）であった。さらに、ＢＣ一六〇〇年ごろにはペルシア（現イラン）にもアーリアンの一派が南下してきて古代のペルシア帝国を興す。その帝国はヨーロッパ人からはアケメネス王朝とよばれているが、彼ら自身の言葉では「アスカ王朝」とよんでいた。そして、その地ではゾロアスター教――いわゆる拝火教が信仰されることになる。

そもそも比較言語学の世界で「インド＝ゲルマン語族」というのは、これらの諸民族の言葉を現代のヨーロッパを形成しているラテン（イタリア・スペインなど）民族、ゲルマン（ドイツ・イギリス・ノルウェーなど）民族およびスラブ（ロシア・ポーランドなど）民族の諸国の言語とを比較してみると、単語も文法構造もよく似ており、四〇〇〇年以上も前にはある一つの民族であったものが次第に分裂して進化したためにそれぞれ別の民族となったというのである。清川氏がいう「プレ＝インド」というのがそれである。

ところが、古代ローマがブリトン（現イギリス）に遠征したころ、ブリトンから北部フランスには、やはり「インド＝ゲルマン語族」に属するケルト民族が住んでいた。清川氏は、このケルト族は古代ローマ時代に西アジアのアナトリア（現トルコ）にも侵入して来たことを重視し、その文化に注目している。そして、現トルコ人もその三五％はケルト系の血をひいているという。そして、清川氏は次の事実を指摘する。それは、古代ギリシアのクセノフォン（ＢＣ四三〇ごろ～三五五）が『小アジア遠征記』に「家々は地下につくられる。………その中では家畜も飼われていた」というもので、一大地下都市があったというのである。そして、このことは嘘ではなく、現在でもトルコのカッパドキアには広大な迷路のよう地下都市の遺構が見つかっており、その壁にはキリスト教の宗教画が描かれている。それは一〜二世紀ごろにローマ帝国のキリスト教徒迫害を避けてこの地下の世界に隠れ住んでいた信者が描いたものであろうが、それをつくったのは古代ケルト人たちであったという。このことは、なんと諏訪神社とつながりをもつ甲賀三郎伝説を思い出させるではないか。

次に、ケルト族の信仰に目を向けると、彼らはドルイド教という宗教をもっていた。ドルイドというのは「オーク（樫）の木を知っている人」という意味で、その研究家のゲルハルト・ヘルムの著書『ケルト人』（関楠生訳。河出書房新社）によると、「天は木によって支えられ、木々は蒼穹（天空）を支えた。………神官は樫の木に上って黄金の鎌で枝を切り、牡牛を生け贄として捧げた」などということが書かれている。また、T・G・E・パウエルの著書『ケルト人の世界』（笹田公明訳。東京書籍）にも、「古代ケルト人は、柱の基部に鉄の鋤の刃が意図的に保管されていた」とし、さらに「ケルト人の神は三組神（トライアッド）になっている」いうことを報告している。

このような事実を突きつけられると、諏訪大社の「御柱立て」の神事に「薙鎌」が用いられることや、「アマテラス・スサノオ・ツクヨミの三貴神」や「宗像三女神」などの三組神をもつ日本の伝統的な宗教意識と、「プレ＝インド文化」をもった古代ケルト人および現代のネパール人の宗教意識とが共通の糸によって固く結びつけられている、と考えざるをえなくなってくるはずである。

しかし、仮にヒマラヤ地方の人が日本列島に「柱立ての神事」――それも「鎌で柱に切り込みをつけるもの」――を持ち込んだとしても、その時代を特定したり、その経路を描き上げることはにわかにできるものではない。ただ言えることは、諏訪地方は古代信濃の中心的な位置にあったし、そこには出雲から移住者があったとされている以上、西アジアや中央アジアの文化がインド経由で入って来た玄関口はどうやら出雲であったらしいということであろう。その意味から、従来、出雲固有の文化と考えられていた多くの要素についても、「もしかすると、それは西アジアから伝来したものではないか?」という疑い――少なくともそういう問題意識をもつことが必要であることになるのではなかろうか? こうして「出雲ナショナリズム」とでも言うべき考え方は偏狭なものとして却けられて然るべきであろう。

第九章　出雲にきた西アジア文化

出雲とはエドムのことか？

信濃の諏訪大社の神は出雲から逃げて来たタケミナカタであるということについて調べていくうちに、その「御柱立て」の神事につながる文化がインドや西アジアにいたケルト族と関係がありそうであることがわかってきた。そうなると、古代の出雲には西アジアの人間も渡来しているのではないか、という疑問が生じてくる。そのことについて、明確に「出雲とは古代ユダヤのエドムのことである」と論じた人がいるのである。それは、出羽の豪族の出で、若くしてシベリアに渡り、次いで北米に移り、ハーバード大学総長のランケン博士の養子となり、帰国後、北海道でアイヌの教育に努め、後に国学院大学の講師となったという経歴の持ち主の小谷部全一郎（一八六八〜一九四一）である。その著書である『成吉思汗は源義経也』も天下に衝撃を与えた奇書であるが、ここでは一九二九年に刊行され、当時、ベストセラーとなった『日本及日本民族之起原』の中で日本神道が古代ユダヤの信仰と相似のものであることを立証しているのでその概略を紹介する。

この書物は、全一二章から成り、第一章の概説では、考古学的知識を披露して、「日本に発見せらるる石器・土器は天孫民族の使用せるものに非ず」とし、日本とイギリスの王族はヘブライ人(ユダヤ人)の子孫であると唱えている。そして、第二章から第六章までは、日本人の祖先はコロボックル(アイヌ伝説にある背の低い民族)であるとし、それとともに「出雲民族とは『旧約聖書』に現われるエソウ(エサウ)の民である」と唱えているのである。そして、小谷部は北海道生活で得た知識に基づき、日本列島の中の数多くの地名はアイヌ語でその語源が説明できることを詳しく述べ、当時としての新知識を広く紹介している。さらに、出雲民族は大和民族に支配されるようになり、それに抵抗した出雲人たちはやがて「蝦夷」とよばれるようになり、東北から北海道に逐われ近代では「アイヌ」とよばれるようになった、と言うのである。

その上で、『日本及日本民族之起原』の第七章でには「英邁非凡なる猶太(ユダヤ)民族」について語り、次で第八章の「神祇及祭祀の比較研究」以下で日本民族の伝統的習俗が古代のユダヤ民族のものと一致していることを詳細に述べている。

「出雲人が蝦夷すなわちアイヌになった」とする小谷部の論証の第一の根拠は、『出雲国風土記』に出てくる地名がアイヌ語で説明できるということにある。例えば、八東郡の生駒という地名は北海道の夕張郡にあるユクオマに通じ、「鹿のいる所」という意味であり、簸川郡の西田は北海道の空知郡のニシタプという地名に通じ「樹木の枯縮する所」という意味であり、能義郡の安来宮内や八東郡の佐陀宮内などの「クナイ」は陸中(岩手県)の北岩手郡の沼宮内、北海道の渡島の上磯郡のキクナイなどに通じ、アイヌ語の「弓の沢」という意味に由来するものである、など豊富な証拠が挙げられている。

そして、出雲族はヤマト王朝側からは征服されるべき矮小な種族とみなされ、強圧にさらされたことは蝦夷と共通していることを指摘し、出雲族とは山陰にとどまった蝦夷のことであるというのである。確かに、出雲の言葉は東北弁と同じくいわゆる「ズゥズゥ弁」であることは小谷部の主張を支持しているように見える。

ところが、この書物の根本主題は「出雲族とは渡来したユダヤ民族の首長のイサクの子であったエソウすなわちエドムの子孫である」という破天荒な主張にあるのである。しかし、そのことを理解するためには、「ユダヤとは何か」の理解が前提となるので、やや煩雑になるが、古代の西アジアで栄えていたことのあるユダヤ民族の基礎知識から説くことにしたい。まず、西アジアから北アフリカの諸民族は、通常、「ハム・セム・ヤペテ」の三つの民族集団に大別されている。そのうちの「ハム」というのは、ピラミッドやスフィンクスを造った古代エジプト人のことをさし、「セム」というのは、ユダヤ人とアラビア人（アラブ）のことであり、「ヤペテ」というのはティグリス・ユーフラテスの両河の一帯――メソポタミアにいたシュメール人のことであろうとされている。この分類は、ユダヤ民族の聖典である『旧約聖書』の記事に基づくものであるから、この書物の構成についてまず述べることにしたい。

『旧約聖書』の巻頭には「モーゼ五書」とよばれる「創世紀」・「出エジプト記」・「民数記」・「レビ記」・「申命記」が載せられている。そこには、天地創造からBC八世紀ごろまでのユダヤ民族の歴史が綴られている。すなわち、天地の初めは、唯一絶対のヤァウェ（エホバ）の神が暗闇の中で最初に

「光あれ」と言うと光が生じ、以下、日月星辰と大地が造られ、海と陸地が形成され、そこに住む動植物が次々と創造され、最後に、神の姿に似せて人間の子アダムが造られ、その肋骨からイブが造られたという「天地創造」の神話がまず語られている。ついで、エデンの園においてアダムとイブがサタン（悪魔）に唆《そそのか》されて禁断の果実を食うという原罪を犯し、楽園から追放された話が述べられ、続けてカインとアベルの兄弟喧嘩の話やノアの方舟の洪水説話が語られている。そして、その子孫のアブラハムの一族は神と約束をした選民（イスラエル）として生きていく物語になっている。

『旧約聖書』は以下、「ヨシュア記」・「士師記」などの「前預言書」が続き、預言者の言葉を織り交えてユダヤ民族が原郷のカナンに復帰して祖国を再建してから、イェルサレムの陥落までの歴史が多くの物語によって記されている。さらに「詩編」・「箴言」・「伝導の書」などを掲げたのち、「イザヤ記」・「エレミヤ記」・「エゼキエル記」などの一二の「後預言書」を集めて膨大な内容になっている。

それによると、ユダヤ民族の開祖であるアブラハムの子孫たちは、パレスチナの地からハム系の民族が住むエジプトに移住して奴隷的な暮らしを強いられるが、BC一三世紀末に、英雄モーゼに率いられたユダヤの民がエジプトから脱出を試み、にわかに開かれた紅海の海底の道を歩んで追手から逃れて、シナイ半島に達し、その地の山で神から「十戒」を受けた後、苦難を重ねた末にパレスチナに着き独立国を建てたという。モーゼ以下の各預言者を通じてユダヤの民は「神との契約」を結び、そこで定められた「律法」についての解釈を「タルムード（口伝律法）」にまとめ、シナゴーグ（会堂）に集まり、ラビ（rabbi　律法学者・指導者）を囲んで日夜それを唱え、共々に戒律を守り支え合って「主なる神」への信仰を深めている。

そして、ユダヤの国は、ダビデ王やソロモン王（BC九六〇〜九二二年ごろ）の時代に大いに栄華を誇ることになる。しかし、やがてこの国の人びとの信仰心は薄れ、ついには分裂して北のイスラエルと南のユダの二国となった。そして、両国はアッシリアに攻められ、BC七二二年にはイスラエルは亡ぼされ、ユダの貴族階級の一万七〇〇〇余人は連行され新バビロニアの捕囚とされてしまう。その後、パレスチナに還ることを許されたユダも、BC五八六年にはバビロニアによって完全に滅ぼされることになる。以後、イスラエルの一二部族は東に逃れたまま世界史から消え、その行方は謎とされているが、その一部が東方に逃れ、それが日本列島にやって来たと説く人もいる。

世界各地に散ったユダヤ人たちは、中世のヨーロッパではキリスト教徒から「イエスを売った忌まわしい者の子孫」として排斥され、厳しい差別を受けながら苦難の道を歩くことになる。しかし、同族的団結心が強く勤勉な彼らはあるいは人が卑しむ商人として働き、あるいは芸能生活にいそしみ、さらに学問の世界などでも活躍し、第二次世界大戦に際しては、ヒトラーのナチス政権によってアウシュビッツの強制収容所で数百万人がサリン＝ガスなどを用いて虐殺されたりしたが、戦後の一九四八年に、国際連合によって「人工国家イスラエル」が建設されることになった。しかし、それを喜ばぬ周辺のアラブ諸国と対立し、深刻な「中東問題」が起こっている。

では、小谷部は何を根拠として「出雲人はエソウ（エサウ）の民である」と唱えているのであろうか？『旧約聖書』の「創世紀」には最初の人間の男であるアダムの子孫の系譜が載っており、その中にエソウの名があるのである。それは、

アダム——セツ——エノス——カイナン……（五代略）……ノア——セム
　　　　　　　　　　　　　　　　　　　　　　　　　　　├ハム
　　　　　　　　　　　　　　　　　　　　　　　　　　　└ヤペテ

（セム）——アルパグサデ——シラ……（五代略）……テラ——アブラハム——イサク………

となっている。そして、その第二五章の一九には、「アブラハムの子のイサクには、エソウとヤコブという二人の兄弟がいた」と書かれているのである。エソウは兄でヤコブが弟である。そして、ヤコブにはルベン・シメオン・レビ・ユダ・イサッカル・セブルン・ヨセフ・ベンヤミン・ダン・ナフタリ・ガド・アセルという一二人の子がおり、それらが後の「ユダヤ一二支族」の開祖となった、というわけである。

では、「エドム」とは何かと言うと「創世紀」の第二五章の二九から三〇に「ある日、ヤコブがあつものを煮ていた時、エソウは飢え疲れて野から帰って来た。エソウはヤコブに言った。わたしは飢え疲れた。お願いだ。赤いもの、その赤いものをわたしに食べさせてくれ。彼が名をエドムとよばれたのはこのためである」と書かれているのである。小谷部は、この「エドム」こそ「出雲」の名の起源であるというのである。『聖書』では、イサクの嫡男であるエソウは「常に山猟に出て家におらず、母は弟のヤコブのほうを愛した」としている。また、「創世紀」の第二七章の二三には、「エソウの手は毛深かった」と書いてあることに小谷部は注目し、「エソウはアイヌであり、出雲人こそアイヌの

ＢＣ10世紀前後のイスラエル（清川理一郎氏前掲書より）

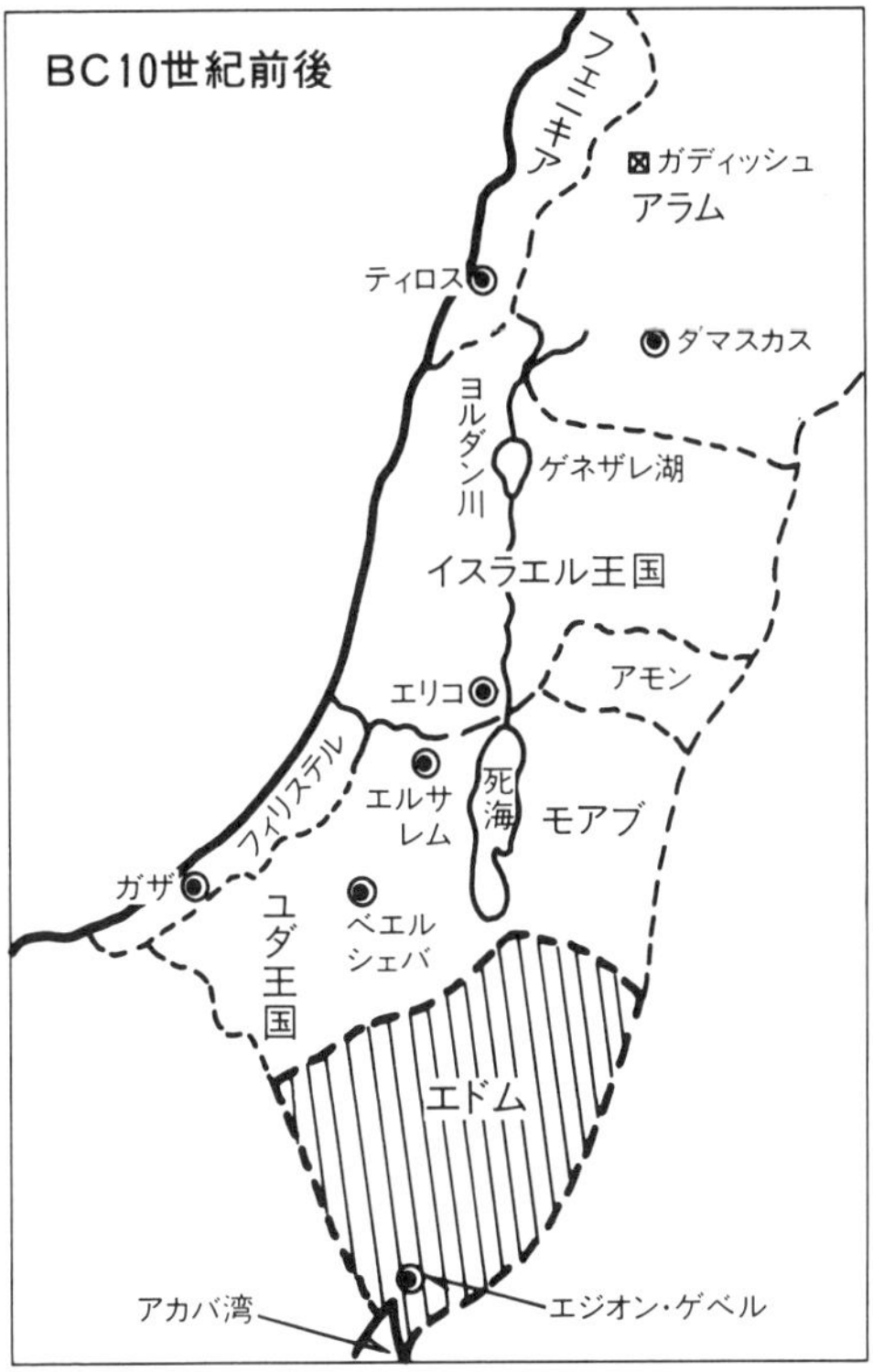

祖先である」と唱えているのである。

このように、「出雲とはエソウすなわちエドムのことである」などと言うと、「イズモ」という発音が「エドム」に似ているだけであり、いかにもコジ付け臭く聞こえるかもしれない。そのため、この説は牽強付会な妄論なのではないか、と思う人が多いであろう。ところが、小谷部が言うことを裏書きするかに見える「エドム」を思わせる「えとも」という地名がなんと『出雲国風土記』の秋鹿郡の記事に実在するのである。それは、「郡家の東北の方九里四十に恵曇《えとも》の郷があった」と記されているのである。そして、その名の起源について、須作能乎命の御子の磐坂日皇子命が国をめぐってこの地にきて、「ここは、国稚く美好しかり。国形、絵鞆の如きかも」と言ったのでその名がついたという説話になっており、同じく秋鹿郡の現在の鹿島町の地には「恵曇の池」があり、「一周六里の堤を築いた」という記事が載っているのである。しかも、それだけではなく「恵曇の浜」があり、そこには嶋根の大領社部臣訓麻呂の祖先の波蘇らが彫り穿った磐壁が三か所もある、と記されている。このように、「エドム」に似た「えとも」という地名が出雲に現存することが、果たしてこれは単なる偶然なのであろうか？　その他、出雲西部の「神門郡《かんど》」の名は、なんとなく四散したユダヤ一二部族の一つである「ガド」の名を思い出させる。

さらに、小谷部の著書は、『旧約聖書』の記事から古代ユダヤ人の生活・行動様式が古来の日本のそれとよく似ている事例を多数挙げている。例えば、その軍事面では徴兵制度があり、戦う時には敵味方の名乗りを交わし、突貫の声を挙げて襲い、敵の首級を取り、敗軍の将は自決する。また、「神武」の軍のように饗宴に招いた敵を殺す話や、ヤマトタケルが熊襲から名前を与えられたり、弟橘姫が海神に身を捧げたといったことと同じ筋の話も古代ユダヤにはあるという。さらに、民間習俗の面でも、正月行事に相当する過越《すぎこ》しの祭り、族長や長老を尊ぶこと、貴人には地に伏して手をついて挨拶すること、履物を脱ぎ手を洗う風習があることの他、住居・衣服・飲食や占い・呪いなどに関しても、欧米とは異なりユダヤと日本で共通する点が多くあることが指摘されている。さらに、長男の相続制度や男性側からの離縁状による離婚、敵討や罪人の逃れ場所のような日本では中世以後に生まれた習慣も古代ユダヤにはあったという。

そして、「ユダヤ文化渡来説」の決め手となるのは、古代ユダヤ教の神事が日本の神社の祭事と酷似していることである。ユダヤの神官は白い衣装を着ており、柏手を打って神を拝み、木の枝で祓《はら》いをし、塩を撒いて清めをし、水を浴びて禊ぎをする。そして、神には酒や新穀などの供物を捧げる……といった儀礼は両者で完全に一致している。

このように、日本民族の祖先には古代ユダヤ民族の血が流れていたとする説は、小谷部が最初ではなく、一七世紀の末に来日したドイツ人医師のケンペルがまず唱えており、それを受けて明治初期の一八七五年にはマクレオドというイギリス人が日本に来て研究報告の形で著した『日本古代史の縮図』という本がそれに次ぐものである。また、近年ではニューヨーク生まれのユダヤ教のラビのトケイヤーが、一九七五年に箱崎総一氏との対談の形で『ユダヤと日本　謎の古代史』という書物を出している他、同じ趣旨の書物は数多く出版されている。いずれにしても、古代ユダヤ人の感性や行動はそっくり現代に至る日本民族のそれと多くの点で共通するものがあると認めざるをえないであろう。

ミサクチの神はイサク信仰

信濃の諏訪大社では、出雲から追われたタケミナカタの神だけではなく、製鉄の神と思われる「ミサクチの神」と「モレヤ（洩矢）の神」も祀られているということは前章に述べた。ところが、今井野菊氏の調査によると、「ミサクチの神」を祀る神社が長野県に六七五社、静岡県に一二三社、愛知県に二二九社、山梨県に一六〇社、三重県に一四〇社もあるが新潟県と富山県には一社も無いというのである。これはどういうことであろうか？　その謎に答えるものは、「ミサクチの神」と守矢氏の祖先である「洩矢の神」とはどういう神なのであるかを知ることにかかっているといえよう。

その謎を解く鍵になるような事実があるのである。それは、諏訪で行なわれている「御頭祭《おんとうさい》」の様子が古代ユダヤの伝承と結びつくということである。「御頭祭」というのは、「酉の祭り」ともよばれ、毎年四月十五日に諏訪の上社で、前述の「湛え神事」に先だって行なわれる神事であり、七五の鹿の頭を奉納し、猪・鹿・鳥・魚類を神官たちが御饗（生け贄として供える）する祭りのことである。この祭りの様子は江戸時代の国学者で紀行家の菅江真澄が描写しているが、そこでは「御神生贄《いけにえ》の神事」が営まれているという。それは、御杖とも御贄柱ともよばれる柱に、八歳くらいの紅の着物を身に着けた子供が桑の木の皮をより合わせた縄で縛り上げられるというもので、祭りの最高潮になると馬に乗った諏訪の国司の使者が駆けつけ、「御宝だ、御宝だ」と叫びながら鈴のようなもの五個を入れた錦の袋を木の枝先に付けて走り去ると子供は解放されることになり、身代わりに耳の裂けた鹿が生け贄とされることになる、という奇妙な神事である。

ところが、これとよく似たことが、『旧約聖書』の「創世紀」の第二二章の冒頭部に、書かれているのである。それは、神がアブラハムに向かって、「あなたの子、あなたの愛するひとり子のイサクを連れてモリヤの地に行き、わたしが示す山で彼を燔祭《はんさい》（丸焼き）として捧げなさい」と命じたと記されている。なんとも残忍なことを要求する神であると思う人が多いであろうが、これは神がアブラハムの信仰心を試したものであろう。しかし、アブラハムは素直にそれに応じ、モリヤの丘に行き、イサクを縛って祭壇の薪の上に乗せて神に捧げ、刃物を取って息子を殺そうとした時、神は「あなたが神を恐れる者であることを知った」と言ってイサクを解放させ、代わりに雄羊を犠牲にすることにした、という話になっている。

このように、守矢氏が行なっている「御頭祭」が『聖書』の「イサクの燔祭」の話によく似ていることは、ユダヤの伝承が日本に持ち込まれ、それをベースとして「御頭祭」の神事が作られたというのは、かなり有力な推論であると言ってもいいであろう。しかも、その話の中に「モリヤの丘」が出てくるのを見ると、諏訪の守矢氏の名がここに発していると考えられるではないか。それだけではなく、諏訪の「御頭祭」に続けて行なわれる「湛え神事」で祀られる「ミサチクの神」の名を分析すると、「御＋イサク＋チ」ということになりはしまいか。「チ」は大蛇を意味する「オロチ」の「チ」であり「蛇」を意味するとも、あるいは「精霊」を意味する言葉であるとも考えられる。いずれにしても、「ミサクチの神」というのはイサクと通じ、ユダヤと結びつく渡来神ではないかというのである。

このことについては、ユダヤの神話と信濃から東海地方にかけて伝わる神事に関するものとの二つの間に、このような一致が偶然に起こったと考えるべきであろうか？　それとも、それは「イサクを縛って神に捧げる」というユダヤの伝承を信奉する人たちが日本にきていたことを証明するものなのであろうか？

『諏訪神社　謎の古代史』の著者の清川理一郎氏は、高橋正雄氏の『旧約聖書の世界』（時事通信社）の説により、「洩矢神」を「土地神」であると考え、それはヤハウェーが顕現するユダヤの聖地モレヤに由来するとし、守矢氏はその信仰を受けつぐ一族であろうとしている。そして、「ミサクチの神」のほうはイサクに連なる「人格神」としている。そして、以上の祭事や『聖書』の内容に関連して、気になることとして、インドでマダカ王朝を倒して出現したマウリヤ王朝の始祖のチャンドラ・マウリヤがインドのゴタクル地方のモリヤ族の出身であるということや、日本の物部氏にも守屋という人物がいたことなどを挙げており、守矢家の紋章が「丸に十字」の島津家と同じものであることについても、「それは羊を象徴する古代シュメールの楔形文字によるものである」とする岩田明氏が『十六菊花紋の謎』に書いている説を採りたいとしている。さらに、清川氏は「ミサクチの神」と「アラハバキの神」の関連についても注目する。

「アラハバキ」という言葉は、しばしば「荒脛」という文字で表わされており、その信仰の形態としては草鞋とか鉄製の下駄などを供えたり、目の神様とされている。しかし、この神を祀る社のほとんどには本殿などはなく、他の神社の末社や摂社とされており、全国では青森県の麁脛膝《あらはばき》神社・洗磯崎神社、宮城県多賀城市の荒脛巾《あらはばき》神社などをはじめ、秋田・山形・福島・千葉・神奈川・山梨・静岡・愛知・新潟・京都・広島・鳥取・岡山・愛媛・高知・長崎（壱岐）・大分の各府県にそれぞれ一、二のアラハバキ神を祀る神社があるが、最も多いのは埼玉県の二三社（その三分の一が大宮市）であり、次いで島根県の一六と東京都の八社が多くなっている。ここで注目すべきことは、各地のアラハバキを祀る社には製鉄に関係のある伝承あることと、西日本では社の名前がアラハバキではなく「大元神社」になっていることである。

さて、諏訪には足長神社と手長神社という社がある。この二社の祭神は、それぞれアシナヅチ（足名椎）・テナヅチ（手名椎）という「出雲の神」になっているのである。ところが、足長神社には草鞋を供えるしきたりになっている。そのことから見ると、この二社はもともとアラハバキ神であったことは間違いないとしてよいであろう。なお、手長神社の摂社・末社としては金山神社・塩竈神社・金比羅神社など一〇社余が置かれているが、そのうちの金山神社のことを土地ではデイラボッチとよんでいるという。デイラボッチは、地方によってダイダラボッチなどともよばれ、全国的に伝わる産鉄民が生み出した伝説上の巨人である。東京都にも、代田橋という地名がある。

ところが、西日本ではアラハバキ神は「大元尊」とされているが、「大元」については、伊勢神宮の『神道五部書』には、「大空一虚太元尊神」などの名が記されているし、丹後の籠《この》神社でも秘伝書に、「天照大神は国常立尊すなわち大元神の所顕であらせられる」とし、それを「天地開闢大元尊神と唱えている」と書かれている。そして、宇佐八幡の背後にある山は御許（大元）山といい、その山麓には大元神社がある。また、アラハバキ神と言えば、偽書説で有名になった『東日流外《つがるそと》三郡誌』にも古代津軽地方で広く信仰されていた神とされている。

このようなアラハバキ神の正体については、近江雅和氏は著書『記紀解体』で、それはアラビア南部のヤマン（イエーメン）で信仰されていた最高神のことであるとしている。その「アラ」はアラビア語のアラァ（唯一絶対の根源神）のことであると唱えている。その論拠は省略するが、近江氏は、ヤマンにいたアラハバキ信仰をもつ一団はアラビヤを追われてインドに移り、仏の守護神となり、さらに中国に輸入されて外道の明王（日本では鬼子母神・夜叉）となり、それが密教僧によって受け入れられ、さらに道教と習合して「大元明王法」となって後、九世紀日本に到来して大元尊神となり、西日本ではアラハバキという名は表面から消えてしまったと推論している。

一方、アラハバキ神の信仰が日本にやって来たのはそれよりも早く、インド洋からインドシナを経て海路直接に弥生時代の日本に到達しており、海部氏などの信仰に影響を与えていると近江氏は考えている。また、古代の西アジア文化に詳しい川崎真治氏は著書『謎のアラハバキ神』の中で、「アラ」は獅子神のことで、BC三〇〇〇年紀初頭のメソポタミアにあったウルク国のギルガメシュ王の暗喩であると説いている。そして、「ハバキ」とはウルク城市の守護神だった牡牛神の「ハル」と蛇女神の「キ」のことであるという。つまり、アラハバキとは、ギルガメシュ王の父母のことであるという。いずれにしても、西アジアの神であることには変わりはないことになる。

ところで、世界で最初に鉄が生産されたのは、何時ごろであり、どの民族によるものであろうか？

BC三〇〇〇年代のエジプト第四王朝のクフのピラミッドから隕鉄を加工したものと思われる鉄製の装飾品が見つかっているし、小アジアのアラジャの墳丘などから鉄製の鑿《のみ》や短剣が発見されている。このころの鉄器は砂鉄や稀に発見される夾雑物の多い自然鉄を熱して鍛造するものであり、まだ本格的な鉄器時代に入っていたとは言えない。前述の出雲地方などで行なわれていた砂鉄の利用や諏訪地方で行なわれていた「スズ」から鉄を取る方式はこの段階のものである。鉄の武器が戦闘に使用されたのはBC一九〇〇年ごろに中央アジアから小アジアに侵入して来たインド・ゲルマン語族のヒッタイトである。鉄鉱石から採鉱する精錬法が開発されたのは、BC一五〇〇年ごろの西アジア地方であるとされているが、どの民族が最初であったかは特定できていない。そして、その技術がヨーロッパやインドに伝えられたのはBC八世紀ごろのことであり、中国ではそれより一世紀ほど遅れて秦が最初に鉄の武器を使っている。

伊勢と出雲を結ぶもの

『記・紀』に見られる「日本神話」は、高天原と葦原の中つ国、アマテラス大神とスサノオの「陽と陰」の対立関係をめぐって語られている。そして、そのことは以後の「歴史」においても、中央すなわち大和とその敵対者としての出雲や蝦夷という対立関係という構図で展開されている。そして、『記・紀』の編集の基本方針は「アマテラスの子孫こそ葦原の中つ国を永遠に支配すべきものである」ということを明確にすることにあるようである。しかし、実際は、アマテラスは宮中では祀られていないし、明治以前の天皇・皇族で伊勢の皇大神宮に関心をもったのは壬申の乱（七六二年）の際に伊勢の神宮を遥拝した天武天皇とその皇后であった持統天皇が伊勢神宮に参詣したのが唯一の例外であり、それ以外にはただの一度も「皇祖神を祀るとされる神社」を見向きもしていないのである。これはなんとしても不思議なことである。

では、伊勢の皇大神宮の創立起源は何であろうか？『日本書紀』によれば、第一〇代の崇神天皇の即位六年に「百姓流離・背叛」のため天皇の勢徳をもって治めがたくなったとして、「天照大神をもって、豊鍬入姫命を託して倭《やまと》の笠縫邑《かさぬいのむら》に祭る」ということになり、さらに次の垂仁天皇は二十五年、倭姫命《やまとひめのみこと》に託して鏡を菟田《うだ》の筱幡《ささはた》に遷し、ついで近江・美濃を経て伊勢の五十鈴川のほとりに鎮座させた、としている。しかも、その理由として「崇神紀」には「是れより先、天照大神、倭大国魂二柱神を天皇の大殿の内に斎《いわ》いまつる。然れども、其の神の勢を畏れて、共に住むに安からず」と記している。しかし、それは明らかに詭弁である。『日本書紀』には、「天孫降臨」の際にアマテラスは孫のニニギに向かって「この鏡を見る時、われを見るごとくせよ」と告げ、八咫鏡は天皇家の先祖であるアマテラスの象徴であったはずである。もし、崇神天皇がアマテラスの子孫であるとすれば、その神体である鏡を宮殿から追放するのは「神勅違反」であるから、土地の神のほうを追放するべきである。それを、そうしなかったのは何故であろうか？　この件については次章で考えることにする。

ところが、倭姫は近江・美濃・丹波などの各地をめぐり、アマテラスの霊が休まる土地を見つけようとして最終的に伊勢の五十鈴川のほとりに皇大神宮が建てられ、そこにアマテラスの神霊として八咫鏡が祀られたことになっている。そして、その傍に斎宮が置かれ、以後、皇族の女性が代々斎王としてアマテラスに奉仕している。それは、あたかも皇室に崇りをする神を封ずるためのように見える。

ところが、倭姫はその途中、志摩の国（三重県の半島部）を巡回中に答志郡粟島の郷（現磯部町上之郷）に、アマテラスの供御のために贄地を定めようと考え、伊佐波登美命《いざはとみのみこと》を祀る社を建て、その名を伊射波神社としたという。これがいわゆる伊雑宮《いぞう》である。近江雅和氏によると、イザワトミは、出雲臣家の始祖のアメノホヒの子のタケヒナドリの孫であると『神名帳考証』に記されているという。現在の祭神は、天照坐大御神御魂ということになっていて伊勢の皇大神宮の別宮（奥の院）とされ、皇大神宮の遥宮と称している。この神社は『延喜式』では国幣大社とされ、祭祀は志摩の国司も掌り、幣帛の奉納など皇大神宮本社に準ずるという格の高い社とされているが、その実態については謎が残る。

そもそもこの伊雑宮は、その所在地の磯部にいた海人たちが聖地としていた場所であろう。そこで、注目すべきことは、この宮にある石灯籠には古くから「ダビデの星」とよばれている「六芒星」があるということである。これは、正三角形を二つ組み合わせたもので、現イスラエル国の国旗と同じものである。そして、伊勢市宇治にある皇大神宮の内宮の参道にある石灯籠の明かり窓には第二次世界大戦後になって神宮庁長官の二荒伯爵の強い希望によって「ヘロデ王の紋」――向日葵《ひまわり》の花型が彫られている。ヘロデ王というのは、イエス＝キリストの時代にローマ帝国によって一時ユダヤ王国が再建されていたころの王である。二荒氏の祖先は藤原氏の同族の大中臣氏であり、前著『ヤマト国家は渡来王朝』で述べたように「藤原氏はユダヤ系の子孫である」とする有力な説もあり、やはり興味がそそられる。なお、丹波（京都府西部）には元伊勢神宮があり、その地の真名井神社の紋も「六芒星」になっている。また、昭和の初期に川守田英二という神学者が「伊勢音頭はヘブライ語（古代ユダヤ語）で解釈できる」とし、「伊勢」という国の名も、「ユダヤ教の預言者のヨシュヤから来ている」と説いている。そして、ユダヤ語がそのまま日本語となっている例として音・玉・畑・富など一二〇〇語もあるという。また、現在のイスラエルにも、アシヤ・ウジ・サカイ・タマル・ホリ・ヤナイなど、日本語そっくりの地名や人名が多いともいう。これも興味深い事実である。

さらに、伊雑宮の南八〇〇メートルほどの所にには「佐美長《さみなが》神社」があり、土地の人はこの神を「地主の神」であるとしているが、「佐」は鉄のことであろう。そして、思い出すのは、伊勢は尾張・

三河・駿河・甲斐から信濃と続く「ミサクチの神」の信仰の分布地域に属しているということである。そして、伊雑宮に祀られるイザワトミの神の名に「トミ」の文字が付くことは、諏訪大神のタケミナカタの別名がミナカタトミであったことを思い出させる。そして、「トミ」あるいは「トビ」というのは「蛇神すなわち竜神」のことであり、「佐美長」の「ナガ」もまた「蛇」を意味していた。このように、伊雑宮は磯部の海人の信仰を母胎として生まれたものであることがわかった。

さて、これらの事実をどう考えるべきであろうか？　その前に、「ヤマト王朝による国土統一より前に『元大八洲国』とでも名づけられるべき国があった」という説を紹介しておこう。それは、京都府亀山市千歳町にある出雲大神宮の広瀬大宮司が唱えるもので、太古の時代には、全世界を意味する「外八洲」に対して「内八洲」すなわち日本列島は一つの世界であり、出雲大神宮はその中心であったというのである。この神社の正しい名称は「大八洲国祖神社」といい、日本列島の精神的統一の要であったというのである。

また、第三章で紹介した出雲井神社の宮司家である富氏の伝承について、『謎の出雲帝国』の著者の吉田大洋氏は「大和や紀伊は出雲の分国であった。出雲王朝は北九州から新潟までを領有していた」というのが富氏家で信じられている、と述べている。そして、富氏の伝承では、「祖先たちは海の彼方から四〇〇〇年も前にやって来たのである。」ということも気になる言い伝えである。

これまで見てきたことから、西アジアとりわけユダヤとつながる文化――イサクとエソウを神として奉ずる文化は、どうやら伊勢に上陸し東海地方を経て諏訪の守矢氏に伝えられて原始的な鉄を生産するようになったという筋が浮かび上ってきた。そして、守矢氏たちは、出雲から諏訪に入って来たタケミナカタに征服され、その配下とされたというのであった。そのタケミナカタの別名は「ミナカタトミノミコト」であり、竜神信仰族のようである。しかも、伊勢の伊雑宮の祭神の名前は「トミ」が付く「伊佐波登美神」であり、これまた「竜神信仰」とつながっていた。このように、出雲でも信濃でも、そして伊勢においても、「竜神信仰」と「製鉄」とが絡み合っていることがわかった。

しかし、出雲では『記・紀』の「八俣大蛇退治」の話や「国譲り」の話では、「竜蛇信仰派」は敗北者であるが、信濃では「タケミナカタ」が勝者であり製鉄族の「ミサクチの神」は敗北者であり、一見、話が逆のように見える。ところが、伊勢の地には「大和を追われたアマテラス」が倭姫によって宇治の五十鈴川のほとりに皇大神宮として遷座した反面、それより前からいた磯部海人族の竜神信仰は伊雑宮――それは皇大神宮の遥宮（奥の院）とされている――に残されている。

そこで問題となるのは、出雲からタケミナカタを追放したのはヤマト王朝であり、その大王は崇神天皇であり、伊勢にアマテラス大神を遷座させた（追放した）のもまた崇神天皇であったということである。こうなると、崇神王朝は何故に出雲を征服し、また、何故にアマテラスを追放したのか？

そこで、これらの問題については、次章で検討することにし、これまで見てきた多くの事実について整理しながら、すべての原点に立ち帰って謎の解明と出雲史の復元をはかることにしたい。

第十章　原点に戻って――出雲史の復元

ニギハヤヒの追放

これまで、出雲に関するいろいろな伝承や『記・紀』などで「出雲の神」とされている神を祀る神社をめぐる数々の謎に取り組んできた。そして、たどりついたのは、伊勢の地であった。そこには、皇室――日本の天皇家の祖先の神であるとされているアマテラス（天照）大神を祀る皇大神宮があり、その奥の院とされる伊雑宮には「イザワトミの神」とよばれる「竜蛇神」が祀られており、それが伊勢の海人がもともと尊崇している土地の神であった。アマテラスは、大和を追われ各地を経巡り伊勢にやって来たわけであるが、何故、大和を追われることになったのかが未だに解明されていない謎として残った。

そして、その謎を解く鍵はどうやら伊勢神宮に斎宮制が布かれ、独身の皇女が斎女として奉仕することにされたことの理由にあるようであった。つまり、伊勢の皇大神宮はあたかも「天皇家に祟りをする神を封じ込んだ」かに見えるのであり、斎女は恐ろしい神に捧げられた「生け贄」とさえも思われるからである。

伊勢神宮については、『ヤマト国家成立の秘密』で詳論したように、それ以外にも、内宮（祭神は天照大神）と外宮（祭神は豊受大神）とが仲が悪く、中世以来、宇治と山田の町人たちの抗争には何度となく血が流されていることや、「外宮先祀」という慣行があり、御饌《みけつ》神に過ぎないはずの外宮のほうが内宮に優位するという原則が確立されているという不思議な慣行があることもある。その他、丹後の国（京都府北部）に元伊勢皇大神宮があることにも注目すべきであろう。このように、伊勢神宮には数多くの謎が秘められているが、一部の学者や研究者以外は何故かこの問題には触れたがらない。実は、そのことのほうがもっと不可思議であり、奇怪なことと言うべきであろう。

そして、第六章の末尾には、熊野大社に祀られている神が『記・紀』ではアマテラスの弟として位置づけられているスサノオとされていることに関して、「その神は物部氏の祖先神とされているニギハヤヒのことである」という結論だけ述べて、その推論の過程は伏せたままにしてある。そこで、いよいよ本書の最終章に取りかかるに際して、右に挙げたいくつかの謎を相互に関連づけながら答えておきたい。

それに答えるためには、三世紀の半ばの歴史的事実である「邪馬台国の女王卑弥呼の死」と引き続き起こった「邪馬台国の崩壊後の事態」の真相を明らかにすることが必要になってくる。このことについては、前著『天皇家と卑弥呼の系図』に詳論してあるが、概略すると次のようなことである。

『魏志』には、「卑弥呼以て死す。大いに冢を作る。径は百余歩。葬に殉ずる者は奴婢百余人。あらためて男王を立つ。国中服せず、こもごも相誅殺し当時千余人を殺す。また卑弥呼の宗女台与年十三を立てて王となす。国中ついに定む」と記されている。わたしの推論では、この時に一時的に王となった男は、筑後川の河口付近にあった弥奴国王であり、『記・紀』に水沼君と書かれている者であり、この男がミマキイリ彦の名で東征し、それまで近畿地方の南半に勢力を張っていた物部氏を降伏させ、臣従することを誓わせたと考えるのである。

そして、このことを『記・紀』は「神武東征」として記し、「カムヤマト（神倭・神日本）・イワレ（伊波礼・磐余）彦に対してニギハヤヒ（邇芸速日・饒速日）が降伏した」というふうに記したというわけである。ところでここで注目すべきことは、『先代旧事本紀』によれば、ニギハヤヒの正式の名は「天照国照日子天火明奇玉饒速日尊《あめのほあかりくしたまにぎはやひのみこと》」という長い名前になっているのである。つまり、「天照」という名はもともと「日輪信仰」をもつ物部氏の祖先神であるニギハヤヒのものであったのである。ところが、「東征」してきたミマキイリ彦（崇神）は、自らは「日輪崇拝」ではなかったが、大和の支配者となるためには、自らを「日神の子孫」として位置づける必要があったので、物部氏の神であるアマテラスの名前を奪い、それを崇神王朝の祖先神の名前としてしまった、というのが問題を解く鍵なのである。そう考えて初めて、すべてが読めてくるからである。つまり、本来のアマテラスは物部氏の祖先神のニギハヤヒであったのを大和から追放して遠い伊勢の五十鈴川のほとりに神宮を建て、皇女を斎女として付き添わせ、その祟りが起こらないように封じ込んでしまった、というわけである。言い換えれば、伊勢の皇大神宮に祀られているのは、天皇家の祖先神などではなく、近畿地方を早くから支配しており「日輪信仰」をもっていた物部氏の祖先神であったのである。であるからこそ、奈良・平安時代から江戸時代末まで天皇家は伊勢など振り向きもしなかったのである。そもそもミマキイリ彦は「日輪信仰」ではなく、恐らくは「熊信仰」をもっていたのであろう。そこで『書紀』はやむなく「倭国魂と天照を同床させるのはよくない」という理由づけをしてミマキイリ彦（崇神）はアマテラスを大和の笠縫に、そして次の垂仁の時代に伊勢に遷したというふうに記しているわけである。

こうして、ミマキイリ彦の子孫が大和で大王の地位にいたが、その後、九州から東上して来たオキナガ（息長）・タラシ（帯・足）姫が生まれたばかりの王子（後の応神天皇）に大王権を継承させたわけである。しかし、大和にあっては民衆は伝統的に「日輪信仰」が依然として広く普及しており、土地の支配者であった物部氏に対する敬愛の心をもっていたに違いない。しかし、前述のように「東征」して来た崇神あるいは応神天皇は「日輪信仰」ではなかったが、大和を支配するためには自らを「天神の子孫」と称し、物部氏の神であったアマテラスの名前と大和の支配権を奪い、「アマテラスは天皇家の祖先の神である」としたというのがわたしの推論である。しかし、大和の民衆に対して「日輪信仰」を禁止することはできなかったので、ミマキイリ彦はニギハヤヒの墓があった三輪山を聖山とし、その神の名を大物主とよばせ、それを祀る仕事を物部氏の同族である大三輪（大神）氏に委ねたものであると考える。また、物部氏の氏神の石上神宮に対しては、もともと祀られていたのはニギハヤヒであったが、その名を使うことを禁じ、「フツ（師霊）の御魂」などという刀剣の霊の神であるということにしてしまう。そして、それと同時に、降伏した物部氏の祖先であるニギハヤヒという名は『記・紀』では「神武への降伏者」としてだけ記すことにしたのである。また、同じくニギハヤヒを祀っていた大神神社では祭神の名を倭大国魂としたことになる。この措置は、崇神時代に布告されたと思われるが、奈良時代になって『日本書紀』が編纂されるとともに、全国規模で実施されたものと思う。

そこで、問題の紀伊の熊野大社のことであるが、熊野はもともと物部氏の勢力圏であり、やはりニギハヤヒが神として祀られていたはずである。そのことは、第六章にも記したが、『先代旧事本紀』に書かれているように、熊野国造は「饒速日の五世の孫の大阿斗足尼」であったことから推定できる。この大阿斗足尼の祖先はアマツ・マラといい「天孫降臨」の際の物部大船団の梶取りであったと記されているから中世の熊野水軍とのつながりが考えられるし、神官に多い鈴木姓は物部の同族の穂積氏から出ている。このように、熊野は固く物部氏と結びついているのである。したがって、大和王朝は物部氏を権力の構成要素として取り込んだものの、その宗教的な権威を認めることはできず、ニギハヤヒの名を神として使うことを全面的に禁止したものと思われる。その証拠に全国の神社でニギハヤヒを祀っているものは、伊勢にある穂積神社や下総（千葉県北半）の印旛郡の一帯の二一社の鳥見神社を除くとほとんど無いのである。「神武東征」——実は「崇神東遷」と「応神東遷」を合成したものであるが——以前も以後も大勢力を保っていた物部氏のような大族の祖先の神を祀る神社がほとんど無いという事実は、その祖神であるニギハヤヒの名を使うことが禁止され、別の神の名にされてしまったこと以外にその理由は考えられない。各地の大国魂神社も、大山咋尊という正体不明の神を祀るとされている山王権現として知られる日吉神社も、あるいはニギハヤヒの変名によるものである可能性はあると思う。

こうして、物部氏の一大根拠地であった熊野の三権現の神の名にもニギハヤヒの名前を使うことは禁止され、ケツ（家津）御子あるいはクシミケ（櫛御気）であるとかハヤタマ（速玉）とかコトサカオ（事解之男）などという架空の神に名前を変えられたわけである。また、熊野神社の祭神の名をカブロギ（加夫呂伎）神とし、それがスサノオのことであるとする向きもある。「かぶろ」というのは「禿頭」のことであり、垂れ髪を短く切った童のことをさすから、「大の男ではなく弱々しい奴」という意味をこめて敗者を嘲った呼び名とも考えられるし、「かぶく」というのは「傾く」ということであり、それを延音して「かぶろぐ」と言ったのであると解釈すれば、同じく「勢力が衰えた奴」という意味になってくる。いずれにしても、「カブロギ」という言葉からはスサノオとの結びつきを見つけ出すことはできない。むしろ、熊野の神がスサノオであるとされたのは、『記・紀』の中で操作されたスサノオ像から説明される。それは、スサノオというのは、常に姉とされるアマテラスの引き立て役であり、愛敬のある豪傑であり、民衆の救済者であり、アイドル的なイメージがあるところから、何か苦し紛れに熊野の神に仕立てられたものであろうかと思う。

ところが、特定の神を封じるということは、七～八世紀においては、その仕返しとして天皇家が呪いを受ける心配を抱え込むことを意味する。したがって、天皇家では伊勢に遷したアマテラスの霊が暴れるのを恐れ、独身の皇族女性を伊勢の斎宮に斎王として派遣し霊が祟りをするのを封じたことになろう。しかし、出来上った伊勢神宮では、独自に神道理論を整え、朝廷の意向には拘わらず独自の布教活動を展開したし、民衆の側でも新しくつくられた伊勢神宮を自分たちの昔からの「日輪信仰」――すなわち「お天道様」を拝むのと同じ意味でそこに参拝するようになったと考えられる。つまり、「お伊勢詣り」というのは皇室に対する尊崇心の顕れではなく、民衆の神への信仰によるものであった。

なお、伊勢神宮の内宮と外宮の関係についても論ずるべきことは多いが、それは物部氏が近畿地方に進出する前に「豊の国」にいた時代の事情が関係してくる。それというのは、伊勢の皇大神宮の内宮は豊日別神社（福岡県行橋市。現在の祭神はイザナギノミコト）でありもともとはニギハヤヒを祀っていたものと思われるものであり、外宮の豊受神宮は宇佐八幡の前身であったと考えている。この二社が一度、丹波に移動し、元皇大神宮となり、やがて伊勢に遷されたものであるという構想になっている。詳細は前著『ヤマト国家成立の秘密』を参照していただきたい。

物部氏の神である「日輪すなわち天照大神」を表向きの皇祖神として奪った崇神王朝とその後継者である天皇家では、その祟りを恐れて伊勢に斎宮を建てただけでなく、熊野三山の参詣も心がけニギハヤヒの霊に祈りを捧げている。そして、第五章で述べたように、平安京には上・下の鴨神社を建てて鴨氏の祖先の霊を慰めている。鴨氏というのは、五世紀から六世紀まで権力の中枢にあって権勢をふるっていた葛城氏のことであるらしいということはすでに述べた。葛城氏の祖先もまた天皇家によって征伐されており、それに後ろめたさを感じればこそ、何度も鴨神社への行幸と参詣があったのである。なお、鴨氏と葛城氏のことは、前述のように『記・紀』ではコトシロヌシ（事代主）の神に託して巧妙に物語化した記事を創作している。

以上のように「謎解き」をすると、『記・紀』に現われるアマテラスとスサノオの姿を見る考え方は大幅な修正が必要になってくる。そもそも「アマテラス（天照）」というのは物部氏にとっては、「日輪そのもの」であり、同時に自分たちの祖先を神格化しものであった。つまり、アマテラスとはニギハヤヒのことであった。ところが、「日輪信仰」と無関係の崇神王朝とその後継者である応神王朝が大王位とアマテラスの名を奪ってからは、アマテラスの本来の意味である「日輪」という性格は次第に薄れていき、観念の世界で作り出された「高天原の最高神」という意味づけで説明されるようになる。こうして「アマテラスとは天皇家の祖先の神である」という架空の系図が創作され、「日輪信仰」をもつ人びとにそれが押しつけられ、無理やり彼らを納得させようとしたわけである。

したがって、『記・紀』とりわけ『紀』のほうでは、アマテラスというのは、「天岩屋隠れ」などのように何らかの史実を象徴的に描いたものと考える余地のある若干の例を除いては、「天孫降臨」の司令者であり、「アマテラスの子孫による葦原の中つ国の統治権の正統化」を宣言するための至尊の神として位置づけられることになった。このように、『記・紀』に描かれるアマテラスは「人格神」ではなく、「天皇制の神聖化」という目的に役立つ「観念的な神格」だけが強調されることになる。

一方、アマテラスはスサノオの姉ということになっている。このことは、「天孫族」の支配に対抗する勢力の願望を吸収する役割をスサノオに担わせることと、同時に「天孫族の原郷」である朝鮮をスサノオと結合させ、しかも、それを「根の底つ国」とも関連させることによって、神話の形で過去の記憶を昇華させる狙いを果たそうとした、というのが正解であると思う。しかも、スサノオを出雲に登場させることにより、ヤマト王朝に対して根強い怨念を燃やしている出雲の人びとの心を安らげる効果も生まれた。それは、出雲の地方神であるスサノオと同じ名前を「八俣の大蛇退治」という美しい物語の主人公に付けることによって、外部からやって来たヤマト王朝側があたかも出雲の救済者であったかのように偽装することになり、しかも、出雲の国土建設者であるオオクニヌシをスサノオの娘婿に仕立てることによってヤマト側と出雲との擬似姻戚関係を成立させるという政治的意図も達成させたわけである。

このように、『記・紀』は徹底して出雲をその支配下に置くことを意図しており、スサノオはそのための重要な道具となったわけである。ところが、長らくヤマト勢力の支配下に置かれてきた出雲では、天神系の天のホヒを祖先にもつ出雲臣家が出雲大社の神官として、そして、出雲国造として君臨してきたため、いつの間にかヤマト側が捏造した「出雲神話」を信じる人が増え、『記・紀』で語られている虚構の物語を自分たちの先祖の歴史の反映であるかのように錯覚し、さらには堅く思い込むようになり、そこに描かれている「オオクニヌシやスサノオの虚像」を愛するようになっていることは悲しい事実であると言うべきであろう。

古代出雲の原像

西暦紀元前後の出雲地方に住んでいた人々としては、①最も古くからいた原住民は縄文文化の保有者であり、彼らの多くは弥生人の渡来によって東国に移住して後に蝦夷と呼ばれるようになったもので、出雲地方にはそのまま残留した者が多かったと思われる。今日でも「出雲の言葉はズーズー弁である」と言われるのはそのせいであろう。もう一つ、②白兎に騙されたワニで象徴される南方系の海人たちが挙げられる。次に、③吉田大洋氏が『謎の出雲帝国』で紹介した、「クナトの大神に率いられてアジア大陸の奥から渡来したという竜蛇信仰族」がいたことは確実である。彼らは、簸川を遡って砂鉄による製鉄を営んでいたに違いない。また、④古志（越）の国との交流が盛んだったことは翡翠の珠が出土することから明らかである。そして、越方面からの移住者がいたことは『出雲国風土記』の神門郡の古志郷には「伊弉那弥命の時、古志の人が到来して日淵川をもって池を築造した」という記事があり、嶋根郡の美保郷には「天下造らしし大神（大穴持）は高志に坐す神の子奴奈宜波比売命に娶して御穂須須美命が生まれた」とあることによってもこのことは裏付けられる。この女性は『古事記』で八千矛命（大国主）と歌の交換をした沼河比売のことであり、「国譲り」に反対して諏訪まで敗走したという建御名方命はこの姫の子とされており美保神社に祀られている。

ところで、荒神谷から発見された多数の銅剣や加茂岩倉で見つかった銅鐸を作製したのはどういう人たちであったかについては、前にも見たように、加茂（鴨）族であることは明らかである。出雲の大原郡の西端は現在は加茂町であり、加茂・賀茂地名は新潟県から近畿・中国地方に広く分布しており、それが精銅氏族の居住地であった。そして、『出雲国風土記』に五か所も名前が出てくる阿遅須枳高日子根は大穴持命の子とされているが、意宇郡加賀茂の神戸の記事にあるように「葛城の賀茂に坐す神」ということから、⑤加茂・賀茂族の存在を挙げなくてはならない。

精銅技術は朝鮮から齎らされたに違いない。出雲は海流に乗って彼の地から渡って来るのに都合がよいことから、他にも渡来者がいたはずである。そこで、⑥「安羅系の渡来者」が挙げられることになる。現在でも松江市周辺には荒木・新井・有田など「アラ・アリ」が付く姓の人が多い。そこで問題になるのは、すでに述べたように「熊野信仰」をもつ集団である。近畿から中国地方にかけての海辺には熊野海人が分布しており、民俗学者の松前健氏によれば、彼らは紀伊の有馬氏と関係がありスサノオ信仰と結びつくという。

古代出雲には、Ⓐ天下造らしし大神、Ⓑ野城大神、Ⓒ佐太大神、Ⓓ熊野大神というふうに四柱の大神が信仰されているが、Ⓐは、アジスキタカヒコネの父であるから精銅氏族の加茂・賀茂族の神であろう。大穴持という名は銅の鉱山の支配者にふさわしく、金属器を持つことは国を支配することに通じ、大国主の名にふさわしい。そして、Ⓓは安羅系の渡来者の神であろう。

では、Ⓒの神はどういう人たちに信仰されていたのであろうか？　秋鹿郡には佐太の御子社があるし、佐太川・佐太の水海がある。ところが、十三世紀に豊後の守護の大友氏が編纂した『上記』という書物には、「サルタ彦の父のカミムスビはキサガエ姫に産ませた子の認知のため、黄金の弓矢を持っているかと問うた」という記事がある。そして、『出雲国風土記』には嶋根郡加賀の神埼について「支佐加比売が金の弓矢を得た」と書かれているところを見ると、サタ大神とはサルタ彦のことと考えてよさそうである。しかも、伊予（愛媛県）には佐田岬があるし、豊前（福岡県東部）には猿田という地名が多い。そして、古代の豊前には物部氏が勢力をもっていたことから、サタ大神イコールサルタ彦は物部系の神ではなかろうか？　なお、神魂神社の神官の秋上氏は物部氏系である。このように、⑦物部氏系の存在を忘れるわけにはいかない。

もう一つ、見落としてはならないのが、⑧サンカ（山窩）の存在である。サンカというのは近年まで山地を放浪して生活してきた「日本のジプシー」と考えられてきた人々のことである。その実態は解明されないまま、第二次大戦後には忽然と姿を消した（一般社会に融け込んだ）が、サンカには四種の系統があり、その有力な一派として出雲サンカが存在した。その発祥については、簸川において簀で砂鉄を掬ったことにあるとされ、スサノオを信仰しているという説がある。

では、Ⓓの野城大神とは何であろうか？　『風土記』には意宇郡に野城社が二つ記載されており、野城の駅の名が挙げられている。しかし、この神の実態は不明である。ところが、現在の安来市能義町の能義神社の祭神はアメノホヒ（天穂日・菩比）である。したがって、高天原から派遣されたというホヒは、実はかなり早い時期に出雲の東部すなわち意宇平野に渡来した天神系の有力者であり、意宇国王とよばれるべき存在であったと考える。そこで、⑧ホヒ系の存在に指を屈することになる。

そうなると、ホヒ族はBC二世紀の末ごろ大原郡にあった加茂・賀茂系の勢力を支配下に収めて、自らは四隅突出型の墳墓を造らせそこに埋葬されるようになったものと思われる。そして、四世紀ごろ崇神天皇で象徴される大和の天神系の勢力が吉備他方の天の日矛系の軍勢とともに「神宝収奪事件」という形で出雲を支配するようになると、ホヒ系の勢力は出雲臣の姓を与えられ、意宇の郡司と出雲の国造に任じられたのであろう。

出雲の歴史の復元

以上、いろいろな視点から古代出雲の実態を探る作業をしてきたが、それらを結びつけて「出雲の古代史」を一つのシナリオとしてまとめ上げることを試みたいと思う。

まず、先史時代はどうであったであろうか？　出雲の縄文遺蹟は、BC七〇〇〇～四五〇〇年の早期のものは簸川郡大社町菱根遺蹟などに植物繊維を含んだ土器が見つかっているし、宍道湖から西に日本海に流れ出る佐陀川沿いの佐多講武貝塚や大規模な縄文集落が見つかっている。そして、BC二〇〇〇～一〇五〇年ごろの後期になると集落の数が急増し、多量の石鏃や石斧・石匙・石錘などとと

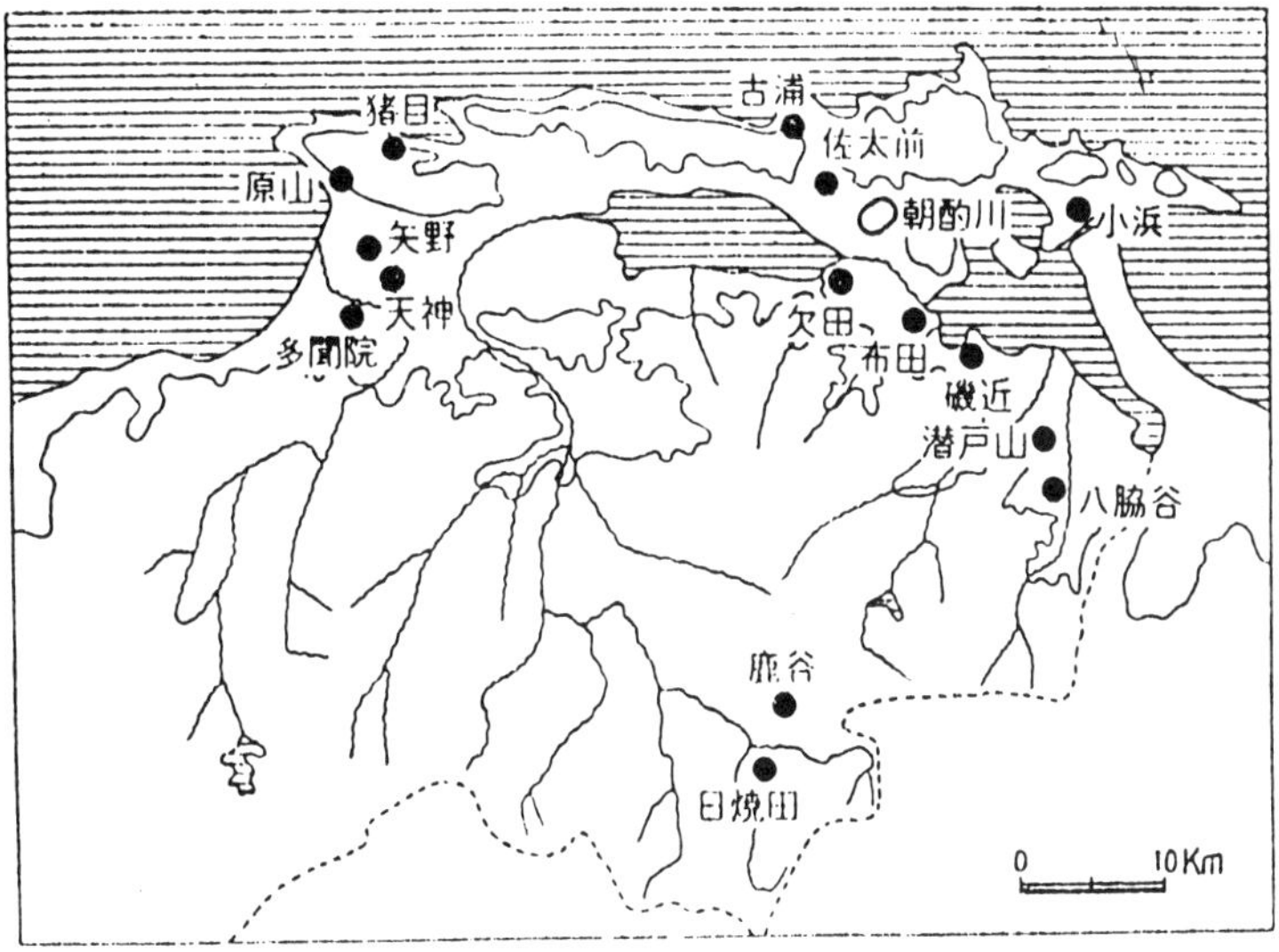

出雲の主要弥生遺跡（『歴史読本』昭和60年７月号、東森市良論文より）

もに貝輪や耳飾りなどの装身具が出土するようになる。この時代の人口増加をもたらしたものの大部分は対馬海流に乗って運ばれて来た南方系あるいは中国の東海岸にいた海人であったであろう。彼らは「竜神信仰」をもっていたものと思われる。

なお、出雲井神社の宮司の富氏について、「トミ」とは「トビ」とも同じで、蛇を表わす言葉であると言ったが、日本文化の有力な遠いルーツの一つを古代アラビアにあると唱えている榎本出雲氏によると、「トミ」はアラビア語の「タム」から出ており、その意味は「いっぱいに満ちている」ということであり、それは「富」に通じるとしていることには偶然でないものが感じられる。

そして、弥生前期（BC三〇〇～一〇〇年ごろ）になると、簸川郡大社町の原山遺蹟や八束郡鹿島町野古浦遺蹟に見られるように、海岸砂丘の一部に配石土壙墓・箱式石棺などをもつ共同墓地が営まれるようになる。そして、中期(BC一〇〇〜AD一〇〇年ごろ)には、打製石鍬が使用されるようになる。このことは水田稲作農業の渡来を意味している。同じころ、北九州でも同様の文化が始まっている。これをもたらしたのは朝鮮南部にあった伽耶地方からの渡来者であったことはほぼ間違いないが、出雲の場合は慶尚南道の南端に近い現在の咸安《ハナン》にあった安羅国にいた「アラ・アヤ系」の人たちが渡来したのであろう。

弥生中期については、加茂岩倉遺跡から大量の銅鐸が発掘されている。この遺跡の所在地である大原郡の神原郷については、『出雲国風土記』には、「古老の伝へていへらく、天の下造らしし大神の御財を積み置き給ひし処なり。則ち、神財の郷と謂ふべきを、今の人なお誤りて神原の郷といへるのみ」と記されている。また、出雲の各地には「神名備(火)山」があることと銅鐸は古代の祭祀の道具であることから、出雲を中心とした巨大な青銅器文化圏があったというふうに考えられるようになった。

銅鐸の作製者については即断はできないが、それは「天の下造らしし大神」すなわち大国主を仰ぐ出雲地方の先住民であったと思われ、やがて外部からの侵入者によって征服された人たちであろうと考えられる。というのは、初期の銅鐸の鋳型が北九州から発見されていることと、近畿地方その他の土地の銅鐸がすべてまとまって地中に埋められている事実から、侵入者の掠奪から祭具を守るために、あるいは逆に強制的に廃棄を命じられて埋めたものと解されるからである。その場合、一六一ページで触れたように、「神武東征」に先立ってニギハヤヒで象徴される物部氏の祖先が近畿地方に先住者としていたことから六章で述べたように物部氏は出雲にも展開していたから、加茂岩倉遺蹟の銅鐸についても物部氏との関係が推測できよう。しかし、出雲では物部氏に関わるものは東部にあり、この地域との関係は薄いようにも思われ、この件についての探究はスサノオの正体とともに今後の大きな問題となるであろう。

さらに弥生後期（AD一〇〇〜三〇〇年）になると、各地で集落が爆発的に増加していく。そして、農耕用具は石器に代わって鉄器が普及するようになり、住居も多角形の竪穴式のものが次第に増えてくる。そして、安来市仲仙寺一〇号墳に見られるような「四隅突出型」の特異な墳丘墓がつくられるようになる。そのことは、社会内部に階級が発生し、優越する勢力をもつ部族の長が権力をもって地域的な支配者になっていたことを意味しているわけである。しかも、この時代は北九州に幾つかの小国家郡が成立した時期とほぼ同じころであり、出雲地方にも独立の小国家ができていたことの証拠であると言えよう。これについては、第一章で触れたように、「出雲東部に意宇王国が存在した」という門脇禎二氏の説を支持する一つの根拠と言ってよいであろう。また、別の言い方をすれば、『出雲国風土記』が「天の下造らしし大神」とよんだオオアナモチすなわちオオクニヌシというのは、この小国家の王の一人であって、次第に近隣する小国家を統制下に置いていったものと思われる。ただし、その王者がもともとは朝鮮渡来系であったとしても、「アラ・アヤ系」だったとは言えないと思う。こういう様式の墳墓が朝鮮には無いからである。もしかすると海人系だったかもしれない。

また、『記・紀』の「出雲神話」で語られている「オオクニヌシとスクナビコナによる国作り」の物語は出雲の伝承を素材としたものとは思えない。もちろん、出雲の在地勢力の「国作り」にスクナビコナに相当する渡来人の集団が協力したというような事実はあったであろうが、『記・紀』の物語は、七世紀末から八世紀初めの時点で、ヤマト朝廷に伝えられているどこかの国の「国作り話」を適当にアレンジしたものであろう。そして、彼らの祖先が九州にいた時分の事件なども適宜利用して「先祖たちの物語」をデッチあげたものと思われる。現に大分県の東部の海岸地帯には稲葉姓が多いし、それよりも、オオクニヌシとかオオアナモチという名は前にも述べたように「国土経営の指導者」を意味する普通名詞と考えられるからである。ただし、『出雲国風土記』に現われるオオアナモチの場合はそうではなく、そこには当然、モデルにされた人物がいたはずである。そのことについては、最後にまた触れることにしたい。

そこで、問題になるのは、簸川郡の荒神谷から発見された三五八本の銅剣のことである。これだけ多数の銅剣を整然と並べて埋葬したことにはどういう意味があり、その本来の所有者は誰であったか、ということである。そのことを確定できる証拠は無い。しかし、ごく一般的に考えれば、弥生後期に銅剣をもっていた「初期出雲王朝」があったが、それよりも力が強い鉄器をもった新王朝にとって代わられた時に、不要となった銅剣を回収して埋めたのではなかろうか、という推定が浮かぶ。この他にも、弥生時代の遺蹟の例としては、秋鹿郡（現八束郡）神名火山の近くの志谷奥遺蹟からは一九七四年に銅鐸や銅剣が発見され話題になったことがある。ただ、誤解してはいけないことは、銅器と鉄器とは鋭利さでは鉄器のほうが優れているが、その製造は必ずしも銅器のほうが先で鉄器のほうがあとであったとは限らないことである。それについては、すでに触れたように、かなり古い時期——すでに弥生時代から鉄の生産が行なわれていた。出雲では簸川（斐伊川）の川原で上質の砂鉄が採取されていたと思われるのである。したがって、出雲の鉄に関する情報が外部に伝えられれば、当然のこととして出雲を侵略して鉄の生産を独占しようとする勢力が出雲征服のために侵入を目論むこともあったであろうことは想像できる。

このことと関連して、安達巌氏の著書『出雲王朝は実在した』（新泉社）は次のようなことを述べている。安達氏は、まず「スサノオとアマテラスは異族である」ことを強調する。そして、スサノオが生まれたのは簸川の河口近くの宍道湖畔の平田であろうという。この地にある宇美神社の祭神とされる布都御魂とは、安達氏によれば、ニギハヤヒのことであり、スサノオと物部氏とは関係が深いことを暗示している。そして、平田市の北方にある大船山は神体山であり、この山麓は古代の銅の製錬地であったから、「銅を制する者が天下を制する」ことを意味することにかんがみ、平田市の近郊には鎌鋌神社と韓竈神社というスサノオを祀る神社が二つあることから見て、ここがスサノオの発祥の地であると推論するのである。そして、安達氏は「スサノオ自身は新羅生まれではなかったとしても、この地には多くの新羅人が来ていたであろうから、スサノオの背景には新羅からの渡来者の支えがあった」としている。つまり、「初期出雲王国」の王はスサノオであったというのである。また、安達氏は「スサノオによる八岐の大蛇退治」の説話を必ずしも否定はせず、「大蛇」とは出雲の砂鉄を求めた話である。

いずれにしても、『風土記』の飯石郡の須佐の郷は、スサノオが「此の国は小さき国なれど、国処なり」と言ったとされており、出雲に実在した「本来のスサノオ」の本拠地であったに違いない。また、飯石郡の中央を流れる三刀屋川（斐伊川の支流）では砂鉄の採取が行なわれていたことは事実であろう。そこで、安達氏は「スサノオは外部からの侵略者を征伐して鉄資源を入手したのであろう」とし、ついにスサノオは山陰の一角に強固な権力を樹立したと説くのである。その後のスサノオについては、安達氏は原田常治氏の著書である『古代日本正史』の説を紹介する形で、出雲勢力の北九州への進出があったとしている。しかし、本書で再三述べたように、出雲にいたスサノオは『記・紀』に書かれているスサノオとは関係のない実在人物であり、『風土記』に書かれているように「本来のスサノオ」は、出雲の各地にその子が配置されるくらいの権力をもった「初期出雲国家の王者」であったと思う。したがって、実在した「本来のスサノオ」の姿を描くのに、それを無理に「鉄資源の確保」と結びつけ、何の証拠も無しに外部から侵略者がいたとしてまで、『記・紀』が創作した「八俣の大蛇退治」を出雲における史実であったかのように説く必要は無いと思う。さらに、『古代日本正史』が説くような、「出雲勢力の九州進出」なるものには、まったく根拠が無く、単に、神社の祭神の分布を追跡しているだけのものであり、興味本位に楽しんで読むのはいいが、紹介に値するとは思わない。

それよりも、前にも触れたように、簸川郡神庭西谷の荒神山で発見された銅剣が「クリス型」とよばれ南朝鮮や中国南部から東南アジアの系統のものであるということのほうが重要であると思う。このことは、出雲の銅剣の製作者のルーツを示唆しているからである。また、『出雲国風土記』に書かれている恵曇という地名が嶋根郡にあることは、けっして無視されるべきことではないと思う。それは、吉田大洋氏が富氏から聞いた「クナドの大神を奉ずる竜神信仰をもつ出雲原住民たちの祖先が遠く海の彼方から苦難を重ねてやって来た」という口伝の真実性の証明とまではいかないが、有力な論拠となると思う。

ところで、第七章の最後のほうで不定住生活者の「サンカ（山窩）」の発祥地は出雲であると述べたが、ヨーロッパではジプシー（ツィゴイネルあるいはボヘミヤンともよばれる）もまた放浪生活をしている点でサンカとよく似ている。その起源については、インド・ゲルマン語族であるヨーロッパの先祖がインドから西に旅を続けていた時代に定住を嫌った人たちがジプシーになったという考え方もあるが、一一世紀のチムール帝国の形成期に生まれたという説が有力であるという。そして、サンカについてもジプシーと同じ起源のものであると唱える向きもある。しかし、サンカ研究家の三角寛氏が豊後のサンカから聞いた話によると、彼らの祖先はその昔スサノオに従っていたという伝承があるという。そうなると、スサノオが朝鮮からサンカを連れて来たことになるが、さらにそれ以前にはアジア大陸のどこかにサンカの祖先がいたことになってくる。

さて、「日本文化が西アジアから渡来した」という考え方については、前著『ヤマト国家は渡来王朝』に紹介してあるのでご覧いただきたい。それに、諏訪神社について検討した時、製鉄技術が西アジアから伝来しているという指摘にも目を向けるべきであろう。その伝来時代は縄文晩期か弥生前期あたりであろう。いずれにしても、古墳時代に入る前に出雲は西アジア系の文化が渡来しており、砂鉄による鉄器の生産が行なわれ、「出雲王朝」と言うべきものが存在していたことは事実であるとしなくてはならない。問題なのは、その王朝が「竜神系」あるいは「朝鮮系」、それとも「天神系」の亜流のどれであったのかということである。

四世紀以前には「四隅突出型」の特異の古墳しか無く、他の地域とは異なる墓制が行なわれていた出雲地方に前方後円墳が現われるようになったのは、五世紀後半から末のことであるとされている。一九七五年に発掘された平所遺蹟（松江市矢田町）のものは六世紀の古墳であるが、多数の埴輪が見つかっている。また、一九八四年には岡田山一号墳から出土した刀から「額田部臣」の銘が読み取られている。これらの古墳は隣の吉備の古墳と同じ形式のものであるから、それに先立つ時期にヤマト勢力による出雲支配が行なわれ、しかも、その主力が吉備族であったことを物語っている。そして、前述のように、その吉備族というのはヒボコ系であったと思われる。

ここで興味のあることは、多数の埴輪が出土したことである。『日本書紀』の垂仁三十二年紀には、「ヒバス（日葉酢）姫が亡くなった時、その葬送に際して、野見宿禰が殉死の風を諫め、出雲の土師百人を喚び寄せて人・馬・種々の物の形を作って陵墓に立てさせた」という記事がある。この野見宿禰の出身地の近くから埴輪が出たことは意義深いと言えよう。なお、野見宿禰については、垂仁七年紀に当麻蹶速と格闘した記事があり、これが日本の相撲の起源とされているが、「出雲臣氏」の系図では飯入根の甥ということになっており、埴輪の作製は四世紀ごろのことで、野見宿禰は実在人物であると考えられる。

ところが、一九九五年八月の奈良県橿原考古学研究所の発表によると、北葛城郡の当麻《たいま》町の太田遺蹟から、弥生時代末期から古墳時代初期（三世紀後半から四世紀前半）の集落跡が見つかり、そこから大量の山陰系の土器が発見されたという。とりわけ三〇個の鼓形器台は祭祀用のものと考えられる。このことから、出雲人である野見宿禰と当麻蹶速との話が事実として裏づけれたとする見方もある。因みに、「タイマ」というのは「タジマ」が訛音したもので、天のヒボコの子孫が「多遅麻氏」であることから、この両者の格闘は出雲臣族が怨念を燃やす対象としてヒボコ系の当麻族を選んだものと理解されよう。

大和による出雲支配

ここで、四世紀初頭ごろの近畿地方から西の日本列島はどういう情勢にあったかについて復習しておこう。すでに述べたように、近畿の南半には北九州から渡来したミマキイリ彦（崇神天皇）が開いた「ヤマト王朝」があって、それ以前の支配者であった「日輪信仰」をもつ物部氏系の人たちを傘下に従え、ニギハヤヒを祀ることを禁止し、アマテラス神は建前上は征服者であるヤマト系の「天神族」の祖先の神であったこととしながらも、本来はニギハヤヒのことであったアマテラス神を伊勢に追放してしまった。そして、近畿北部には二世紀末か三世紀初めに朝鮮半島から渡来し、北九州に根拠地を築いてから瀬戸内海沿いに東進して摂津に上陸して在地勢力と戦い、さらに山城・近江・若狭を抑え丹波・但馬に君臨した「日輪信仰」をもち、ヒボコ（天の日矛）を祖先と仰ぐ「五タン王朝」とわたしが名づけた国家があり、南の「ヤマト王朝」とは協調関係にあったと考えている。ミマキイリ彦の子ということにされているイクメイリ彦（垂仁天皇）は、ヒボコの孫のヒネ（斐泥）すなわちヒコイマス（日子坐）王の娘婿であったと思われる。そして、ヒボコ系の勢力は支配圏を西に拡大し、吉備地方にまで進出していた。以上の状況のもとで、ヤマト側による出雲攻撃が行なわれた。

それは、主としてヒボコ系の軍事力によって出雲の在地勢力を屈伏させたことであるが、『日本書紀』ではそれを一方では崇神天皇による「神宝収奪事件」として描いている。そのことは、そこに記されている「神宝」を献上したイヒイリネなどの名が後に出雲臣氏となった一族の系譜に書かれていることから、ある程度は事実を反映したものと考えてよいと思う。このような征服は、ほぼ四世紀に吉備津彦の名で象徴されるヒボコ系の勢力が主体となって実行されたもので、それは主として陸路によって因幡方面からも行なわれたものと思われる。それと同時に、ヒボコの神宝とよく似た神宝をもつ物部氏も出雲支配に加わったと考えるが、物部系の協力もあったはずである。彼らは、ヤマト側の侵入に先だち出雲東部に根拠地を置いており、ヤマト勢力の侵入の手引きをしたのかもしれないと思われるからである。

では、ヤマト勢力の侵入を許したころの出雲地方は、どういう状況にあったのであろうか？　それは、前節で見たように、出雲原住民と考えられる「竜蛇神信仰」をもつ農耕・海人族と朝鮮の安羅から渡来した人たちがあり、それとともに東部には右に述べたようにすでに物部系の人たちも定着していたと考えたい。出雲の熊野神社にはカブロギの神としてスサノオが祀られているが、それは朝鮮渡来の「アラ（安羅）・アヤ（安耶）系」の有馬氏が祀る神であったはずである。くり返して言うように、「スサノオの神」というのは多数の実在人物や信仰の対象を複合させたものであるが、有馬氏が奉ずるスサノオは「アラ・アヤ系」の祖先神であったと思う。その神が後に紀伊に移り、有田郡の須佐神社となったのであろう。松前健氏らが説く「スサノオ紀伊起源説」は話が逆であると思う。

四世紀の出雲にいた勢力として見落とすわけにいかないのは、後の出雲臣氏となった勢力のことである。その祖先は、『記・紀』ではアマテラスがスサノオとの「誓約」によって生んだとされる五人の子の一人であるアメノホヒであり、「天孫降臨」に先だち「高天原」から出雲の「国譲り」のために最初に派遣された神であるとされている。つまり、出雲臣族は「天神系」の亜流ということになる。『記・紀』では、「ホヒはアマテラスの命令に従わず、オオクニヌシに媚びていた」というふうに書いているが、そういう「天神に対する裏切り者」であったのなら、「国譲り」の後に出雲臣という姓が与えられてヤマト王朝のために出雲を統治する任務につくことは許されなかったはずである。と言うことは、後の出雲臣の祖先であった人たちは、ヤマト側からは同族的に思われていたため、出雲にいる他の勢力を掌握してヤマト側に同調すること――出雲征服の手引きをすることを求められたということになる。しかし、彼らはオオクニヌシすなわち在地勢力に遠慮し躊躇していたのであろうか。そういった事情を『記・紀』は「ホヒは裏切り者である」かのように「出雲神話」の「国譲り」の項に記したとも考えられる。

さて、問題は「ホヒ」で象徴される「天神族の亜流」とされている出雲臣族の祖先のことを『風土記』ではどのように扱っているかということである。実際に『風土記』を編集した出雲臣氏としては、その系譜には「自分たちの祖先は天穂日である」と書いてはいるが、ヤマトの朝廷に献上する公文書である『風土記』にはそのようには書きたくなかったようである。そこで、出雲郡の「杵築の郷」の記事に、「八束水臣津命の国引き給ひし後、天の下造らしし大神の宮を造り奉らむとして、諸の皇神等、宮処に参集ひて杵築たまひき」と記している。今日の出雲大社に祀られる神は『記・紀』ではオオクニヌシの神ということになっているが、『風土記』に書かれている杵築宮に祀られている「天の下造らしし大神」というのは、明らかに出雲臣氏の祖先すなわち天のホヒのことであることが、この記事に表明されていると解釈すべきであると思う。

そうなると、『記・紀』ではオオクニヌシと「国譲り」の交渉をしたことになっている天孫の使者である天のホヒは、実は「天の下造らしし大神すなわちオオアナモチ」であるという奇妙なことになってくる。そのことを具体的に考えると、出雲にはいくつかの小国家があって何人かの王者がいたが、ヤマト側ではそのうちの一人であるホヒに狙いを定め他の王者を説得して「国譲り」をさせようと働きかけたということになる。つまり、ホヒは高天原から派遣されたのではなく、出雲のどこかの王であったというわけである。

では、ヤマト勢力によって出雲が支配されるようになった当時、「国作り」の工作をしたオオアナモチの本来の名――固有名詞は何であろうか？　それは意宇郡の野城の郷にいた「野城の大神」として描かれる人物のことであると考える。その根拠となるのは、野城大神についてはその実態を示す記事が欠けているにもかかわらず、あえて「大神」と記される重要人物の呼称と思われることと、意宇郡の「野城社」の注記には「野城に坐す大穴持神社」と書かれており、野城の大神とはオオアナモチすなわち王者を指すと考えられるからである。

前に、門脇禎二氏が唱えた「意宇王国」――ヤマト勢力の侵入前の東部出雲の王国というのは、この野城大神として尊崇されていた人物がオオアナモチ、すなわち王者として支配していた国であり、それは四隅突出型古墳を築いた勢力であったと考える。しかも、この王者はヤマト王朝側に降伏し、その後に出雲臣氏の祖先となったと考えるのである。恐らくは、「意宇王」すなわち「野城大神」はかねてからヤマト側の圧迫を受け、帰順・降伏を求められており躊躇しているうちに吉備からの征服軍が到来して来たため、彼は進んでヤマト側に降伏し、「国譲り」を行なったのであろう。そう考えるならば、第二章の末尾の「国譲りの真相」の節に「意宇郡・母理の郷」の記事を挙げ、「オオアナモチが御皇孫に服従した」と記されていることを紹介しておいたことの真相が見えてくるのではなかろうか。

こうして、「野城大神」を奉じていた東出雲の王であったオオアナモチすなわち天のホヒは、意宇から西出雲の杵築の宮に遷されて、出雲臣という姓が与えられ、後にはヤマト王朝の支配下に置かれ出雲国造という地方官に任じられ、出雲全域の統治を委任されたのである、というのがわたしの立てた仮説である。しかし、外部勢力に対して屈伏し出雲の国全体としては民を裏切ったことになる出雲臣氏による統治は、住民の突き上げとヤマトからの指令との板挟みによって苦難をきわめていたが、八世紀に『神賀詞』を奏上して後は、地位を下げられて出雲大社の一神官とみなされるようになったというふうに解釈するのである。

出雲臣家の系譜や『日本書紀』の記事では、出雲臣家の祖先は、天照大神の子のアメノホヒとされているが、その信憑性は怪しく、それは東出雲の在地勢力である、意宇王国の王——野城大神に相当する人物と考えざるをえなくなってくる。出雲臣家の系図では、振根や飯入根は天照大神の子とされるホヒから数えて一二代目の子孫とされている。しかし、振根が討伐されて「神宝献上すなわち国譲り」が行なわれた後は、この家系の名誉は回復され、ヤマト王朝の忠実な奉仕者とされているから、そのへんの事情を合理的に説明しようとすれば、降伏したオオナモチ——実は野城大神とよばれた人物こそ本来の出雲の王者であり、国土を献上したことを賞して「先祖は天照大神の子のホヒである」として持ち上げられたのであろう、と解釈できると思う。

こうして、『記・紀』の編集者は、「国譲り神話」では「稲佐の小汀の談判」であるとか「事代主の投身自殺」などのエピソードを加えて、もっともらしい物語として描いたわけである。しかし、出雲のもろもろの原住民にとっては、それは富氏の口伝にあるように、侵略に抵抗した「竜神信仰族」の恨みはすさまじく、その呪いを封じる意味で杵築の宮すなわち出雲大社が築かれたということになるであろう。しかし『古事記』の場合には、そ知らぬ顔をして「ヤマトタケルによる出雲タケルの討伐」という話を載せ、『日本書紀』には「崇神天皇による出雲神宝収奪事件」なるものをある程度の事実を基礎として創作して掲げ、そこに振根とか飯入根という出雲臣氏の祖先の名前を適宜挿入することになる。このようにして、ヤマト王朝側が実力によって出雲を征服したことを「国譲り」とか「神宝献上」といった平和的な降伏として描くという巧妙な手口を採用しているというのが、わたしの描いた「ヤマトによる出雲征服」の実像である。

それにしても、『神賀詞』の奏上以前の出雲は、ヤマト王朝にとって、気味の悪い存在であったことであろう。その住民たちは「ヤマトによる征服」という歴史的事実によって生まれた陰に陽に加えられる抑圧に対して必ずしも従順ではなく、常に心の底に宿る怨念が時として露れることもあったに違いない。そこで、奈良時代になるとともに出雲国造は平城京に呼び出され、「第二の国譲り」の確約の儀式として『神賀詞』の奏上が命じられたのであろう。以後の出雲は、他の諸国とまったく同じ扱いを受けるようになり、律令制に基づき中央から派遣された国司により行政・司法が管理され、応分の貢租を徴収されることになる。こうして、出雲の独立性は完全に失われ「日本」の一国となったのである。

このようなヤマト勢力による出雲支配成立の後、出雲からは二つの集団が東の方に脱出したという事実があったと考える。その一つは、タケミナカタで象徴される諏訪族であり、もう一つは、武蔵に足立郡を建てた朝鮮系の「アラ・アヤ族」である。前者は、現地にいた「ミサクチの神」を信奉する原始製鉄技術をもつ守矢族を取り込み、やがて「道祖神」を各地に分布させ諏訪神社を建てている。後者は、関東の各地にスサノオを祀る氷川神社を建てながら、やがて百済・新羅・高句麗系の「今来のカラ人」たちと共存しながら関東地方に広く展開していくわけである。

スサノオ像の形成

第四章では「スサノオは複雑な性格をもっていた」としたが、本書を結ぶに当たって、出雲の歴史を語る際の中核的な人格神であるスサノオの実像について、ヤマト側と出雲側との双方の立場の違いをふまえ、かつ合理的な推測を加えながら、どのようにして『風土記』や『記・紀』ではスサノオ像が形成されたのかを整理してみることにしよう。

まず、天神族を自認するヤマト側では、天皇家や諸豪族の祖先が朝鮮半島にいた時代に協力関係にあった朝鮮系の人びとの神のことを園神・韓神とよび、宮廷の内部では秘かに祭祀を行なってきた。しかし、天神族が日本列島に渡来して後は、九州にあった邪馬台国時代の出来事を「高天原神話」あるいは「筑紫神話」としてデフォルメしながら象徴的に描き、その際に朝鮮と関わる勢力の動きをスサノオという象徴的な人格神に投射し、それをアマテラスの弟神として位置づけたものと考える。その場合、その神の名としては出雲の須佐に実在した英雄の名に仮託して「スサノオ」と名づけたものであろう。

しかし、出雲側にとっては事情はまったく異なっている。同じ出雲族といっても、多数派であった原住民は「竜蛇神信仰」をもっていたが、朝鮮から渡来して来て須佐を根拠地として自分たちの上に君臨した人びとは憎しみの対象であったはずである。彼らにとってはスサノオは侵略者であったことになる。一方、朝鮮から直接に渡来した人たちや遅れて吉備方面から出雲に侵入したヒボコで象徴される朝鮮系の人びとは、スサノオを「われらの英雄神」として讃えたに違いない。そして、ある時点以後に「国譲り」を得た征服者として出雲に移り住んだヤマト系の人びとの場合は、高度の文化をもって旧原住民を従えていた朝鮮系の人びとと協力関係を維持し、その指導者に対しては尊敬を示し、「人民に恵みをもたらす逞しい救済者としての神」として捉え、同じく「スサノオ」とよんだことであろう。

では、スサノオと並んで出雲神話の花形であるオオクニヌシとはどういう神であろうか？　それについては、前述のように、三世紀ごろの出雲では、東部の現能義郡から松江方面には、原住民たちから「野城大神」として尊崇されていた人物によって意宇王国が形成されており、その君主のことを「天の下造らしし大神、大穴持の神」とよんでいたものと思われる。そこに、「スサノオ」で代表される朝鮮系の渡来者が現われ、オオナモチで代表される在地勢力に対してはある時は協調的に、またある時は侵略的・強圧的に振る舞っていたことであろう。そして、四世紀後半のある時期になるとヤマト勢力による出雲征服——すなわち「国譲り」が実現する。その際、オオアナモチすなわち野城大神は、意宇平野の旧領を天神族に引渡し、出雲西部の杵築の宮に隠遁した。そして、身分としてはヤマトに仕える国造として出雲臣氏の名が与えられ、天神族に奉仕しながら出雲の差配を任され、かつ出雲大社の宮司となった。以後、出雲地方の人たちは、物部氏やヒボコ系の勢力の監視の下にヤマトに忠誠を誓うことが求められる。そして、八世紀になると『記・紀』が編集され、出雲の勢力者であったスサノオは、いつのまにかアマテラスの弟とされるようになり、オオクニヌシはスサノオとその娘婿ということにされてしまった。

このようにして創作された大和製「出雲神話」には、「ヤマタノオロチ退治」とか「オオクニヌシの苦難に満ちた遍歴」などの物語が書き込まれ、出雲固有の神としてのスサノオやオオナモチの名は、ヤマト勢力に征服された出雲において、ある程度は在地の伝承を基としながらも、『記・紀』に迎合した内容のものに変容され、『出雲国風土記』の中では主として地名説話の登場人物として編集されたというわけである。

なお、『播磨国風土記』などに現われる葦原色許乎命や少彦名命は、出雲の野城大神としてのオオナモチとは同一人格とは考えにくい。また、第五章で述べたように、『記・紀』の「国譲り」の記事には、「崇神による神宝収奪事件」だけでなく、いわゆる「神武東征」の際の物部氏や葛城氏の国土献上の史実が反映していることも確かであると思う。

あとがき

古代出雲について語る論考は数多い。また、出雲の土地に憧れの気持ちを懐く人もまたきわめて多い。そして、そのような出雲に対する興味や関心が生まれる背景には、明治の時代に日本を訪れた異邦人である小泉八雲の心を捉えた「出雲の秘密」が潜んでいるように思われる。では、山陰の小天地である出雲を訪れようとする人たちは、いったい何を出雲に求めているのであろうか？　そういう人たちの心には、出雲についてどういうイメージが描かれているのであろうか？　それは、出雲の土地柄を象徴するものとしては壮麗な出雲大社の姿より、むしろ幽邃《ゆうすい》な森に包まれた小じんまりした静寂そのものの神社のただずまいなのではなかろうか。そして、『古事記』に綴られている大国主や須佐之男が活躍する古代出雲の神話に想いを致し、そこから醸し出される「日本の神々の故郷」といった思い入れから、幻想的なしかも潤いのある別世界を慕う心が人びとの目を出雲に向けて駆りたてるのではなかろうか。

「出雲神話」に現われる神々の姿はいかにも生き生きとしている。あくなく身に降りかかる困苦に耐えながらも営々として「国作り」に励む大国主の清々しい生きざまや、襲い来る大蛇の災禍を取り除いて人びとを救う須佐之男命の逞しくもやさしい姿は、まさしく古代出雲人の理想像であり、ヤマト勢力による「国譲り」の強要に対して血を流して争うことなく、屈伏を容認し父に対して隠遁を奨めた事代主の平和を愛する精神は、いかにも日本人のメンタリティに強く訴えるものがあることは確かである。

こうした精神的土壌の上で、出雲の歴史や社会そして文化を論ずるもろもろの書物の執筆者たちの多くは、『記・紀』に語られている「出雲神話」をまるで史実に近いものとして受け入れ、そこに描かれている数々の物語をあたかも「歴史的記憶」であるかのよう心にとらえ、しかも、敗北と忍従の思いがまるで今日の出雲人の中にまで脈々として生き続けているかのような無言の認識の上に立って、論を進めているかに思われるのである。

その一方では、「出雲神話」のヒーローである須佐之男を実在した古代出雲の大王であったと考え、ヤマトの女王天照に対して堂々と対決し、初期日本国家の建設について偉大な役割を果たしたのである、というような勇壮なストーリーを創造する人もいる。そういう論者の思索は自由かつ奔放である。天照と須佐之男は姉弟ではなく夫婦であったとか、いや彼らは宿敵である二つの民族の指導者であったというふうに果てしない想像をめぐらせながら、「日本神話」の虚像をさらに拡大再生産し、読者の夢をふくらませていく。このような両極端の出雲像を含む近年の数多く世に送り出された書物の中には、最近発表された考古学上の知見によって学問的な補強が施されているものもあるが、それにしても、それらのほとんどは『記・紀』の呪縛に捕えられた、「歴史の故郷出雲」という歪んだ思い入れに基づくものであるという評価を下さざるをえない、というのが偽らざるわたしの感想である。

『記・紀』の呪縛というのは、明らかに八世紀の官人たちが特定の意図によって創作した物語を無批判的に受けとめ、「そこには純粋な古代人の想念が結晶している」というふうに思い込まされている、ということである。わたしに言わせていただけば、そのような論説は、どれほど美辞麗句で飾られていようとも、遺憾ながらその視界は「狭苦しい出雲という精神的国境」の中に閉じ込められたままの「翼の欠けた鳥」の視野に留まるものであるということになる。

そうした中で、第三章で紹介した出雲井神社の宮司の富家の口伝――『記・紀』の物語は出雲における史実を語るものであるが、真実はそれをはるかに超えたもの、遠いアジアのどこかから「出雲神族」は渡って来た、とするものには何か「隠された真実」が潜んでいると感じられ、衝撃的な「秘史」としてその大筋を受け入れる余地はあると思う。また、第九章で提出した信濃の諏訪族の実態についての情報も大きな驚きであった。

ところで、かく言うわたしは、出雲の土地とは何の関わりも無い人間である。父の出身地が出雲からほど遠からぬ同じ山陰の因幡であることから、山陰の風土にまったく馴染みが無いとは言えないが、現実の出雲人に対しては、特別の親近感も無ければいかなる意味でも反感や蔑視の気持ちなどもっていない。このことは、九州であれ東北であれ、はたまた外国であれ、どこの土地に対しても同じつもりである。人の心が、生まれ育った土地の歴史的・自然的条件によって規制され、それなりの影響を受けるのは自然なことである。しかし、そのことは各個人の人格の尊厳とは無縁なある種の必然性に基づくものである。わたしが古代出雲の歴史に注目したのは、しいて気障な言い方をすると、「古典の誤読」から発生した「認識に関わる郷土的偏向」が出雲ほど著しい土地は無い、と出雲の方には失礼かもしれないが、わたしにはそう思われたからである。

その一方、最近発表された清川理一郎氏らの気宇雄大な所説によって、わたしの探求心が「日本文化のアジア的起源論」に触発された点があることも事実であると言うべきかもしれない。「コトシロヌシはインドあるいはユダヤに通じる」などという議論は、「鬼面、人を驚かせるだけの妄論」であるとして顧みない人も多いと思う。しかし、そういう単純な拒絶の姿勢は正しくはない。仮に、これらの論説が根拠薄弱で論証に欠陥が多いとしても、それを理由として却下するのではなく、あくまでそれを好意的に受けとめ、一つの可能性のある見解として自らの頭脳の整理箱の一角に納めておく度量がほしいと思う。と言うのは、日本文化はけっして日本列島内部だけで自成したものではなく、中国や朝鮮を経てアジアの多くの土地から長い年月をかけて渡来して来た数々の要素によって磨かれかつ養われてできたものであること自体は間違いないからである。

したがって、このような一見「奇論」ないし「怪説」と感じられるものからも学ぶべきものは多いとしなければならないと思う。大切なのは結論ではなく、発想の豊かさである。いずれにしても、人間は個人の力で知り得ることはごく僅かに過ぎない。それ故に自分にとって意外であり、思いもよらない意見こそ貴重な財産であるとすべきであろう。

これまで本書に展開した諸説は、どれも真実の出雲像を形成するために欠くことができない資料であるはずである。その意味では、本書ほど多面的に出雲の諸相と取り組もうとする本は無いと思う。とりわけ『出雲国風土記』にこだわったことの意味は評価していただきたいと思う。したがって、その一つひとつについて、個人的な好き嫌いや反対に片思い的な執着といった偏った見方を捨て去り、どの資料からも虚心に何かを学び取ろうという態度が望まれるであろう。その意味では、本書はあくまで「出雲入門」のための基礎的な資料集であり、資料整理のための時間の節約のための参考書と考えていただきたい。

本書の初版が刊行されたのは九五年の秋であった。その後、津軽地方で三内丸山遺蹟の発掘が進み、縄文時代に環日本海文化が栄えていたことが明らかになり、加茂岩倉遺蹟からは大量の銅鐸が見つかり、考古学の世界では古代出雲を見る目は一新された感がする。そこで、今回、これらの点について若干の補筆をせざるをえなくなった。

筆者としては、これによって特に何かを主張したいというのではない。読者の皆様とともに、隠された日本古代史の復元のための一助とすることができれば。これに過ぎる喜びは無い。願わくは、ご叱正とご鞭韃を賜わらんことを。

著　者

一九九八年　晩秋

【参考文献】

古事記
日本書紀
先代旧事本紀
風土記
倭名類聚抄
新撰姓氏録
魏書・東夷伝
三国史記
三国遺事
万葉集
旧約聖書
姓氏家系総覧　歴史と旅臨時増刊　秋田書店
日本「神社」総覧　別冊歴史読本　新人物往来社
出雲の古代史　門脇　禎二　NHK出版
風土記の世界　志田　諄一　教育社
古事記の世界　川副　武胤　教育社
出雲神話　松前　健　講談社
天皇と鍛冶王の伝承　畑井　弘　現代思潮社
隠された神々　吉野　裕子　講談社
古代の王者と国造　原島　礼二　教育社
出雲王朝は実在した　安達　巌　新泉社
原日本統一政権の成立　安達　巌　新泉社
八坂神社　高原　美忠　学生社
諏訪神社　謎の古代史　清川理一郎　彩流社
記紀解体　近江　雅和　彩流社
十六菊花紋の謎　岩田　明　潮文社
謎の出雲帝国　吉田　大洋　徳間書店
日本及日本国民之起原　小谷部全一郎　炎書房
日本の中の朝鮮文化　金　達寿　講談社
謎のアラハバキ神　川崎　真治　六興出版

日本原記　朴　炳植　情報センター出版局
出雲族の声なき絶叫　朴　炳植　新泉社
スサノオの来た道　朴　炳植　毎日新聞社
高天原は朝鮮か　李　沂東　新人物往来社
三人の「神武」　小林　惠子　文藝春秋
古代出雲帝国の謎　武智　鉄二　祥伝社
日本民族の源流をさぐる　西岡　秀雄　セントラル・プレス
隠された古代　近江　雅和　彩流社
古代日本正史　原田　常治　同志社
日本民族秘史　川瀬　勇　科学情報社
古代日本人の謎を解く　赤城　毅彦　新人物往来社
宿なし百神　川口　謙二　東京芸術
エミシ研究　田中　勝也　新泉社
サンカ研究　田中　勝也　新泉社
古代出雲と斐伊川　和久利康一　新泉社
古代出雲と神楽　和久利康一　新泉社
神話が現実へ出雲王朝　芸術新潮特集（一九八六年一月）　新潮社
衝撃の古代出雲　季刊邪馬台国（一九九七年夏号）　梓書院
古代出雲と謎の日本海王国　歴史と旅（一九九八年二月号）　秋田書店
謎の古代出雲王朝　歴史読本特集（一九八五年七月）　新人物往来社
天皇家と卑弥呼の系図　澤田洋太郎　新泉社
ヤマト国家成立の秘密　澤田洋太郎　新泉社
伽耶は日本のルーツ　澤田洋太郎　新泉社
ヤマト国家は渡来王朝　澤田洋太郎　新泉社
異端から学ぶ古代史　澤田洋太郎　彩流社
復元！　日本文化の成立　澤田洋太郎　彩流社

著者紹介

澤田洋太郎（さわだ　ようたろう）

1927年　東京に生まれる。
1951年　東京大学法学部政治学科卒業。
同年都立江戸川高校社会科教諭を初めとして高校教師を勤め、1982年都立大学付属高校教頭にて退職。以後、執筆活動にいそしむ。
主要著作　『天皇家と卑弥呼の系図』、『ヤマト国家成立の秘密』、『伽耶は日本のルーツ』、『ヤマト国家は渡来王朝』、『幻の四世紀の謎を解く』（新泉社)、『復元！　日本古代国家』、『復元！　日本文化の成立』、『異端から学ぶ古代史』（彩流社）の古代史関係書のほか、現代社会、『沖縄とアイヌ』、『天皇制とヤマト民族』、『憲法論議を考える』、『民族危機の克服のために』（新泉社)、政治、経済、倫理関係の著書、共著が多数ある。

改訂新版　出雲神話の謎を解く

1995年11月15日　第1刷発行
2003年11月15日　改訂新版第1刷発行
2013年5月10日　改訂新版第3刷発行

著者＝澤田洋太郎

発行所＝株式会社 新泉社

東京都文京区本郷2-5-12
振替・00170-4-160936番　電話 03-3815-1662　FAX 03-3815-1422
印刷・萩原印刷　製本・榎本製本

ISBN978-4-7877-0313-2

澤田洋太郎著　４６判２６０頁　定価２０００円（税別）

伽耶は日本のルーツ

高松塚や藤の木古墳の発掘、朝鮮半島南部での前方後円墳の相次ぐ確認で、「日本列島に自生した固有の文化」をもった民族であるとする日本人説は、多くの疑念につつまれることとなった。アジア全体を視野におき、伽耶諸国の実体に迫るとともに、日韓文化の共通点と相違点を分析して、日本のルーツを追求し、日本民族形成のシナリオを提示する。

●主要目次

澤田洋太郎　46判288頁　**定価2000円**（税別）

ヤマト国家は渡来王朝

弥生時代から古墳時代に移行するころ日本の支配者層は騎馬民族の出身者に替わったのではないか。イリ王朝（崇神・垂仁）やタラシ王朝（景行・成務・仲哀・応神）の天皇は、ほとんどが、百済や新羅からの渡来王だったのではと考えると「記・紀」に秘められている多くの謎が合理的に解釈できるとするシナリオを提出し、応神王朝の重要性を力説する。

●主要目次

澤田洋太郎著　46判280頁　定価2000円（税別）

ヤマト国家成立の秘密　●日本誕生と天照大神の謎

古代人の信仰＝日本神道の起源や、生産力と武力の根源である金属精錬技術の発展過程をあとずけて倭人のルーツをさぐるとともに、記紀に展開されている物語が、どのような現実をふまえているかについての合理的な解釈を探索して古代史解読にアプローチする。

●主要目次

澤田洋太郎著　４６判３１２頁　定価１９００円（税別）

幻の四世紀の謎を解く

欠史八代の後を受けたイリ王朝（崇神・垂仁）とタラシ王朝（景行～神功皇后）について、応神に始まる四世紀は前方後円墳が普及した時期である。『先代旧事本紀』ほかの内外の資料で仮説の体系を構築し、日本国家成立の黎明期の歴史復元を試み、統一国家形成の実像に迫る。

●主要目次